论王维

王志清 著

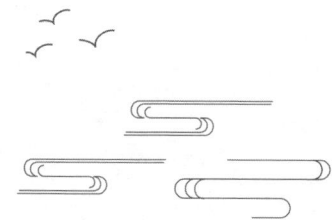

商务印书馆
The Commercial Press

图书在版编目（CIP）数据

论王维/王志清著.—北京：商务印书馆，2023（2023.8重印）
ISBN 978-7-100-22275-4

Ⅰ.①论… Ⅱ.①王… Ⅲ.①王维（699-759）—人物研究 Ⅳ.①K825.6

中国国家版本馆 CIP 数据核字（2023）第 059844 号

权利保留，侵权必究。

论王维

王志清 著

商 务 印 书 馆 出 版
（北京王府井大街36号 邮政编码100710）
商 务 印 书 馆 发 行
北京艺辉伊航图文有限公司印刷
ISBN 978-7-100-22275-4

| 2023 年 5 月第 1 版 | 开本 880×1230 1/32 |
| 2023 年 8 月北京第 2 次印刷 | 印张 9½ |

定价：55.00 元

序　言

蒋寅①

　　我自己做研究不能长时间专注于一个研究对象深入开拓、精益求精，所以一直很敬重那些持之以恒、始终不懈地致力于研究某个问题、某个作家的学者，前辈中像萧涤非先生之于杜甫，詹锳先生之于《文心雕龙》、李白，祖保泉先生之于《文心雕龙》《诗品》，夏传才先生之于《诗经》，陈美林、李汉秋先生之于《儒林外史》，裴斐、薛天伟先生之于李白，刘学锴先生之于李商隐，韩兆琦先生之于《史记》，张清华先生之于韩愈，陈祖美先生之于李清照，柯愈春先生之于清人文集考订，叶君远先生之于吴梅村……无不自成一家，在学术史上留下深刻的足印。

　　在同辈学人中，王志清先生可以算是这样的王维研究专家，

---

① 蒋寅，华南师范大学文学院二级教授，《中国诗学》主编，2012年入选为中国社科院首批13位"长城学者"之一，曾任文学所古代文学研究室主任、《文学评论》副主编，兼任唐代文学学会、中国古代文学理论学会、国际东方诗话学会副会长，出版《大历诗风》《大历诗人研究》等专著，在国内外学术刊物发表论文300余篇、译文30篇，论文被《中国人民大学复印报刊资料》全文转载50余次。

多年来一直孜孜不倦地研究王维，出版了《纵横论王维》《王维诗传》《盛世读王维》《坐看云起——王维的三十二相》四部专著和《王维诗选》，还主编了《王维研究》(第七辑)，前后发表王维研究论文60余篇，现在第五部书稿又在排印，行将推出。或许有人要疑惑，王维有那么多的新意可发掘吗？我的回答是肯定的。陈祖美先生写过十多本也许是二十多本关于李清照的书，她还是说每写一本都有新的内容。李清照传世作品包括难定真伪的篇章在内，不过四十几首，尚且常读常新，王维传世作品那么多，并且平生艺术成就跨越文学、绘画、音乐、宗教多个领域，这么一位不世出的天才，其文化内涵和艺术价值，又岂是李清照可以比肩？随着学问的增长、阅历的深厚，大艺术家王维在我们眼中呈现的形象也会越来越清晰、越来越丰富、越来越高大。阅读王志清先生的几部专著，我们也能看到，随着作者学力和阅历的积累，他对王维的认识也在不断深入，日益丰富。

　　这部《论王维》是王志清先生研究王维的第五部专著，在我看来也是带有转型意义的著作，也就是作者在"引论"里说的"由重诗的研究转向重人的研究，由'诗'的视角而转向了'人'的视角，即由在美学上使力，而于探求和解析诗人审美创作心理上侧重，转向人学与人性维度，重人的为人处世与人格人性的考察"。研究视角的转变赋予了本书更广阔的学术视野，对王维的研究也由以往集中于诗歌文本乃至某些焦点问题如"诗中有画"之类转向对王维的人格、思想、美学和诗歌艺术的全面研究，成为真正意义上的王维研究，而不只是传统的王维诗歌研究。全书的章节也因此形成较严整的逻辑框架，贯穿着清晰的学术思路。首先是哲学思想，指出王维思想中儒释道三教兼摄通融的倾向；其次论王维的政治风度，由此带出其高人品格及人际关系的由来；再谈王维的家国情怀及与此相关的悲悯意识，与前文提出的思想倾向之复杂相照应。讨论王维的美学观念，则从自然、性气、象外、情境四个概念入手；分析王维的诗体特征，又从诗中有画、诗中有禅、虚幻境界与平和风格四个问题切入；评价王维的诗学贡献，提出意境做到极致、山水诗臻于极顶、为文已变当时体、引禅入诗的审美意义四大问题，对王维诗歌的成就和影响给出最新的评估。对于王维这么一位成就卓著、历代研究积累深厚的大诗人，要提出一些新的问题和论断是很不容易的，王著谈的这些问题和所有结论当然不都是前无古人的创见，但其论述之细密之融通之深入，较前人的研究都有不同程度的深化，则是可以肯定的。书中既吸取了学界同道的研究成果，也对一些不确之说提出理据扎实的商榷，比如以蒋勋为代表的王维"失节"之说。这使本书的内容能与学界已有的研究成果形成对话，扎实地将研究推向深入，而不是像时下许多学术专著或学位论文那样，只是在综述中抽象地对前人的研究作一点肯定，进入论述就只是一个人自说自话，自欺欺人。

　　志清先生这部新著还有一个突出特点，就是对作品解读细致。比起唐代其他著名作家来，王维的史料并不算多，虽说是着眼于"人"的研究，所能使用的资料主要还是王维本人的作品。无论是关于王维的为人、为诗还是他的思想意识、社会关系，王著都充分利用对作品的详尽解读，获得许多有价值的结论。王维在世出世的高人襟怀，不卑不亢的应世姿态，以及他的艺理哲思、道心禅趣，无不在王先生周到的体度揣摩下发露呈现，合成一个完整清晰的王维形象，仿佛一张模糊的旧照片经过精心处理，重新展现出高像素的容颜。多年努力不寻常，持之以恒，积久渐深，王志清先生已不愧为王维千载之下的一大知音。

我和王志清先生认识十多年，虽没有很深的交往，但承他垂青，每出新著都惠寄赠阅，所以我对他研究的进展一直都很关注，为他的王维研究不断深入而高兴，也对他的勤奋与执着十分钦佩。他的著作不只限于王维和唐诗研究，还有诗歌和散文、随笔，涉猎广泛。志清先生是个性情中人，文字也很有感性，对王维作品的解读显示出良好的艺术感觉，随处流溢着灵性和才情，雅人深致，缭绕笔端。读他的文字从不会觉得枯燥乏味。陶文鹏先生常说，文学论文本身就应该有文学性，我非常赞同，毫无灵性的干巴巴的文字，又怎么能传达大艺术家的人性、天趣和风采神韵呢？

颇久不见王先生，眼前浮现的还是几年前王维研究会、唐代文学会见面的情景，记忆中的他总是热情洋溢，兴致勃勃，如今有了微信，在微信上看到他仍是那么活跃，足见精力旺盛，生活得很充实。他在"引论"中说，研究王维真有"一种我们在伟大的艺术作品面前体验到的骤然成长的感觉"，我希望他能常葆这种健康和快乐的心态，和王维一起成长——如果说作为诗人的王维是和作品一起诞生的，那么王维的成长也就是我们诠释和认识的过程。王维伴随着研究成长，研究者也和王维一起成长。这么说来，艺术家王维和学者王志清始终都在成长中，一笑，聊以为序。

二〇二二年八月十九日于花城信可乐斋

目　　录

引论 ·· 1

第一章　王维的哲学思想 ································ 15
第一节　三教兼摄通融 ···································· 16
第二节　不废大伦的主体精神 ···························· 25
第三节　道学的虚静慧根 ································ 31
第四节　禅融儒道而为一 ································ 38

第二章　王维的政治风度 ································ 49
第一节　一生平交王侯 ···································· 50
第二节　九年三次出使 ···································· 58
第三节　也是一种"功成身退" ························ 65
第四节　取义以"仁者之勇" ···························· 72

第三章　王维的高人气格 ································ 83
第一节　何来"高人"之谓 ······························ 85
第二节　独心向唐的节义观 ······························ 90
第三节　人性向善的灵魂救赎 ···························· 95
第四节　去奢去泰以养德 ································ 101

第四章　王维的人际关系 ……………………………………… 112

第一节　诸王待之如师友 ……………………………………… 113
第二节　一生不倦于僧交 ……………………………………… 118
第三节　几个重要诗友 ………………………………………… 122
第四节　不离不弃的至交 ……………………………………… 134

第五章　王维的家国情怀 ……………………………………… 141

第一节　"归美"的思维逻辑 ………………………………… 142
第二节　衔命奋身辞天阙 ……………………………………… 148
第三节　"有国大体"的践行 ………………………………… 154
第四节　事亲色养而"乃眷家肥" …………………………… 158

第六章　王维的悲悯意识 ……………………………………… 163

第一节　同体之大悲心 ………………………………………… 164
第二节　何以替古人落泪 ……………………………………… 170
第三节　人伦离合的感恸 ……………………………………… 178
第四节　灵魂审问的自虐 ……………………………………… 183

第七章　王维的美学观念 ……………………………………… 188

第一节　自然美学观 …………………………………………… 189
第二节　性气美学观 …………………………………………… 197
第三节　象外美学观 …………………………………………… 205
第四节　情境美学观 …………………………………………… 211

第八章　王维的诗体特征 ……………………………………… 217

第一节　诗中唯其有画 ………………………………………… 219
第二节　诗中因为有禅 ………………………………………… 229
第三节　镜花水月的虚幻 ……………………………………… 236
第四节　倚风自笑之平和 ……………………………………… 240

第九章　王维的诗学贡献……………………………………248
　第一节　意境做到极致……………………………………249
　第二节　山水诗臻于极顶…………………………………255
　第三节　为文已变当时体…………………………………262
　第四节　引禅入诗的审美意义……………………………266
结语……………………………………………………………278

后记……………………………………………………………287

引　论

王维，还真不应该将其单纯作为一个诗人来研究，他是个艺术超人，还是个道德高人。而于王维研究，我已发表论文六十余篇，出书四五本，然越往深水区走，越是感到在王维其人研究上倾力不够，越发急于要做些什么，也就越发地焦虑了。非常感谢商务印书馆，消解我的审美焦虑，让我主要从王维的君子人格或高人品行方面来做这部《论王维》。

一、缘何便走向了王维

走向王维时，我年已不惑。其实，我对唐诗的研究，是从李杜开始的，彼时的我是个欲与李杜同游的文学青年。袁枚《随园诗话》说："抱韩、杜以凌人，而粗脚笨手者，谓之权门托足。仿王、孟以矜高，而半吞半吐者，谓之贫贱骄人。"[①] 我所以走向了王维，绝不是为了"矜高"，而是因为看不惯"权门托足"者也。

王维德行与艺术的高度与他现处的文学史地位和美学评价

---

① 〔清〕袁枚著，顾学颉校点：《随园诗话》卷五，人民文学出版社1982年版，第148页。

实不相匹配。近百年来的文学史写作，骨子里仍是胡适一路，以"写实性"和"人民性"作为衡量诗人高下、作品优劣的主要标准。而王维评价的最低点，王维研究的低潮期，则是在新中国成立前后到"文革"前后的一段时间里。在"现实主义"决定诗歌优劣高下的"历史语境"中，在诗歌充当阶级斗争工具的年代里，王维被定性为"做官能手"，说"王维是个非常软弱的知识分子"而"不能坚决地反抗黑暗，洁身引退"，说他从未真正深入到生活中去，其诗是"反现实主义的逆流"，"表示自己的贵族、地主的闲逸心情，并进而引导人退隐"。[①] 王维被任意"霸凌"的处境，成为我对他心生恻隐的重要原因。在王维仍处于"德不配位"的尴尬时刻，我则凭抱不平的一时冲动，走向了王维，走向了盛唐的"一代文宗"。

王维在盛唐，是个坐第一把交椅的诗人。他的地位为李白杜甫所颠覆，那是在李杜死后几十年的事情。"李白卒后的头几十年，几乎没人提及或模仿他的诗……到了九世纪初，围绕于韩愈和白居易周围的作家们，已经认为李白和杜甫是盛唐最伟大、最典范的诗人。从那时起，李白和杜甫共享的名望事实上从未被质疑，而对于这两位诗人的相关评价发展为一种流行的批评消遣，特别是在二十世纪"[②]。也就是说，"到中唐的大作家重新评价盛唐传统时，李白和杜甫被抬高至他们从未有过的杰出地位。王维被排列于李杜之下"[③]。然而，即便是在李杜"被抬高至他们从未有

---

① 北京大学中文系文学专门化 1955 级集体编著：《中国文学史》，人民文学出版社 1958 年版，第 271 页。
② 〔美〕宇文所安著，贾晋华译：《盛唐诗》，三联书店 2004 年版，第 141 页。
③ 同上书，第 43 页。

过的杰出地位"的此后近千年里，王维基本上还是保住了第三把交椅的地位。清代文学家陈维崧有诗曰："长鸣万马皆喑日，独立六宫无色时。湖海高楼无长物，龙门列传辋川诗。"诗中把王维与司马迁比较，认为王维的诗与司马迁的列传具有同样的地位，"回眸一笑百媚生，六宫粉黛无颜色"，盛唐有王维而李杜皆无颜色也。

而"以阶级斗争为纲"的特殊时代性导致了学术上的偏见，导致了王维研究上的失误和失衡，进而也影响着整个文学史写作的客观性与科学性。虽然近三十年来王维研究也风生水起，然在投入力量与取得成效上还与王维的实际价值不相符合，王维似乎还在一二流诗人间低走，王维与其诗被污名化的影响尚未真正得到廓清，其被边缘化的现状甚至还并未得到彻底改观。如果研究中有将王维与李杜并提的说法甚至还会被人嗤之以鼻。或者说，研究李杜总要比研究王维更为社会与学界看重。董乃斌先生说，为什么王夫之多痛砭杜诗的话，因为他看不惯那些"口口声声说杜甫是诗史"的俗子，拿香跟拜而无端起哄，因此"评语似乎是话里带气，有点故意说过头的意思"。①

因为生性讨厌从众，尤其不堪于盲目起哄，也已不是个只顾拿香跟拜的人了，所以还在王维处于被边缘化时，我便坚毅地走向了王维。走向王维，不仅是一种冲动，也是一种缘分，是我内在精神需求与投合的一种积极回应。

二、特别看好王维人品

《孟子·万章下》曰："以友天下之善士为未足，又尚论古之

---

① 董乃斌：《李白与诗史》，《文史知识》2018年第3期。

人。颂其诗，读其书，不知其人可乎？是以论其世也，是尚友也。"孟子以为，读书最需要"知人论世"，即要了解书的作者，了解作者生活的时代，甚至是要跨越时空与作者结为朋友。书读得多了，文章写得多了，愈发觉得"知人论世"的说法太深刻了。读王维诗，也愈发感到需要把王维作为朋友来交，亦即注重对其人的研究。

唐诗研究，是一种文化历史的研究，也是一种人的研究，如果只谈诗歌风骨，却不谈诗人操守，或将文艺批评知识化，是很难不误读诗文的。王富仁先生说："从方法论的角度来讲，我们的爷爷辈和叔叔辈重视的是这种主义和那种主义，我们重视的则是在各种主义背后的人。我们的弟弟辈和侄儿辈，则成了新的主义的输入者和提倡者，他们的文化视野更宽广了，但讲的又是这种学说和那种学说……对于中国人的认识和感受，他们反而不如我们这一代人来得直接和亲切，至少暂时是如此。"[①] 研究也真应该"重视的则是在各种主义背后的人"，而因为重视了书后的人，王维也与我更"来得直接和亲切"，感觉到他的心跳与体温，似亦抵到他的人性深度。拙著《论王维》，重在论其人也。

歌德说："要把拜伦作为一个人来看，又要把他作为一个英国人来看，又要把他作为一个有卓越才能的人来看。他的好品质主要是属于人的，他的坏品质是属于英国人和一个英国上议院的议员的，至于他的才能，则是无可比拟的。"[②] 歌德的意思是，拜

---

① 王富仁：《王富仁自选集·我走过的路（自序）》，广西师范大学出版社1999年版，第3页。

② 〔德〕爱克曼辑录，朱光潜译：《歌德谈话录》，人民文学出版社1978年版，第64页。

伦既是一个英国人，一个上议院的议员，更是一个诗人，还要看到他的时代局限与传统影响。中西方的思想是相通的，我们也要把王维作为一个人来看，他既是一个艺术超人，一个社交红人，一个淡泊低调而温文儒雅的高人，还是一个高官，甚至是一个佛教徒。而王维被奉为"诗佛"，应该主要取其神通广大之义，含有佛法无边的意思，王士禛就直呼王维"维摩诘"[①]也。顾随先生说："姚鼐谓王摩诘有三十二相（《今体诗钞》）。佛有三十二相，乃凡心凡眼所不能看出的。摩诘不使力，老杜使力；王即使使力，出之亦为易，杜即使不使力，出之亦艰难。"（《驼庵诗话》）[②]所谓"三十二相"，只有佛陀及真正意义上的转轮圣王才具足三十二种胜相。顾先生认同姚鼐的说法，比较杜甫而言，认为王维具有多变的妙相，其诗举重若轻，变化多端而臻于化境也。

在对王维一边倒的低评风气里，北京大学教授、受五四新文化运动启蒙的诗人林庚（1910—2006）先生则给予了王维非常崇高的评价，他强调指出："王维在文艺上的全面发展，也就使得他在诗歌里成为一个全面的人才。我们很难指出王维诗歌的特点，因为他发展得如此全面，如果一定要指出，那就是代表整个盛唐诗歌的特点。"林庚先生还认为："王维是一个全面的典型，这首先是由于他全面地反映了盛唐时代生意盎然的气氛……王维

---

① 〔清〕王士禛：《渔洋山人精华录》卷一《辋川雪中之游》"忆昔维摩诘，于此曾挂冠"；卷五《戏仿元遗山论诗绝句三十二首》"高情合受维摩诘，浣笔为图写孟公"；卷九《龙山晚渡》"凭谁唤起维摩诘，重写寒江雪渡图"。

② 顾随著，叶嘉莹笔记，顾之京整理：《顾随诗词讲记》，中国人民大学出版社2009年版，第91页。

在艺术上的多方面的深厚造诣乃使他成为最有普遍性意义的代表人物。"① 王维不仅是艺术全才与诗歌天才,还是个风流儒雅、性情懿美、品行高洁而具生存智慧的世间高人。王维的名与字取自于"维摩诘"。维摩诘长者,神通广大,是个为释尊所敬重的大居士。维摩诘,梵文意译为洁净无垢、没有染污的人。王维是个特别干净的人,是个太爱干净的人,有着道德洁癖,历史便作弄他,弄脏他,让他成了个悲剧,成了个洗刷自己的救赎者,而他的悲悯意识与家国情怀也因此愈发强烈。可以说,王维的忏悔成全了他,让我们看到他的无辜,看到了他自残性质的原罪忏悔的自觉,看到他道德自我完善的人性辉光。在世界文明进程中,几乎所有的哲人都十分关切人类自我救赎的问题。

王维血管里流的是贵族的血,唐代有"五姓七望"之说,他父姓王母姓崔,这是其中两个大姓。闻一多说王维是最后的贵族,贵族的最后明星。我们以为,闻一多所以如此看好王维的贵族身份,是欣赏他的一种特殊精神,其身上特有的贵族精神,即他的教养、气质、风度以及君子人格与道德风范。其实,古人早就说过,王维诗"雅淡之中,别饶华气,故其人清贵"②也。王维"立性高致",乃"温其如玉"的"一代雅人",而不是"蓬头垢面然后为贤"的那种。他似乎有点清高,但绝不轻狂。他严以自律,苛以自责,但处世应对却不亢不卑。他做什么都能做到极致,似却从不争强斗胜。他从未有豪情万丈的时候,总那么淡泊从容,谦谨低调。他远离尘俗,却不是悲观厌

---

① 林庚:《唐诗综论》,商务印书馆2017年版,第117页。
② 〔清〕施补华:《岘佣说诗》,丁福保辑《清诗话》,上海古籍出版社1978年版,第981页。

世。他爱静爱闲爱独处，然很善结交，很有人缘。他爱生活爱生命爱人生爱自然山水，也爱做人，很在意做人，也很会做人，总感到他一生都在做人上特别有追求。黑格尔《美学》在谈到抒情诗时这样说："文学抒情特有的内容就是心灵本身，单纯的主体性格，重点不在当前的对象，而在发生情感的灵魂。"美学老人又说："出发点就是诗人的内心和灵魂，较具体地说，就是他的具体情调和情境。"① 因此，王维诗所以美，所以给人唯美感觉，固然是因为他"在艺术上的多方面的深厚造诣"，最重要的还"在发生情感的灵魂"。赵殿成《王右丞集笺注·序》的第一句话就是："《传》称诗以道性情。"王维"诗之温柔敦厚，独有得于诗人性情之美，惜前人未有发明之者"。② 他深感遗憾的是，研究者没能在其"性情"上求解。随着对王维研究的不断深入，笔者的这种"惜"情也愈深矣。拙著《论王维》以研究王维其"人"为侧重，在研究王维其"人"上有了更多自觉，从"人性维度"来解读其诗，研究王维的待人接物，研究他的人缘人品，研究他的人性人格，研究他的政治态度、行为规范与道德操守，研究他的生存环境、生存状态与生存智慧。对其诗的研读与阐释，也成为研究其人之途径与手段。而这种研究，使我对王维有了"仰之弥高，钻之弥坚"的更多好感，简直可用"高风亮节"来概括我对其人的评价。我简直不敢相信这是我自己研究出来的结论。难道是我言之失据了吗？然而，将王维与古代诸著名

---

① 〔德〕黑格尔:《美学》第三卷（下），《朱光潜全集》，安徽教育出版社1997年版，第180页。
② 〔唐〕王维撰，〔清〕赵殿成笺注:《王右丞集笺注·序》，上海古籍出版社1984年版，第1—2页。

诗人纵比横比，而在"做人"上还真不多有可与其颉颃者也。

勃兰兑斯认为："文学史，就其最深刻的意义来说，是一种心理学，研究人的灵魂，是灵魂的历史。"[①] 将文学史的宗旨归结于"研究人的灵魂"，文学研究中的"尚友"也就具有了非常特别的意义。也许真是因为"尚友"的原因，我这才发现，王维更加可亲可敬了，我似乎也能够说清楚原先比较不容易说清楚的问题了，譬如王维的诗里为什么多是和光霁月的气象，又如王维的表现形式为什么总是云淡风轻而不是剑拔弩张。对王维诗的研究，真特别需要与研究王维其人结合起来。

三、最是注重性情参与

王维诗的文学性特强，技术含量也特高，他将意象与意境做到了极致，以宇宙人生为具体对象，审美上表现为超越功利的空明澄澈而物我无际，实现了对山水自然的深观远照，多化实景而为虚境的极玄穷幽，而状难言之景于目前，重言外之意，重委婉含蓄，重象喻与暗示，含不尽之意于言外，其诗也超越了执着于实写的现实反映，而强化了诗的象征与境界，表现出以"和"为最高境界的中国哲学意蕴。我曾经写过这么一段话，来表达与王维交流的心理状态：

> 王维，是一个内蕴几乎无法穷尽的文本，一个与宇宙息息相通而鲜活饱满的生命样态。在读解王维的过程中，我深

---

① 〔丹麦〕勃兰兑斯：《十九世纪文学主流》，人民文学出版社 1988 年版，第 2 页。

切感到非常需要有审美的激情、悟性和灵视的积极介入，也十分注重这样的投入。我努力以审美的体验而进入诗的文本以达到与诗中性情沟通的生命状态，进入诗人生命遇合山水和天地之精神的超然世界。因此，既然用美学的视域来看待王维这个对象世界，我以为，也许还是诗性的批评比较可靠，也就是说，这种研究，主要不是通过理性的认知和实证来实现，最好的方法就是让对象的存在"复活"，以审美和人性之光以烛照，尽最大可能地与对象拉近距离，进入对象个体的心理深处，在思辨的过程中体验盛唐精神的鲜活性，体验王维生命的诗意存在，以感性的描述呈现理性的感悟，而以理性的思考介入感性的体验。①

著名学者吴相洲教授似也特别欣赏我"性情参与"的文学研究，如偏重人文精神，注重唐诗的人文精神含量，诗歌与诗人互证，诗性与理性交通，在研究诗中发掘诗人人性本真与生命精神。拙著《纵横论王维》初版时，他就撰长文评论说：

> 他研究王维的目的主要在于实现古人与今人在情感、生命状态等方面的沟通与交融，以此透视王维生命中的另一个真实的方面。这虽然也是对历史的一种还原，但与传统的文学史研究相比已经有了很大的不同。这种研究在情感、审美方面极其强调研究主体的积极参与，强调研究主体从自身的境况出发，以自身的独特经历来深入体会研究对象的生命状

---

① 王志清：《纵横论王维》（修订本），齐鲁书社2008年版，第10—11页。

态与情感状况，不完全是对客观历史的真实还原。或许正是出于这一研究目的，他在研究的过程中并不能也并不抑制自身情感的积极介入，而是以这种情感的积极介入作为研究切入的独特视角，从这个视角出发，尽力凸显王维研究中较为独特的一面。

　　将王维研究视为一种生命的方式，并在研究的过程中强调主体审美激情、悟性和灵视的积极介入，追求与诗中性情的相接、沟通，其理论的基点在很大程度上直接得益于西方的近现代哲学、美学，其中尤为明显的是以伽达默尔为代表的"视域融合"的现代阐释学观点。在这样的理论背景的支撑之下，王志清虽然也从历史出发，忠实于史料文本，但更主要的特点则是积极运用西方近现代各种文艺学、社会学、心理学的研究方法，从一种全新的角度来透视、解读王维。从他的著作中我们总是可以看到这样的情景：作者在解读、描述王维及其作品的同时，不断地与哲学、美学上的一些理论相互印证、发明，从而使这样的解读、描述既呈现出极为独特的研究风貌，同时也表现出坚实的理论基础。王志清研究中的这种独特的、坚实的理论背景与多种方法的综合运用显示出他在古代文学研究方面所进行的自觉尝试与勇敢开拓。①

　　此评论发表已近二十年，然我至今时多温习，仍多有获益，

---

①　吴相洲：《王维诗歌的重新解读——读王志清〈纵横论王维〉》，《王维研究》第四辑，辽海出版社2003版，第413—414页。

也强化了我研究重"性情参与"的自觉。唐诗研究，不光要"理性判断"，要"价值判断"，还要"感性判断"。《诗品》专家曹旭先生说："文学研究，应该是'特殊的'科学研究，除了像研究历史、哲学那样靠文献和理论，还要凭感觉，要感情投入。"他认为："缺少'感性判断'的研究，把文学与历史、哲学、天文学、地理学等同起来的研究，是把活文学弄'死'，意义丧失大半的研究。"[1] 我非常忧心文学研究会把被研究对象"弄死"，或者简单化为中学课堂教学的"主题思想＋写作特点"的模式。我一直以为，文学研究就是研究文学，其出发点与归宿都是文学，而文献史料的检束爬梳考证，最终也是为了文学。闻一多先生说得好极了，研究者如果没有审美想象和个人体验，仅有清人的朴学方法和现代的"科学方法"，他仍然"离诗还是很远"。罗宗强先生也持文学本位的思想，他说："搞文学研究，若没有敏锐的审美能力，没有感情的共鸣，只靠纯理性的分析是不行的。文学不是哲学，也不是历史。现在研究文学的人，有的光搞史料清理，或者光搞历史背景研究，历史背景的种种问题，当然对于全面了解当时的文学有必要，但是研究完这些问题以后，一定要回到文学上来。假如不回到文学本身，那就不是文学研究，而是历史学研究、社会学研究或别的什么研究。"[2] 罗宗强先生很真诚地说："我更喜欢真实表现人性的优点和弱点、真实表现个人情怀的作品，所以我对白居易新乐府评价不高，对唐代古文运动评价也不高，而特别喜欢王维、李白、李贺、李商隐，喜欢他们作品

---

[1] 曹旭:《文学研究，请重视"特殊的"文学本位》，《文学遗产》2012年第1期。

[2] 罗宗强、张毅:《罗宗强先生访谈录》，《文艺研究》2004年第3期。

的强烈的艺术个性,所以对这些人评价就比较高。"①唐诗学术研究,要能够有"真实感受"且有"真实表现",而说出些"真实话"来,是多么不容易啊!文学批评家吴义勤说:"文学批评最大的问题就是没有个体的审美体温,变成了冷冰冰的新闻发言人式的文字。文学批评变成代言人,变成新闻发言人,没有个体的审美体验和真实感受,就没有了感染力,没有了可信性。"②王维研究是一种魅力独到的美感文化研究,尤需要研究者获得新鲜的文学感受,需要有直觉性灵的审美参与,更应该是具有"个体的审美体验和真实感受"的研究。钱锺书先生指出,考据"不是文学研究的最终目的,不能让它喧宾夺主,代替对作家和作品的阐明、分析和评价"。③然而,"长期以来,在庸俗社会学的影响下,古典文学研究往往离开了作品的审美特质,片面强调所谓现实性、人民性,文学遂成为某种思想的图解。如何从审美的角度对古典文学作出新的评价,是一个需要相当长的时间才能解决的课题。而作品赏析——也就是对作品的再认识、再评价,作为一项深入细致的基础工作便日益显出它的重要"。④注重研究中的文本解读,注重文本的文学性,也就是使王维研究成为一种重视"人性维度"的音律美、辞采美、意境美的文学鉴赏。

研究王维,真有"一种我们在伟大的艺术作品面前体验到

---

① 罗宗强、张毅:《罗宗强先生访谈录》,《文艺研究》2004年第3期。
② 吴义勤:《有关当前文学批评的两个问题》,《文艺争鸣》2014年第12期。
③ 钱锺书:《古典文学研究在现代中国》,《写在人生边上 写在人生边上的边上 石语》,三联书店2002年版,第134页。
④ 袁行霈:《重视古典文学鉴赏》,人民日报1986年8月4日第7版。

的骤然成长的感觉"①。王维一生为官,四十余年置身于社会高层,而其诗中却没有声色犬马的奢华,没有纸醉金迷的糜烂,更没有因平交王侯而趾高气扬,没有因身居高位而得意张狂。他也有宦海沉浮而人生大变故的经历,然而,其诗出之于温柔敦厚的诗美理想,表现为委婉曲折的诗歌风貌,让人看不出特别的感奋和激动,看不出特别的痛苦和恐惧,更没有愤世嫉俗的讥刺,没有气急败坏的呐喊,没有争强斗胜的愤激,特别是没有市场叫卖的吆喝。古人说王维的诗,冰雪为魂,那种"行到水穷处,坐看云起时"的淡泊从容与遥遥闲适,能够让人"调理性情",息机静虑,宁静淡泊,摒除俗念而息欲止贪,从而达到改善精神生活、涵养精神气质的旨归。因此,尚友王维,以对现实和人生的终极性关怀,接通诗人的情感脉搏,激活参悟的灵智,而孜孜兀兀于还原王维其人的历史本来面目。拙著《论王维》由重诗的研究转向重人的研究,由"诗"的视角而转向了"人"的视角,即由在美学上使力,于探求和解析诗人审美创作心理上侧重,转向人学与人性维度,重人的为人处世与人格人性的考察,以诗"求"人,以诗"证"人。这种研究视角的变化,是否能够表明我的王维研究已不在旧地逡巡了呢? 王富仁先生说:"学院派关心的更是历史而不是现实,更是书本而不是人生,更是学理而不是人的情感和意志。"②本人并非"学院派",也不想成为"学院派",故而,我的研究也只能是越发要关心人、关心人生、关心诗人的人品气格和

---

① 〔美〕伊兹拉·庞德著,黄运特译:《庞德诗选——比萨诗章》,漓江出版社1998年版,第223页。

② 王富仁:《我和鲁迅研究》,一土编《21世纪:鲁迅和我们》,人民文学出版社2001年版。

情感意志了。

　　我这样解读行吗？我读懂了王维吗？做好了《论王维》，我的审美焦虑就缓解了吗？我问我自己。自诗曰：

　　　　遍阅诗唐宗右丞，系情最是辋川藤。
　　　　只缘尚友同心性，不恨作笺无郑能。

第一章　王维的哲学思想

　　唐人以佛道为主体，儒为陪衬，构成了特殊的"众教合一"的思想形态。王维深受儒、道、佛三教的共同乳养，在儒释道三家思想上，他重实践性，重互为性，重综合性，实用大于体认，表现出交融三教而灵活化合的高超智慧，将儒释道三教在"天人合一"的思想基础上融会贯通。他笃信佛理，精通老庄，然其耽禅而非僧侣，趋道亦非道徒，正像他奉守"布仁施义，活国济人"而"不废大伦"的思想，却不是儒家信众一样。

　　王维虽四十年为官，但从严格意义上说，他不是政治家，更不是思想家。他没有将儒释道三教作为一种哲学来研究，也没有什么关于哲学思想的理论阐述，其哲学思想主要是由其文学思想来体现的，或者说，他的诗文创作兼得三教思想之精髓，而表现为三教交通互生、应机化导的境界，而在具体的待人接物上，也以佛禅融解儒道，灵活而多元。张岱年、程宜山在《中国文化与文化争论》第六章的导言里说："思想、意识中最重要的有两个方面：一是价值观念，一是思维方式，它们和世界观一样，历来是哲学的基本内容。人们的世界观、价值观、思维方式是在他们创造文化的实践中积累、归纳出来的，同时又作为文化的核心予创造文化的实践活动以指导和制约。"① 我们探讨王维的哲学思想，也就主要考察他的"价值观念"与"思维方式"，主要从其文化创造的实践活动入手，而又主要通过其诗歌文本来认识。

以文学思想而言，儒家重明经载道、重征圣宗经、重美刺教化。显然，王维美学思想的核心，或者说其美学思想中起核心作用的，抑或说"指导和制约"其"创造文化的实践活动"的，主要不是儒学思想，而是佛道理旨。王维生性爱自然，爱虚静，爱自由，重审美，超功利，以潇洒林泉、随缘适意为人生追求，从而形成了其淡泊超脱而无可无不可的人生态度，这与其哲学信仰有着很大的关系，或者说，这是他在接受儒释道三教的影响中而偏重了庄禅哲学思想。这也是为何我们在对其诗文的静参默悟中获取了些许哲学思想的吉光片羽，但往往还是难辨其是儒是释还是道。

第一节　三教兼摄通融

以儒、道、释为三大主流的中国古代哲学，在唐代互为作用，互为发明，你中有我，我中有你，形成了一种杂糅复合的交融关系，形成了特殊的"众教合一"的思想形态，也形成了唐代特殊的多元的集合体文化。而于三教中，道教势力最为庞大，也尤其活跃，道教大量吸收了外来宗教的观念和形式，与佛禅交叉影响，盛行天下，甚至还远播日韩。唐代统治者出于政治上的需

---

① 张岱年、程宜山：《中国文化与文化争论》，中国人民大学出版社1998年版，第194页。

要,在思想上实行三教兼容并举的方针,"儒以治外,佛以治内,道以为祖"。儒佛道三教在皇权倡导下,各自强化着在思想领域的地位和影响。而于士人,则是"以儒学治世,以佛学治心,以道学养性"。士子持儒家入世进取的精神,以儒家经典为要,追求科举仕途的人生价值取向,而在生活情趣诸方面则又受佛道思想的影响甚至支配。"过去,我们的注意力比较多的是放在儒、道、佛三家学说的互相排斥、斗争方面,而少注意它们之间的互相渗透、互相融合一面。其实,经六朝而至于唐宋以后,许多学者和文学家的学术思想和美学思想,往往是儒、道、佛兼而有之,形成我国特有的美学理论和审美趣味",儒释道三教交融兼用,不仅成为唐代文化的集合性特点,也成为中国古代哲学思想与美学理论的民族性特色,因此,"研究我国古代美学思想的民族传统,亦必须从儒、道、佛三家学说中去溯其本而追其源"。①

中国哲学思想的兴趣主要在"天人之际"上,因而"天人合一"便成为几乎所有哲学流派的逻辑起点和支点。也正因为如此,中国哲学流派之间就具有了也表现出三教交相渗透的特征。儒、道、释三教则从三个不同角度,以各自的理论系统阐释着"天人"思想,也均具有"天人合一"的思想内核。因而,儒释道哲学思想对诗人的影响,也往往是集合性的。就某诗人或某流派而言,很少单独受某一哲学思想的影响。可以肯定地说,在某一诗人身上,往往兼有三教的影响,只不过是成分各有多寡、倾向各有侧重、表现各有隐显而已。以盛唐王维与李白、杜甫三

---

① 张文勋:《儒道佛美学思想探索》,中国社会科学出版社1988年版,第1页。

大诗人观，他们的哲学思想恰好各偏一端。杜甫偏于儒，诗多积极事功的入世情怀，多有对现实民生、社会生活的反映；李白偏于道，诗也多奇异想象，表现出遗世高蹈的洒脱清逸；而王维则偏于佛禅，诗里多超凡脱俗的空灵，多因色悟空的旨趣。正是因为哲学思想上的偏重，不仅形成了诗人们各自的价值观念与思维方式的差异，也形成了各自不同的审美取向与诗美形态。这也不妨碍"持道教见解的李白有很多儒、佛为题材的诗，持儒教的杜甫有很多以道、佛为题材的；另外，还有持佛教的王维却有道教作品问世，这现象本身不过是显示了当时诗人思想同一般倾向的关系"[1]。日本著名唐诗专家松浦友久在《李白诗歌抒情艺术研究》中还指出："思想和宗教本身的这一共通倾向，并非以其原样成为三教出现在诗歌之中。因为诗人未必是思想家和宗教家，诗歌也并非代表时代演说教理之书，但可以想象到时代的主要意识观念同政治和社会如此深深关连，势必从最基础的意义上给予产生于这样现实政治、社会中的诗人们作品以难以摆脱的影响。"[2] 王维诗中体现这种三教兼容的现象，也是很突出的，在他的不少诗中，很难说清它所要表现的是禅是道还是儒。就王维这个具体人来说，其哲学思想兼容而博杂，绝对不是一味的佛禅，也绝对不应将其思想简单化地切割成早期儒、中年道、晚年禅的阶段性，因为这不仅很矛盾，也很不合乎实际。说其"早年有儒家的抱负、中年具道家的风采、晚年得佛家的精髓，很符合中国古代知

---

[1] 〔日〕松浦友久著，刘维治译：《李白诗歌抒情艺术研究》，上海古籍出版社1996年版，第111页。
[2] 同上书，第103—104页。

识分子'入于儒、出于道、逃于佛'的人格理想"①，则是静止的绝对化与简单化思维。三教在同一个诗人身上的反映，也不是一成不变的，常常因为境遇与年龄等要素的不同而有不尽相同的表现。就王维而言，他无论在早年、中年还是老年的哪一个阶段，三教总是交融的、胶着的、不可截然分离的，抑或说，王维的哲学思想具有合主体性、融摄性、现实功利性与形象示范性交融为一的实践品格。

可以非常肯定地说，王维的禅学底蕴非常深厚，佛禅思想对其影响也非常深入。禅是"禅那"的音译，起源于古印度瑜伽，后为佛教吸收而发展为"思维修"，成为修正觉性的方法，即戒定慧三学中的定学，六波罗蜜中的禅定。胡适说，禅宗是"古来的自然主义的哲学（所谓'道家'哲学）与佛教的思想的精采部分相结合"②。钱穆先生则认为，禅宗在武后时兴起，"中国佛学界即由小乘转进大乘，这已是由宗教出世的迷信，转到宇宙人生最高原理之哲学的探求了"，中国化的佛教"兼采道家传统庄、老哲学，而创生了一套新的精神修养与自我教育的实际方法，他们虽未脱佛教面目，但已不是小乘佛教之出世迷信，不是大乘佛教之纯粹的哲学思辨，也并不专在一切宗教的威仪戒律上努力。他们已偏重在现实人生之心理的调整上用工夫，这已走入了中国传统文化要求人生艺术化的老路"。③ 佛教的中国化而形成的禅宗，对诗人的最重要意义，就是使这种宗教在本质意义上成为了一种

---

① 陈炎、李红春：《儒释道背景下的唐代诗歌》，昆仑出版社2003年版，第84页。
② 胡适：《白话文学史》，东方出版社1996年版，第189页。
③ 钱穆：《中国文化史导论》（修订本），商务印书馆2002年版，第166页。

心灵哲学,成为了一种自我关怀的人文精神,成为了人生艺术化而宗教美学化的哲学思想。因此,宗白华先生认为:"禅是中国人接触佛教大乘义后体认到自己心灵的深处而灿烂地发挥到哲学境界与艺术境界。"[1] 王维生活的公元8世纪,是禅宗兴起而禅门分化的时期,是禅宗五祖过渡到六祖的时期,也是北宗日显颓势而南宗逐步确立的时期。"南宗运动起于七世纪晚年,到八世纪中叶便与北宗旧势力实地冲突,到八世纪晚年竟大占胜利,代替北宗成为正统。这是中国佛教史上的一大革命,也是中国思想史上的一大革命。这个大运动的潮流自然震荡全国,美术文学都逃不了他们的影响"[2]。北禅神秀主"住心看净",南禅惠能主"即心是佛"。南北二宗的根本不同是:北宗重行,南宗重知;北宗重在由定发慧,而南宗重在以慧摄定;北宗主张渐悟,南宗主张顿悟。王维一生耽佛,然却并无严格的宗派观念,既倾心于如来禅的"渐修"理论,更倾心于祖师禅的"顿悟"学说,立证佛性,其思想也超越了惠能以及神会的某些局限。天宝五载(746),王维受神会之请而作《能禅师碑并序》。此碑序具有极高的史料价值,是现存关于惠能及其禅法的早期资料。两京收复后,肃宗召神会进京入内供奉,南宗禅大盛,应该说这与王维在《能禅师碑》里对南宗的盛赞也是分不开的。碑铭文开篇即写道:"无有可舍,是达有源。无空可住,是知空本。离寂非动,乘化用常,在百法而无得,周万物而不殆。鼓枻海师,不知菩提之行;散花天女,能变声闻之身。则知法本不生,因心起见。见无可取,法

---

[1] 宗白华:《美学散步》,上海人民出版社1981年版,第65页。
[2] 胡适:《白话文学史》,东方出版社1996年版,第189页。

则常如。世之至人,有证于此,得无漏不尽漏,度有为非无为者,其惟我曹溪禅师乎!"王维深谙曹溪之旨,顿悟见性,妙解契道,对般若中观的思想运用自如,但这也并不等于说他独服膺南宗。乾元元年(758),肃宗为北宗领袖神秀、普寂题写塔额,王维又受北宗僧人之请托而作《为舜阇黎谢御题大通大照和尚塔额表》,这也不能说王维就皈依了北宗。他在《为舜阇黎谢御题大通大照和尚塔额表》中将北宗"大通"神秀、"大照"普寂的经义概括为:"见闻自在,不住无为。理事皆如,终非有漏。"其要义大类南宗。王维在对待佛教宗派信仰上,不主一宗,兼得南北宗之精髓而为己所用。而他的禅宗思想又常常和道家的虚无观念交融在一起,而在入世与出世之间艰难选择后,强调"身心相离,理事俱如"的实践性,其宣传得最多的还是南宗禅的"中道观"。应该说,王维对于洪州禅的中国化、老庄化和诗化,起到了一定的影响。在马祖道一的"平常心是道"的洪州禅开宗立派之前,在凝练隽永、富于诗意的机锋、公案出现之前,王维就已形成了任运自然、触处即真的悟道态度,将生命体验融入禅境,因色悟空,静穆清寂,其诗"一片天机,活泼自在,全部的日常生活一转眼间,均已'天堂化','佛国化'"①,这种诗美旨趣饱含禅理佛机,但已经超越宗教而达到哲学层次,表现出禅融儒道的和合特点。

佛学传入中国,融入了儒道,也为儒道所同化,尤其是为道所同化。道学乃中国文化之根。鲁迅1918年8月20日致许寿裳信中说:"前曾言中国根柢全在道教,此说近颇广行。以此读史,

---

① 钱穆:《中国文化史导论》(修订本),商务印书馆2002年版,第166页。

有许多问题可以迎刃而解。"道家破斥一切世俗功名，恬淡无为，消极出世，有将人从一般生存烦恼中解放出来的良苦用心，即由关注人在社会秩序中的地位，转向追求人在自然秩序中的生存。而老庄道学的顺天、法天、合天的哲学思想，实质上也是一种强化"自在"精神的道德性实践。道家的这种道法自然的思想，将生命意义而非社会价值作为思考继而具体到人世精神上，使王维无论基于客观的生活事实还是主观体验，都带有很高的自觉化程度，反对重欲、利己和贵私，特别倾心于人性淬炼和人格修养，力行仁恕，内充德性，清虚以坐忘自守，和光同尘，真性不乱，万缘不挂，归于静默无为之境。王维将禅宗之"舍"与道家之"任"的自然崇拜，置换为人性中自我价值的最充分高扬的实践意义，推动了他潇洒林泉、随缘适意的人生追求，也促进了他走向自然深度的自觉。王维有一首小诗《漆园》，很受哲学家、思想家朱熹的赞赏。朱熹说："余平生爱王摩诘诗云：'漆园非傲吏，自缺经世具。偶寄一微官，婆娑数株树。'以为不可及，而举以语人，领解者少。"[1] 何以朱熹独爱此诗？何以人多不解？思考这些问题是很有意义的。

　　王维的《漆园》[2] 就是一首儒释道思想融合的诗。诗的题材取自庄子，庄子坚拒楚威王"厚币迎之"而"许以为相"，且羞辱朝廷命官。这明明是个"傲吏"，简直"傲"得不可思议。然而，同样让人不可思议的是，庄子却自愿在蒙邑为吏而主督漆事。王

---

[1] 〔宋〕罗大经：《鹤林玉露·朱文公论诗》，上海古籍出版社2012年版，第68页。

[2] 陈铁民：《王维集校注》，中华书局1997年版，第426页。笔者按：本书所引王维诗文皆参照《王维集校注》（简称"陈注本"），以下不再注明。

维巧于用典,放大了庄子"行隐两适"而恬淡自足的人生态度与生存智慧。朱熹看懂了,而有"余平生爱""余深爱之"之说,然直言自己"不可及"也。古来士人,思维两极、非黑即白、非仕即隐者多,自然"领解者少"了,不能理解这种"亦官亦隐"的人生态度与生存智慧。做一微官,婆娑数树,既是入世,又是出世,以出世之心,而做入世之事。物质可以非常简单,而精神必须十分富足。这种既入世又出世的选择,顺应天命而安于自然之分,表现出以安命自保而养心缮性为宗旨的"漆园"境界和生命精神。王维"微官"与"婆娑"两者兼而取之,即是其亦庄亦禅亦儒的思想,顺其自然而自足自适,尽最大可能保持人原有的自然本性。这种思维方式与思想境界,确实"领解者少"矣,更不用说做到这一点了。而看不懂王维的人总以为,要么做官,要么归隐,怎么亦官亦隐呢?为什么不能像陶潜归隐呢?于王维看来,"长林丰草,岂与官署门阑有异乎?"(《与魏居士书》)这就消弭了自然之理与仕宦之事的界限,所谓无可无不可,生活与审美无甚区别,仕与隐也了无界限,泛舟弹琴,咏歌赋诗,玄谈禅诵,以审美的态度生活,而以生活的姿态审美,根本不需要像陶潜那样解印绶而归田园,也没有必要像谢灵运那样觅蛮荒而宿山林。儒、道、佛的哲学都是以"自然"为中心的道德理性哲学。王维的这种鱼与熊掌两者兼得的生存智慧,源自其儒教与庄、禅的兼融,反映了他将儒释道打通而融合的睿智,为其处理社会政治事务亦官亦隐的生存方式找到了哲学依据,生成了王维在宦海凶险中守道独行而不招负时累的超然。其行藏全然以适意为生命目的,不是为隐而隐,更不是为仕而仕,无仕隐之执着,也无仕隐之界限,在保证主体人格清高素洁和心灵高度自由情境下，尽情地享受生活，实现诗意存在的意义。就儒与佛道两家而言，其基本的思想主张是相抵触的。儒家的忠君孝亲是伦理道德的基本规范，道佛两家都秉持出世哲学，在人生哲理的思辨上，佛家修禅的目的是为断绝烦恼，并空天地，达到寂灭的境地，以求来世得到好的报应；道家修道的目的是修身远祸，消除人的主观能动性，使自身顺应天命、合乎自然，旨在求得今生精神上的逍遥自在，王维援引佛教中观论，既强调空又注重假有的思想，用身心相离替代了儒家身心相一、内圣外王的思想。

因此，庄禅思想在王维诗中表现得非常突出，但并不意味他只受庄禅思想的影响，或只有庄禅思想，抑或只表现庄禅思想。王维其诗，只是以一种高度净化的极玄穷幽的意境，从一个独特角度反映盛唐气象，表现他这种兼摄三教的思想。王维为什么要把山水自然包括现实生活写得这么美好呢？即便是社会民生的题材或关注下层民众生活的诗，也多展现积极、正面、美好的方面，尽可能表现一种人与社会、人与自然的和谐，而极少反映痛苦的一面，更不去批判社会的阴暗面。应该说，这与他的思想有关，与他的生活环境、生存状态比较优越有关，与他对社会生活的认识有关。他诗里写的是盛唐时代特有的宁静与和谐，写的是盛世人对美好平静生活的向往和享受，写的是对盛世功业的自信和自豪，应该说是反映了盛唐盛世的社会和谐本质。因此，我们不能因为王维诗缺乏"为时而著""为事而作"的批判现实、干预社会的社会功能，其现实主义实用理性比较薄弱，就说其没有儒家思想。而事实上儒家的中和精神与社会理想在其思想中起到支配作用，在国家政治与意识形态等许多大是大非的问题上，王维一直是以儒家哲学为衡量标准的。我们在肯定佛禅对王维影响的同时,也不能抹杀了儒、道对他的影响,忽略了他对于儒、道思想的社会实践。

虽然不能说王维是把佛禅作为一种哲学来研究的,但是,王维以禅融通庄、儒,而在"天人合一"的思想基础上转化为一种人生哲学的境界。王维的哲学思想,呈现出三教合流、互为发生、彼此为用的状态,而他也正是以其交融三教而灵活化合的高超智慧,使其思想和艺术表现得不同凡响。无论王维的思想多么复杂,然其思想的倾向性十分鲜明,始终是儒家的道德观念和行为规范,以经世济民为根本目的和第一要义,这在他的诗文中时不时地、或隐或显地有所表现。然他又以禅宗"触目而真"的精义为基点,以庄子"大同而无己"的观念为归宿,而具有与万物同春的"至人"式自由精神。因此,他并不十分注重实际意义上的自然人世,而着重于心理主体的建设,站到了终极的意义和审美超越的高度。

第二节 不废大伦的主体精神

王维一生,基本上与开天盛世相伴行,处于大唐帝国的巅峰期。盛世社会里的唐人普遍重视自我价值实现,高度自信,热情豪迈,政治热情尤其高涨,建功立业的欲望极其强烈。王维也深受时代精神的感染,深受儒家善政理想与事功进取思想的影响,自开元九年(721)二十一岁举进士,不久解褐为官,几达四十年,且至少有三十年时间在朝廷里工作,在皇帝身边工作。他早年单身游宦两京,拜访豪富,就开始了积极寻找用世机会的运作,后来以诗干谒张九龄,又后来多次出使,这一切均可说明王维的用世精神与事功欲望并不弱。他三十六岁"问边",此后的边塞诗,包括送同僚赴边的诗,则多把功名事业作为主要话题和主旨。"慷慨倚长剑,高歌一送君"(《送张判官赴河西》),诗人把赴边出塞视为千载难逢的立功报国的机会。在这些诗歌中,诗人对战神无比崇拜,渴望以疆场厮拼搏杀而赢得功名,表现了诗人忘身报国、舍命取义的英雄主义精神,具有强烈的为国家而战、为功名而战的自豪感和自信心。尤其是王维的这种政治仕进思想,至老不变,即使是他自己政治上已无所求时,仍然以献身社会而建功立业的儒家信条激励别人,始终为别人在政治上的积极开展而高兴。

在很多方面,在很多场合里,在很多重要的时候,王维是"讲政治"的,是突出儒家思想观念的,是以传统道德规范为规范的,其为人处世皆奉行儒家的道德原则,以经世济民为其主体精神,以道义气节为美,以"匹夫之节"与"仁义之道"为衡判社会善恶与政治进退的基本标准,带有"外佛内儒"的儒学坚持。王维对于行政官员的臧否,皆以仕功进取为价值标准,皆以儒家纲常伦理、忠孝道义的道德来衡量。王维的《献始兴公》诗是写给当朝宰相张九龄的,他在诗里对宰相不以宰相称,而称张九龄为"大君子",非常耐人寻味。唐人诗文中往往以现任甚至是曾任职务称对方,或者是自称,哪怕是小到不能再小的职务,譬如王维诗中称呼其他人"使君"(《送梓州李使君》)、"判官"(《送平淡然判官》)、"员外"(《送贺遂员外外甥》)与"给事"(《酬郭给事》)、"司库员外"(《赠从弟司库员外絿》)等,连外甥与从弟等都不例外。王维以"大君子"称呼张九龄的言下之意是,我崇拜的不是你手中至高无上的权力,而是你高尚的道德品行。张九龄史称贤相，是个道德君子，其看人用人，也多从道德品行方面考虑。《旧唐书·张九龄传》有一则记录说：开元十三年，皇帝东巡封禅祭天。宰相张说决定于侍从官员里破格提拔一批。张说命张九龄草拟诏书，九龄则说："官爵者，天下之公器，德望为先，劳旧次焉。若颠倒衣裳，则讥谤起矣。""唯令公审筹之，无贻后悔也。"① 张九龄坚持原则公然抗命，且犯颜进言。张九龄拜相后，在提拔官员的问题上常与唐玄宗及李林甫发生矛盾，也多是道德之争。国外的历史学家说："他对道德问题的一贯坚持还开始采取直接批评政治的方式。"② 张九龄离世后，唐玄宗非常想念他，给予极高的道德评价说："正大厦者柱石之力，昌帝业者辅相之臣。生则保其荣名，殁乃称其盛德，节终未允于人望，加赠实存乎国章。故中书令张九龄，维岳降神，济川作相，开元之际，寅亮成功。说言定其社稷，先觉合于蓍策，永怀贤弼，可谓大臣。竹帛犹存，樵苏必禁，爰从八命之秩，更进三台之位。"③ 王维诗中没有一句阿谀奉承的不实诣媚，他赞张九龄"动为苍生谋"，也反映了他儒家的道德至上观。王维赞房琯"忘己爱苍生"（《赠房卢氏琯》），赞张去奢能行"慈惠之政"（《京兆尹张公德政碑》），赞苗晋卿施政"导德齐礼"（《魏郡太守河北采访处置使上党苗公德政碑并序》）等，皆出于儒家德义节操观的考量。

王维的《裴仆射济州遗爱碑》，是我们考察王维儒家事功思

---

① 〔后晋〕刘昫等：《旧唐书·张九龄传》，中华书局1975年版，第3098页。
② 〔英〕崔瑞德编，中国社会科学院历史研究所、西方汉学研究课题组译：《剑桥中国隋唐史》，中国社会科学出版社1990年版，第404页。
③ 〔后晋〕刘昫等：《旧唐书·张九龄传》，中华书局1975年版，第3100页。

想而可资参考的非常难得的资料。《裴仆射济州遗爱碑》二千余言，尽写裴耀卿的"美政盛德"。碑文中最感人的，是裴耀卿身先士卒、率领郡民浚河修堤的场面描写：

> 天灾流行，河水决溢。蝗虫避境，虽马棱之化能然；洪水滔天，固帝尧之时且尔。高岸崒以云断，平郊豁其地裂。喷薄雷吼，冲融天回。百姓巢居，泉客有其家室；五稼波殄，沼毛荒于畎亩。公急人之虞，分帝之忧，御衣假寐，对案辍食，不候驾而星迈，不入门而雨行，议堤防也。至则平板干，具糇粮，揆形略趾，量功命日，而赤岸成谷，白涛亘山，虽有吕梁之人，尽下淇园之竹，无能为也。乃有坏防之余，冲波且尽，仅在而危同累卵，将坠而间不容发，公暴露其上，为人请命，风伯屏气以迁迹，阳侯整波而退舍，又王尊至诚，未足加也。然后下密楗，搴长茭，土篑云积，金锤电散。公亲巡而抚之，慰而勉之，千夫毕饭，始就饮食；一人未息，不归蘧庐。惰者发愤以跻勤，懦者自强以齐壮。成之不日，金堤峨峨，下截重泉，上可方轨，北河回其竹箭，东郡郁为桑田。

这段文字写得非常动情，写得波澜迭出，扣人心弦，极富现场感，极其传神，也极其感人。王维在碑文最后的"铭辞"中动情写道："公之德兮，曾无与二。人思遗爱兮泪淫淫，岁久不衰兮至今。性与天道兮，吾不得闻；志其小者近者兮，已是过人之德音。"我们从这些极富感染力的文字中，不仅读出了那个父母官感天动地而息壤止水的精神，也读出了王维"为政以德，必世而后仁","刑以佐德,猛以济宽"的政治见解,读出了他关心民瘼、爱护百姓的美政理想。

王维作于晚年的劝仕辞《与魏居士书》,最能见出他把三教交汇融和的思想特点,最能体现王维思想的丰富性和灵活度,是我们探索王维开元末至天宝年之间心迹的重要文献。他在文章的最后写道:

> 孔宣父云:"我则异于是,无可无不可。"可者适意,不可者不适意也。君子以布仁施义,活国济人为适意,纵其道不行,亦无意为不适意也。苟身心相离,理事俱如,则何往而不适?此近于不易。愿足下思可不可之旨,以种类俱生,无行作以为大依,无守默以为绝尘,以不动为出世也。

日本学者丸山茂说,"《与魏居士书》是理性的、严厉的官僚'王维'自画像"①。说明王维劝说魏居士出仕,也是有点一本正经的样子的,有一种难得的严肃。魏居士,乃唐初名臣魏征之后,然其绝意仕进,屡诏不出。王维从魏居士的家世、身世及德操入手而劝他出仕,其所用哲言则不惟儒教,也旁涉庄禅,譬如他就以庄、禅的精义来解读孔子的"无可无不可"儒学精神。"无可无不可"的原意是,只要为社会尽了责而成败荣辱在所不计。在劝说的过程中,王维坚守儒学的用世精神,评判古代隐士"忘大守小"的思维狭窄性,更不看好陶潜"一惭之不忍,而

---

① 〔日〕丸山茂著,张剑译:《唐代文化与诗人之心》,中华书局2014年版,第269页。

终身惭乎"的行为方式。王维的理念是"达人无不可，忘己爱苍生"。他认为，真正的"达人"，应该心里没有自己而只关心天下百姓，以"布仁施义，活国济人"之"不废大伦"为前提，而不是"欲洁其身而乱大伦"也。"不废大伦"的儒学观，也就是王维人生的核心价值观。《论语·微子》篇曰："子路曰：不仕无义。长幼之节，不可废也；君臣之义，如之何其废之！欲洁其身而乱大伦！君子之仕也，行其义也。道之不行，已知之矣。"现实政治中，儒家要求人不能废弃长幼之节、君臣之义，故要舍身以行其义。故而子路认为，不出仕即是不义。如果消极避世而不为国家所用，便是"乱大伦"。君子出仕，是为行君臣之义，即便是道之不行亦需行其义。王维在"劝仕辞"里，借助庄、禅而形成了独特的"身心相离"的人生哲学和思维方式。无论道之行或不行，都可以适意，随顺真如，其前提是"身心相离，理事俱如"。王维修习佛理，日得身心相离，理事俱如，则何往而不适。于苦修禅中得适求禅，其《能禅师碑》引南禅惠能偈云："苟离身心，熟为休咎，至人达观，与物齐功。"也就是说，身虽役于物，而心不役于物；如果身心分离，则就无往而不适。这也是王维一生所奉行的处世行事原则，突破了仕隐非此即彼的简单化的对立形态，突破了忧心在朝、养性于野的狭隘性，身披朱绂而逍遥山水，位在魏阙而心宅方外，无目的性的随顺，却是有目的性的满足，故而无往而不适。他认为，人要体验自己的生命本真，必须以"无为"的态度与大自然做最深层的接触与契合，以佛禅的纯粹理念控制心性，不住有无，不受纷扰。这种以适性为生命目的，又以保持主体人格相对独立为前提的生存方式，从容于仕隐之间，居官治事以"身心相离"为态度，是一种将人生境界提升到了超伦理、越宗教而具有艺术审美意义的超世智慧,也最能够体现王维的政治思想。

李泽厚在《庄子美学札记》中说:"正象杜甫比较完满地体现了儒家精神一样,陶潜则比较完满地体现了道家精神。只是这种道家精神已经是儒道互补基础上的精神,即它已经与儒家精神交溶渗透在一起了。"① 王维在社会政治问题上表现出来的不废大伦的主体精神,也已经是与佛禅与"儒道互补基础上的精神"了,因为"隋唐社会中的刚健有为之风的强大力量,甚至能够迫使像佛教这样主张消极出世的宗教也不得不改变其理论形式"②,因而使耽佛重道的王维,也富有社会理想,也讲政治,也具有比较强烈的政治事功的儒家思想。而其儒道思维模式与佛学思维模式的整合结果,则是其对生命与生存的理解与观照,进入到了一种哲学与审美的维度。

第三节 道学的虚静慧根

道学是唐代的"国学",道学在唐代也发展到了顶峰。对于盛唐诗人来说,道学具有深入骨髓的影响。人们但见王维的禅学修养,其实,王维道学慧根也很深,道学在王维身上所产生的影响远比人们想象的要大得多。老庄的抱朴见素、虚静寡欲之学,在王维的哲学思想中时占上风,对王维为人为诗的影响很大。笔

---

① 深圳大学国学研究所主编:《中国文化与中国哲学》,东方出版社1986年版,第105—106页。

② 张岱年、程宜山:《中国文化与文化论争》,中国人民大学出版社1998年版,第32—33页。

者曾经这样比较说："王维与陶潜，同具'道'根，而又自'道'出，王维以禅充实道而偏于禅，陶潜则儒、道兼容而外道内儒。"① 王维在其艺术活动中，常常有意无意地以老庄思想作为媒介，其诗中也于不知不觉地融入了老庄精神。细读王维，我们发现，如果以老庄的虚静、坐忘、物化等一些思想来诠释王维的山水田园诗，恐怕要比用佛禅思想来诠释还要合理，也更加贴切。

唐代杰出的道家学者、著名的道家理论家成玄英（608—669），差不多与王维同时，他继承先秦两汉老庄学与魏晋玄学，建立了中国哲学史上第一个包含本体论、存在论、方法论、修养论、心性论、意义论的完整哲学体系，其思辨性、哲理性的整体素质毫不逊色于佛学。他认为"道"本性静，众生皆可修道，只是得返本归根，静心养道，方能证得正果。他认为"静是长生之本，躁是死灭之原"。《道德经》第二十五章"静为躁君"，成玄英疏为"静则无为，躁则有欲。有欲生死，无为长存"。成玄英在注《庄子·逍遥游》时还说："欲明为道之要，要在忘心。若运役智虑，去之远矣。"又说："心境两忘故，即心无心。"司马承祯（647—735）是唐代茅山宗最负盛名的道学家，他在《坐忘论·收心》中也说："所以学道之初，要须安坐，收心离境，住无所有，不著一物，自入虚无，心乃合道。"唐人解读道学，侧重于"心斋""坐忘"的心性，肯定了老庄那种排除各种干扰的精神修养过程。佛禅讲空，道学讲虚，"空""虚"二字最能够传达佛、道之精义。"忘己之人，是之谓于天。"（《庄子·天地》）"以

---

① 王志清：《心物冥一中的庄禅精神——陶潜王维比较论》，《东北师范大学学报（哲学社会科学版）》1995年第6期。

虚静推于天地，通于万物，此之谓天乐。"(《庄子·天道》)王维的道学慧根，主要在于他对老庄道学深刻的精神体认。王维自云"吾固和天倪"(《座上走笔赠薛璩慕容损》)，意思是说他的生性天分与自然和合，不需要再刻意追求，已经具备了虚静为体的精神气质。

因为庄、禅思想有很多相吻合的地方，唐成玄英《南华经注疏》又开"以庄解佛"的先河，出现了"以佛解庄"的现象。明陆西星就有"南华，中国之佛经也"的说法。李泽厚也曾指出，在新儒家徐复观那里，庄禅互说，甚至有禅即是庄的倾向。庄禅二者确"有许多相通、相似以至相同处，如破对待、空物我、泯主客、齐死生、反认知、重解悟、亲自然、寻超脱，等等，特别是在艺术领域中，庄禅更常常浑然一体，难以区分。"① 因为道学的深厚修养，王维自觉不自觉地就融庄入禅，强化了"虚心冥照"的心理素质。禅就是静，静到极致，对于人生的一切境遇不尘不染，心念不起，忧乐不生，自守真我，如是自得宁静，自得清明，而获得超稳定的内心平静，获得与大自然息息相通的爱怜与抚慰，诚如铃木大拙所言："禅要一个人的心自在无碍，即使是一或全体的概念，也都是绊脚石和葛藤，只会戕害精神本来的自由。"② 王维生性好静，其虚静禀赋亦成为他的内在气质和生命精神，成为诗人的一种人性自觉，尤其是他善解禅意，而又得益于禅助，禅助其静而愈发静。他虚世静我，自然生成了顺应天命而安于自然之分的人生价值取向，回到生命的本源，进入无欲空明

---

① 李泽厚：《中国思想史论》，安徽文艺出版社1999年版，第217页。
② 〔日〕铃木大拙著，林宏涛译：《铃木大拙禅学入门》，海南出版社2012年版，第19页。

的境界，更重要的是在于自由心灵与自然之心的寂然相通，彻底认同宇宙生命之道。

王维的"无我""坐忘"的道家意识，表现在其诗中，就是"吾生好清静""晚知清静理""晚年惟好静"的自我评价，就是"山林吾丧我""动息自遗身"的境界追求，就是"山中习静观朝槿""独坐幽篁里，弹琴复长啸"的自虚趋静。因此，"静"也成为打开王维诗的万能钥匙。王维《辛夷坞》曰：

　　木末芙蓉花，山中发红萼。涧户寂无人，纷纷开且落。

虽然此诗禅意十足，然亦合老庄精义。诗写虚静，静到极致，静到无我，不见人事俗尘，但见花开花落，随任花开纷纷也自花落纷纷。我们真说不清，是佛禅吸收了老庄的"虚静"与"坐忘"，抑或是老庄改造了佛禅的"空无"与"寂灭"，甚至是融入了儒学的思想。儒释道三家皆讲"静"，然内涵不尽相同。儒家"恬静"的伦理观，佛家"寂静"的人生观，道家"虚静"的自然观，王维集合诸静意而形成了此诗创作的美学逻辑。闻一多说："王维独创的风格是《辋川集》，最富于个性，不是心境极静是写不出来的，后人所谓诗中有画的作品，当是指这一类，这类诗境界到了极静无思的程度，与别家的多牢骚语不同，在静中，诗人便觉得一切东西都有了生命。"[①]诗中的辛夷花，自开自落，自生自灭，无心开落，开也是落，落也是开，没有开的荣耀，也没有落的悲哀，不因为有人欣赏而开，也不因为无人欣赏

---

① 郑临川编：《闻一多论古典文学》，重庆出版社1984年版，第138页。

而落，不以开来显示我在，也不以落来表明物无。王维其意不在写花，更无意于花的美与不美，而是突出人与自然万物同一的特性，突出诗人超越尘俗、不论人事的内心平静。诗中无人，诗人自己也已不复存在而融入深山幽谷，化为一朵木芙蓉。诗人在诗中所表现出来的人与物化的意念和境界，也并非是要人降低到生物水平，泯灭人的人文性，而是要超越特定的社会性的局域，而生成无目的之心，遇合大自然的无目的。即以花开花落的自然，寓意无为的天道。木芙蓉自开自落，自生自灭，随缘应运，依乎天性，顺应自然，而归于虚静无为。这种无心生灭的静界，是诗人对于宇宙与生命的诗意解读，是诗人"致虚守静"的道德思想，"恬淡寂寞虚无无为，此天地之本而道德之质也"（《庄子·刻意》）。

在王维的诗中，庄藏禅典混用的情况非常突出，其《山中示弟等》曰："山林吾丧我，冠带尔成人。……缘合妄相有，性空无所亲。安知广成子，不是老夫身。"诗中直接将庄子的"吾丧我"入诗，且援引《庄子·在宥》里广成子的典故以自写。广成子答黄帝问治身之道时说："故吾将去女，入无穷之门，以游无极之野，吾与日月争光，吾与天地为常。"庄子的原意是超生死、超是非、超好恶而不拘形役的逍遥自由精神，王维却用"本性皆空""缘合而生"的禅宗要义对此作了"万法皆空"的解释。《庄子·山木》曰："物物而不物于物，则胡可得而累。"王维以庄子的思想参禅，不受外物拘束，而以更加自在活泼的精神进入"不定不乱"的更加自由的境界。实际上是自觉地放弃一切目的，由人复天，以人合天，以天的规律为人的目的。老庄思想偏于含蓄冲淡、自然悠远的审美情趣，以对内心体验的"表现"为主的艺术思维方式，而禅的亲证体验的特点，则最大限度地强化了诗人对应自然万物的生命体验。因此，王维不仅有江山之助，而且有庄禅之共助，故而非常娴熟地运用了这种参禅悟道的观照和思辨的方式，很好地处理了审美与禅玄的辩证关系，实现了对山水自然的深观远照；在习养心性而息虑凝思的过程中，澄怀忘机，虚我应物，生成了一种明心见性而映照万物的感觉；在具体的"参证"中达到"去尘累""悟灵境""万象丛生"的类似"禅定"的审美领悟，生成一种虚实相生的独特幻觉。诗人以虚静推于天地而通于万物，显示出以虚静为体的智慧和心态，而把超然的无意识的理念提高到本体地位。王维《终南别业》曰：

> 中岁颇好道，晚家南山陲。兴来每独往，胜事空自知。行到水穷处，坐看云起时。偶然值林叟，谈笑无还期。

全诗平白如话，写其隐居生活，侧重写其隐居自得其乐的闲适情趣，妙在写"道"而没有任何玄言和佛语，洋溢着浓郁的庄禅理趣。董乃斌先生注"中岁颇好道"曰："道：此指佛家学说。"而在评此诗时则说："亦庄亦禅正是中国古代一部分知识分子的思想境界和生命状态。"[①] 诗中"兴来每独往，胜事空自知"之"独往"，亦暗用庄子之语典。《庄子·在宥》曰："出入六合，游乎九州，独往独来，是谓独有。"《列子·力命》曰："独往独来，独出独入，孰能碍之？"王维离群独往而胜事得意，诗的后四句所展现出来的水云自然变化与诗人独游其中的自得之乐，其"任运

---

① 董乃斌：《王维集》，凤凰出版社2006年版，第33页。

自在""理事俱如"与"气和容众"的生活态度与人生智慧,也就是"行到水穷处,坐看云起时"的诗意禅境。因为"胜事自知",悟得世事变化无穷之理,方有此不可言传的"化机"。应该说,其中更多的是庄之玄趣,而非"心念不起""万法皆空"的佛理禅悦。"行到水穷处,坐看云起时",这是一种胸襟,也是一种自在,亦是无为之法也,放下了执着,也放下了自我。庄子哲学最不同于佛禅的地方,就是它不像佛禅重视内宇宙的自修,而更重视外宇宙的开展,追求一种入"道"而游"心"的适意。庄子的精神是一种以道为体、以无用为用的自由精神。这种精神具有"虚静"的内在性和对于自我的超越性,亦即"天地与我并生,而万物与我为一"(《庄子·齐物论》),这种境界被称为"物化",即自我随物而化,是"虚静"的最高境界。王维在哲学思想上倾向和认同了庄子,通过非理性方式强化其道学慧根,也强化了对于庄子思想的体验性实践。庄子追求"堕肢体,黜聪明,离形去知,同于大道"(《庄子·齐物论》)的境界,体验摆脱了生理上的欲望也摆脱了知性活动,"二者同时摆脱,此即所谓'虚',所谓'静',所谓'坐忘',所谓'无己'、'丧我'。"[①] 王维似乎是比较容易地做到了"二者同时摆脱",庄子哲学强化了他内心的虚静自足,虚静精义也深入髓内,成为其人生哲学的重要内容,生成其主体精神,赋予他特别的人生智慧,把虚静作为认知的思维方式,而以静制动,以静驭躁,以柔克刚,以退为进。

虚静为本的王维,有着深笃的道学慧根。盛唐时道士的地位极高,甚至排在儒、佛之前,皇权为道教提供了政治上的保障。

---

① 徐复观:《中国艺术精神》,春风文艺出版社1987年版,第63页。

然而，道学和道教是两个不同的概念。考察王维一生，其与僧侣过往甚密，好友甚多，似未见他与道士有什么结交，这与他厌弃道士炼丹服药祈求长生而虚妄说教有关。但是，王维思想上则深受老庄"天籁""天乐""天道"观的影响，因此也获得了不受物役的绝对自由，形成了他适应现实环境的良好心理素质和调控能力，形成了他顺应自然、忘我物化的生命本色和生存状态，形成了他以出世之心而成入世之事的超然态度。而庄禅哲学，则成为他的一种抵达艺术与人生至境的独特的修持方法。他在以庄之风度而作禅之体验的虚静状态中，人生方式自然切换为审美知觉和灵感形态，退让不争而自然无为，因而也便能够表现出遗世高蹈的高人风采，真切地体感妙悟自然生命的静深呼吸，而其独特的山水诗则天籁自鸣，天机自发，俱道适往而著手成春，朗现出宇宙本体的静美特质。

第四节　禅融儒道而为一

钱穆先生对禅宗在唐代的兴起给予极高评价，他认为："唐代的禅宗，是中国史上的一段'宗教革命'与'文艺复兴'。"他兴奋地指出："中国此后文学艺术一切活泼自然空灵脱洒的境界，论其意趣理致，几乎完全与禅宗的精神发生内在而很深微的关系。"[1] 禅宗引发了一场盛唐的"文艺复兴"，王维无疑是这个"文艺复兴"中的急先锋，也是"复兴"的大功臣。陈允吉先生说王

---

[1]　钱穆：《中国文化史导论》（修订本），商务印书馆2002年版，第166—167页。

维精通内学，深谙"苦空无我"之理谛，认为他"必定借鉴过佛教的说法手段或通俗佛理诗之叙事技巧"，因此，"纵观唐代以前的文人诗，没有看到谁的作品通过具体的艺术形象来触涉禅宗理旨"。[①]王维兼借佛禅的"说法手段"与"叙事技巧"，这已是研究者的共识，然其诗歌的艺术形象也不只"触涉禅宗理旨"，其诗中所包涵与反映出来的还有儒道的思想，这也是事实。赖永海先生高度概括地评价说："《维摩诘经》可以说是对中国佛教影响最大的一部佛经，不论是作为中国佛教代表的禅宗，还是成为现、当代佛教主流的人间佛教，《维摩诘经》中的'心净则佛土净'及'亦入世亦出世'，'在入世中出世'的思想，都是其最为重要的思想资源和理论依据。尤其值得一提的是，贯穿于《维摩诘经》的一根主线——'不二法门'，更是整个中国佛教的本体论和方法论依据。"[②]《维摩诘经》与王维的缘分很深，对王维的影响也最大，加之王维十年师事道光禅师的功夫，以及嵩山、终南、辋川寻求证果的经历，让他获得了佛教禅宗的"空"观之助，使其能够比较容易地入定发慧，真正体验到自然山水之禅机，从而生成自性、物性、佛性而融合为一的亲证体验，实现精神上的解脱与超越而进入禅寂境界。佛禅讲妙悟，佛禅不借文字、否弃概念的妙悟，则在艺术上给予王维以极大启悟，作诗如参禅，诗与思及自然一体而活参，抵达般若妙境之妙悟，在情尘意垢遭除后获得洞见自性本心，达到了一种超知性、超功利的精

[①] 陈允吉：《王维〈辋川集〉之〈孟城坳〉佛理发微》，师长泰主编《王维研究》第二辑，三秦出版社1996年版，第55—56页。

[②] 赖永海主编：《维摩诘经》，中华书局2016年版，第4—5页。

神高度，诗禅妙悟圆融会通而生成艺术化境，从而也诞生了许多既富有哲理深意而又无比优美的艺术意境。王维的诗以物我相生的艺术境界，给人以积极而多向度的玄妙暗示，而反映出儒释道意趣理旨共存互融的哲学感悟。也就是说，王维的诗文中，不仅常有禅典庄藏与儒学混用的情况，更有三教浑融的境界，表现出和谐三教的哲学思想。我们不妨来细读他的《山居秋暝》：

　　空山新雨后，天气晚来秋。明月松间照，清泉石上流。
　　竹喧归浣女，莲动下渔舟。随意春芳歇，王孙自可留。

世人多将此诗作为禅诗来读，也从禅上来解，这没有错。深究之，王维在此诗中将禅宗般若与儒道哲学融洽为一，蕴涵了诗人对生活、人生、自然和社会特殊理解的深意。

"空山新雨后"，诗凭"空"而起，百回千转。诗中所有描写，皆系"空"而出，亦皆为"空"作注。"空山"之空，显然不是空旷之空与空寂之空，亦非荒山野岭而人迹罕至的空，也就是说，空者非视觉上的空无，而是具有静幽净虚等诸多意义的"色空"。佛解曰："色不异空，空不异色；色即是空，空即是色。受想行识，亦复如是。"（《般若波罗蜜多心经》）佛教把一切有形的物质称为"色"（包括欲望），可见之物，实为非物，世界万物皆是化相。所谓"色即是空"，是因为一切物质均虚幻不实而因缘而生，空乃一切有形物质的本质。《山居秋暝》里的"空山"，松月竹石、莲荷渔舟，应有尽有，而妙有万象。既然是妙有万象，何以言"空"，何以称作"空山"呢？空即是色，色不异空也。王维为什么总特别喜欢写秋天写傍晚呢？《山居秋暝》

写的就是秋天的傍晚。秋暝者，从时间上说，是白天即将过渡到黑夜；从季节上说，是秋天即将过渡到万物肃杀的冬天。这种瞬间的过渡期，以万象妙有的色来表现，表现其瞬息永恒，表现万物无我无常的因缘而生的存在方式，这与其空观有关。

新雨后之"空山"，乃胸中脱去尘浊凡庸而对自然静观后的认知，而于"空"中受用大自然赋予的生命乐趣，感受与呈现出大自然的一片生机。因此，空的是心，心空则万物皆空。心空不是放弃所有，而是放弃执着，生成悟道体道的观照和思辨方式，而成为一个真正的审美的人。空者，无也，无垢、无常、无欲、无我，"山林吾丧我"也。"空"而具备了"观道"之"澄怀"也。王维巧用色空相即之法，以无物之心观色空之相，色即是空而非空有，明写色而暗喻空，道契缘起性空之玄微，具有深厚的佛学思想内涵，即刹那生灭缘起。心空则外物湛然空明，意闲则兴象禅悦深微，景由心生，境随心转，诗人也因此而获得兴会神到的机缘，而生成了意境再造的机制，将事物映于人心中之"相"，而创设为艺术上的"境"。"了知境界，如梦如幻。"(《华严经·梵行品》)"功能所托，各为境界，如眼能见色，识能了色，唤色为境界。"(《俱舍颂疏》)这种原为佛学概念的"境"，这种类似于佛教徒入定后所产生的一种超离现实的虚幻状态或心灵空间，移而为诗，使得诗人通过对客观世界的直觉把握而形成的心理认识创造出独特的艺术情境。王维把色相提炼到最精简的程度，亦即将意象提炼到具有最高概括力的程度，意象与意象间的和谐浑融则生成了清空简远的意境，亦呈现出因缘和合而万象妙有之色：那月是光照青松上的月，那松是月光抚摸着的松，月光自松枝缝隙间漏入而愈加圣洁，亦愈加静谧；那泉是潺潺流在石上的泉，那石是为清泉亲切流经的石，泉响如乐，石身如玉，绿泉从白石上淌过而愈加清澈，亦愈加真淳；幽篁如琴，塘水如歌，竹林深处笑语喧哗，那是洗浣衣裳的姑娘们踏芳归来；荷莲亭亭，叶阔如盖，水中心莲叶向两旁分披开来，那是捕捞收获了的渔舟顺水而下。王维笔下物象与物象之间的摆布与构图，具有强烈而密切的相关性，而这种各美其美却又美美与共的相关性就是"缘"。佛学认为物质世界的本质就是缘起性空，缘起思想是佛教中起着重要作用的基础性理论，所谓"诸法因缘生，诸法因缘灭"的因果定律就称为"缘起"。佛教的"有无"或"空有"观念的形成与发展，与缘起思想有着极大的关联，而关于人生现象和自然事物是实有还是空无的问题，是佛教思想家关注的核心。佛学代表性论典龙树的《中论》卷四说："未曾有一法，不从因缘生，是故一切法，无不是空者。"按照此说，一切事物皆缘起，因此一切事物也皆性空。其否定事物实有，并不认为事物绝对虚无，而是强调缘起状态下的事物的性空，强调事物不是单一的不变实体，而是不断变化的诸法之缘。一切万法都是由条件而产生而存在的，故而"因缘和合而生，因缘散尽而灭"。王维诗中的松泉竹石皆非凭空而有，也均不单独存在，这种物各自然而各自关照的自然秩序，形成了景情互发而互为关系的和合因缘，构成了诗之清幽空明的意境，表现出"因缘和合"的禅悦，暗合佛禅的缘起性空论。王维诗中诸多清空虚莹之境，正是诗人把自然山水作为一种佛理来观照与呈现的结果，暗合了"凡所有相，皆是虚妄"（《金刚般若波罗蜜经》）的禅旨理谛。亦即是这个"以色当空"之禅悦的秋暝意境，当空观与直观于刹那间融会共生的时候，就生成了意象，就产生了意境。"空"以意象之美，教人超出现实之"象",而于"象"中玩味出象外之"意",超升到超现实的"意"之状态。《山居秋暝》的意境创设,突出了境随心转的心性意念,山因"空"而美甚,空而适合人居,空而可以久留。王维静照忘求而澄怀观道,在禅宗色空观的熏染下,承佛家境由心造之论,将心理认知之"境"审美化,将诗歌意境化,超越了摹写与复制的机械反映层面而臻于境界化。因此,从艺术上说,空山万象,乃诗人再造之自然,即所谓艺术上的意境,高下远近,动静隐显,声色光态,自然生态而微妙和谐,在物理世界之外再建构一个情景"妙合无垠"的艺术世界,形成了富有韵外之致、象外之趣而给人尽可能最大想象空间的艺术时空。

而《山居秋暝》的题旨在收束处豁朗开来,"随意春芳歇"句,也暗合《维摩诘经》的"不二法门"的禅理,不走极端,无分别心,得无住心,即得解脱,对一切境遇不生忧乐悲喜之情,不起粘着是非之念,即反固执型的僵化思维方法,以"否定之否定"的方法认识世界,以相对的、变化的观点解释世界,以"中道"观、"不落两边"的方法消除偏执,无可而无不可,我与世界不二,我与万物为一,时空亦无碍,没有春秋季节之分,没有山里山外之别,而泯灭了对立的整体。禅宗在影响王维的生活内容、生存方式乃至人生态度的前提下,进入诗的内核,而成为诗的内容和机趣,诗人自觉不自觉地以纷纭的现象去证悟空性。因此,我们的解读,也就需要自觉地通过纷纭的现象,由色悟空而悟得其妙。

陈允吉先生在《唐音佛教辨思录》里说,王维的山水诗"的确是处心积虑,借助于艺术形象来寓托唯心主义的哲学思辨,在描绘自然美的生动画面中包含着禅理的意蕴"[①]。王维诗已经分不出艺术家的手眼与禅理。《金刚经》称"所谓佛法者，即非佛法"，发心而无心可发，得悟而无悟可得，此乃是禅者境界。无心而道禅此乃是禅诗境界。以佛语入诗者，若心存佛言名理，处于我法二执，则不能入灵妙之境地也。王维从宗教体验与审美体验的类似性上发现了宗教的审美意义，并使禅宗审美化而成为真正的美学的禅，其诗表现的是一种真正的无目的的审美观照，超越了语言言说，也超越了色空迷执，诗禅浑然，了无界限，无所谓诗也无所谓禅，不拘行迹而一片神行。然而，我们于王维诗中也可看出其深受儒道的影响，或者说，王维虽然不是"处心积虑"地去借助艺术形象来反映儒道哲学思想，却让我们看到其诗中也包含有或者是反映了丰富的儒道理旨。老子曰"道法自然"，郭象曰"物各自然"，老庄的道法自然的精神，齐天人的玄道思想，在《山居秋暝》中也得到极其和谐的呈现。诗之中间二联，万物清馨，和融静穆，皆物各自然的天人合一的自然呈现。王维与老庄同此人生观，表现出与老庄同样以安命为起点、为宗旨的生命自觉，原天地之美而达万物之理，观物取证，随机摄化，得意忘言，传神写照，任意所至，趣舍无违。《庄子·天道》云："夫明白于天地之德者，此之谓大本大宗，与天和者也。与人和者也。与人和者，谓之人乐。与天和者，谓之天乐。"王维在生命的本然状态和本质意义上沟通了老庄，他不是一无烦恼，不是目中一无社会矛盾，然其本来就性情淡泊，易虚守静，容易进入纯粹的审美状态，即便是在现实社会中遭际纷扰、挫折与伤害，

[①] 陈允吉:《唐音佛教辨思录》，上海古籍出版社1988年版，第17页。

也不至于癫狂或愤慨，而只会出以淡泊邈远的意象。诗人顺应天道，道法自然，人是自然的人，自然亦为人的自然，而表现出万物归宗的淡泊与和谐。空山美到极致，空山妙有万象，特别恬适安逸，特别适合人居，生命无论安顿于何处，无论安顿于什么季节，而无有不适意，诗人内心充满了平衡和宁静的自足性。这种诗意精神里，也包含了道家清心寡欲、见素抱朴的生活哲理，包含了道家无欲无争、无知无为的生活目标，包含了道家睥睨万物、超然于世的理想，而于寄居山林、浪迹江湖中求得精神解脱。可以这么说，《山居秋暝》就是王维的桃源，就是盛世无处不在的桃源主题，就是诗人热爱自然、珍惜生命的意旨，就是诗人无可无不可的人生理想。

道家师法自然，强调人与自然的和谐，追求自然意志，而儒家崇尚仁政，强调人世功利的社会性，在人生哲学上，提倡修、齐、治、平，表现出一种刚健有为、积极进取的精神。儒道两家是在就如何把握社会与自然的不同角度对自己的立场进行阐发的。我们为什么说《山居秋暝》中也反映了诗人的儒教思想呢？儒家讲"万物并育"的中和思想，所谓"致中和，天地位焉，万物育焉。"（《礼记·中庸》）自然界如能中和，天地便各归其位，亦最是适合万物生长发育。子思在《中庸》又说："万物并育而不相害，道并行而不相悖。"这是生态美的一个基本的出发点，同时这也是生态美的一个鲜明的特征。道家的"和"，偏于自然规律；儒家的"和"偏于社会人事。《山居秋暝》通过和谐的自然来象征和谐的社会人事。诗之中间二联，物芳人和，万物归怀。最妙的是以《楚辞》典故收束，反其意而用之。这也使所有的景象描写落在了实处，诗意也顿时获得了最大限度的提升。淮南小山《招隐士》说"王孙游兮不归,春草生兮萋萋","王孙兮归来,山中兮不可久留"。而王维则说"王孙自可留"。《招隐士》里将山中写得幽僻怪异,艰危险恶,森然可怖,让人魂悸魄动。意在说明王孙不可留,体现招隐士归来的主题思想。王维笔下的山中则美得动人心魄,天地各归其位,万类霜天竞自由,即便是春花早已凋落,秋天也同样美丽,山中同样适合人居,意在说明王孙大可留居山中。这种诗意自然的美也是社会美的一种折光,在深层次上象征了没有纷争竞斗的社会理想。王维是自觉走入山中的,而不是被强行推向山林的,没有被推向山林者的那种羞辱与怨愤。诗中空山自然的和谐,就是诗人内心的和谐。王维把社会的和谐带入自然,又以自然的和谐折射社会。"山中"与"朝中"同样好。世上安好,山中也适意。盛世社会,无处不桃源。诗人写的是空山,写的是山水生态,而在大自然中体会万物一体、民胞物与的生存意趣,在清丽景象与质朴生活中追求生命的意义,让充满艰难的生活变得更有希望,表现出他的美政理想,与盛唐精神在深层内涵上是一致的,与盛唐的四海晏然、天下升平的社会环境形成了互相映衬而又互相生发的另一个层面,那是丰富的盛唐气象的一个不可缺少的层面。

从哲学美学角度看,禅宗般若将王维的目光引向了无限,使他对大自然的审美意识得以最充分的激活和发育,其体悟精神也因此特别发达,其艺术视野自然要比执着于儒、道的陶潜要阔远得多。因而,王维于审美天地中也便更加潇洒自在,高蹈自足,无挂无碍,不离不染,处于最佳的精神创造状态。毋庸讳言,王维诗作里虽然表现出兼摄各种思想的宽容与浑融,但他在对于禅宗思想上的体验远比对儒、道要更加投入与深入,而且远远在盛唐其他诗人之上。禅宗讲主体自性的文化精义，让王维心灵得以自我解脱和超越，摆脱掉了外在人事的种种纷扰，消解了无常的内心焦虑，契合了其自由适意的本性，也让他的感官特别发达与敏锐，而以无物之心观色空之相。笔者曾在《王维诗选·导言》里指出："从表面上看，王维似乎只对山水感兴趣，甚至只对禅坐佛事感兴趣，而对现实漠不关心，诗多写无心、写偶然、写无思无虑的直觉印象，多创设恬淡静适、清空幽谧的意境，从胜义谛角度看，参证了'凡所有相，皆是虚空'（《金刚般若经》）的禅宗要义；而从哲学的层面上看，即极重向内心深度开掘，向'空'而生，创造出一个哲学化的'空'观境界，契合也演绎了山水自然中所蕴含的禅机与哲理。"[①]

然而，王维也说自己前身夙世是个诗人，是个画家，是个艺术家，是个耽禅居士。他也是个有思想的人，尽管不是思想家，没有系统的哲学思想，甚至也没有比较专注的思想研究。虽然他深得儒、庄、禅思想之神髓而能应机化导，但其目的和作用并不是为了思想研究；而他兼得三教之精髓而糅合化用，也绝对不是为了产生一种新的思想。王维在兼容三教上的高度的灵活性，兼综三教而形成了以禅化儒融道的思想与智慧，使其主体人格获得了绝对自由，获得了形而上的精神超越，也使其诗有了一种哲学含蕴，多了些哲学思考。我们就一直有这样的看法：王维的诗，是诗的哲学，是诗的哲学化，是哲学化的诗。王维诗中思考与表现得最多的，就是关于人生的终极关怀。他通过诗中的意象与意象的组合来演示或验证佛义禅理，探索宇宙人生与世态人情，表

[①] 王志清:《王维诗选·导言》，商务印书馆2015年版，第6页。

现人类所特有的超越有限而追求无限以达到永恒的一种精神渴望，寻求人类精神生活的最高寄托以化解生存和死亡、有限和无限尖锐对立的紧张状态。他诗中所讨论与反映的哲学命题包括：现象与本质，规律与超验，个别与一般，宏观与微观，瞬间与永恒，以及有无生灭，动静变常等等。而这种哲学思想上的兼融并用的特点，对其艺术上的开拓创新也具有很特别的意义。王维将大自然作为一种精妙思想而精妙运用，"取由我衷"，"只取兴会神到"，超越了摹写的界限，以自然静美的和谐展现而表现其思想的形上超越，以最简约的形式而容纳最丰华的诗意内涵，其诗喻旨宏深，哲味丰盈隽永，充满了微妙的暗示，给人以丰富的或禅或庄或儒的趣旨意蕴。因为王维诗饱含哲理，"虽并不用说理的文字，却令人感到其中蕴涵着哲理"[1]，而古来诗话将其诗中禅悦强调到极致，让人有王维诗只言禅而为禅"吞噬"之错觉也。

---

[1] 章培恒、骆玉明：《中国文学史》（中），复旦大学出版社2004年版，第57页。

第二章　王维的政治风度

何为政治风度呢？所谓政治风度，就是政治表现，即在政治上如何表现与政治上表现如何。

政治风度应该包括处理政治事件上的方式，化解政治矛盾的技巧，以及政治观点、政治见解、政治操守与政治立场等。

对于王维政治风度的考察，我们主要从两方面透视，一是他处理政治问题的方式，还有就是他的诗文言说。

一个人的政治风度，与其个人气质、道德修养、哲学信仰、时代精神以及社会环境有关。王维儒雅潇洒，好静爱隐，欲求淡泊，为人低调，清风素德，无可而无不可，其亦官亦隐的实践，消解了仕隐间的界限，突破了仕隐非此即彼的不相容性旧囿，从而体现出一种仕隐两可、仕隐两全的政治智慧与政治风度；而其诗多出现"自顾无长策"的叹惋，则给人以不问政治、不思进取而逃避现实的错觉。

王维还真不是个逃避政治的人，认真考量起来，他还是个很有政治理想、政治热情、政治故事的人。他自小投身政治，少年游宦京都，中年三次出使，晚年陷贼抗争，又因为他长期在唐王朝的最高行政机构里工作，在皇帝与宰相身边工作，其在政治上的作为与表现，也真有可供考察的内容，也真值得考察研究。

王维可谓官场君子，身居高位而保持独立人格，守拙独洁，不亢不卑，不骄奢不轻狂，也不钻营不奔竞。当我们从政治风度的角度认识王维的时候，亦即走进了王维的人性深度里，对其诗的理解也到了一个崭新的境界。王维的诗，特别是他的那些应制诗、边塞诗及送别诗，很有思想性，可以作为政治诗来读；而他的不少"读之身世两忘，万念皆寂"的山水诗，也常常能够让人读出其政治见解，看出其政治风度来的。

研究王维，我们真不能把他只看作个职业诗人，应该说他还真是个职业政治家呢。因此，王维的政治风度，也应该成为一个需要特别考察与研究的重要内容。

第一节 一生平交王侯

唐代士人多以攀附上权贵为荣，譬如李白即将"平交王侯"视为人生的最高境界。然而，平交王侯谈何容易，这也成为人们的一种不切实际的理想，或者是自我麻痹的幻想。唐代有点名气的诗人中，还真没有几个能够真正平交上王侯的。王维的诗文里，很难找到对平交王侯意愿的表达，然而，他倒真是个平交上王侯了的诗人。

王维自小就有"平交王侯"的经历。他十五六岁时就频频出入于王公大臣之门，出入于上流社会的社交场合，深受皇族诸王的敬重，并与世族公子们结下深厚友情。王维十九时便获得京兆府举人考试第一名，二十一岁进士及第，旋即解褐为太乐丞，开始了他的仕宦生涯，最终以四品尚书右丞致仕。关键是，王维学富五车，艺术才能过人，精通诗书画乐，且风流倜傥而雍容儒雅，这使其在上层社会的交往上底气十足，左右逢源，即便与皇族王孙、宰相王公交往也不亢不卑。《剑桥中国隋唐史》曰：开元二十二年（734）五月，张九龄和裴耀卿分别升为中书令和门下侍中，加上时任礼部尚书、同中书门下三品的李林甫，形成三人同相的形势。[①]王维时年三十四岁，自隐居地淇上来到东都洛阳，献诗干谒张九龄。干谒之风盛于初盛唐，至中晚唐似犹弥烈。王维一生，投诗干谒，就这一次，没有像李白"遍干诸侯"，或像杜甫频频献诗，而屡屡有遭人白眼的尴尬。王维干谒，直接诗赠当朝宰相，不像李白杜甫，"投名状"只敢递到地方官那里。王维干谒，不亢不卑，也不像李白杜甫那样，要说多少恭维话或者多少毛遂自荐的话。我们看看王维的干谒诗是怎么写的，《上张令公》诗云：

珥笔趋丹陛，垂珰上玉除。步檐青琐闼，方幰画轮车。市阅千金字，朝闻五色书。致君光帝典，荐士满公车。伏奏回金驾，横经重石渠。从兹罢角抵，希复幸储胥。天统知尧后，王章笑鲁初。匈奴遥俯伏，汉相俨簪裾。贾生非不遇，汲黯自堪疏。学《易》思求我，言《诗》或起予。尝从大夫后，何惜隶人余。

干谒诗是很不容易写好的，往往是满篇谀人之辞，通篇自

---

① 〔英〕崔瑞德编，中国社会科学院历史研究所、西方汉学研究课题组译：《剑桥中国隋唐史》，中国社会科学出版社1990年版，第395页。

夸之意，弄成当下广告性质的文字。王维献诗的对象乃唐朝开元名相张九龄（678—740），他还是一代文宗，诗坛高人。献诗宰相以求汲引，实在不好写。这首干谒诗共二十二句，前十六句赞张相，后六句自写。先看赞张相的部分，诗的大意是：阁下您侍从御驾，出入宫禁，掌管诏书，辅佐朝政，使君王圣明而法典光大，使朝无阙政而野无遗贤。您崇尚经术，敢于犯颜谏止而使皇帝下诏罢去角抵之戏，不至因戏乐游幸误政。您治国有方，顺尧之运而应天之序，连鲁国旧礼也比不上唐朝的典章制度。您簪裾华贵，在大国外交上，举止威严，匈奴单于为之震慑，俯伏而不敢正视，堪比汉相之威仪。王维援典叙事，历述九龄政绩功勋，可谓句句有来历，字字可稽征，虽竭尽赞美之能事，然却极有分寸，绝无阿谀奉承之嫌，更非溜须拍马之辞。张相史上获得的评价极高，如有诤臣美德，守正嫉邪，骨鲠坚毅，刚直敢言，不徇私枉法，更不趋炎附势，且风度不凡，举止优雅，玄宗选官以其为楷范，每每要问"其与子寿何"。因为是诗，且是干谒诗，王维写人突出其风度，塑造其形象，真可谓"美秀备于仪形，风流发于言笑"。

此诗自"贾生非不遇"始，六句自写。王维先以贾谊、汲黯自比，意思是我安处逆境，而无怨朝廷，更不敢对朝廷提出什么要求。"学《易》思求我"句，用"匪我求童蒙，童蒙求我"（《易·蒙》）；"言《诗》或起予"，用"起予者商也，始可与言《诗》矣"（《论语·八佾》）。此二句有点自负，语含彰显自己之意，虽然是希望得到援引。最后"当从大夫后，何惜隶人余"二句，意思是说，我所以欲得援手而不计较忝列朝官之末，只是仰慕贤相高风而想要追随左右也。这几句诗说得很委婉，没有过度自负而极高自视的"自炫",也没有满纸堆笑而低三下四的媚语,既不亢不卑,又谦恭虚己,委婉地表达了盼望九龄援引之意。

从献诗到被擢,其间不到半年时间,开元二十三年(735)三月九日,王维受知于张相而出任右拾遗,时年三十五岁。王维就凭一首干谒诗,而正式步入唐王朝的行政中枢。虽然取官如囊中探物,然王维却不曾有诗记录此时的心情,但肯定不是"仰天大笑出门去"的。王维官右拾遗,是个参政议政的言官,归属中书省。唐代进谏使命由门下省和中书省共担。史曰:"谏官掌献替,以正人主;御史掌纠察,以绳百僚。"朝廷建立台谏制度,禄养一批谏官,请他们专门来批评朝政,劝谏皇帝,挑剔百官,还有举荐贤才的职能。这些言官,如侍御史从六品,殿中侍御史和左、右司谏正七品,左、右正言和监察御史从七品,左、右拾遗从八品,官品虽低,却在极其要害的部门工作,从事着极其机密也极其重要的职事,"掌供奉讽谏,扈从乘舆"。也就是说,此官职级别不高,却非常机要。

王维被擢,心怀感激,这是人之常情。为表示感谢,王维又献一诗,题为《献始兴公》。诗题下原注云"时拜右拾遗"。这哪里是什么谢恩诗,分明是诗人的人格宣言与道德表白,看来只有王维能够这样写,也只有贤相张九龄能够接受了。《献始兴公》诗曰:

> 宁栖野树林,宁饮涧水流。不用坐梁肉,崎岖见王侯。鄙哉匹夫节,布褐将白头。任智诚则短,守任固其优。侧闻大君子,安问党与仇。所不卖公器,动为苍生谋。贱子跪自陈,可为帐下不。感激有公议,曲私非所求。

诗的开篇表达受聘心情，话说得非常直截了当，意谓：我宁可栖隐荒山野林，宁可饮取山涧石流，而绝不为一裔膏粱而屈节谒王侯。我虽地位低贱，却有守拙固穷的气节，宁可一辈子布衣短褐也不失节；我情知自己才疏智浅，却有守节不移而固本不苟的优点。这八句诗，语柔见刚，话中有话。潜台词是说，我可不是来给您献媚的。我有我的价值观，我有我的道德操守，我有我的人格尊严，我是绝不会为了出人头地而阿谀权贵巴结王侯的。换言之就是，要我低三下四而获得一官半职，我"宁栖野树林，宁饮涧水流"。这哪里像是王维？史上多说王维性格懦弱，温文尔雅，而此诗中所表现出来的傲骨与节气，翻遍唐诗也很难找到这样的表达！而这样的气度我们又似乎在哪儿见过？有几分像是骆宾王的刚，有几分像是陈子昂的烈，又有几分像是李白的狂，还有点杜甫的拗。然而，都是，又都不是。凸显在我们眼前的是一个坚持气节，不善圆通而刚直不阿的书生形象。

诗的后八句，以赞美始兴公承接，其表述非常艺术，以"侧闻"的视角，以"大君子"称美张九龄。意思是说，阁下您的口碑极好，君子政德，公忠体国，选贤任能，以天下为公而不结党营私，以苍生为怀而不徇私情。王维借人之口，盛颂张九龄反对植党营私和滥施爵赏的政治主张，显示其非阿谀之辈。诗的最后四句则自写，与前四句是因果关系，很自然地转向陈情张相的本意，水到渠成而顺理成章地托出"贱子跪自陈，可为帐下不"的献意。王维十分恭敬地问：像我这样的人，配做您的下属吗？换言之，像您这样的贤相，而让我伺候左右，我真感到没有信心。诗中用"跪"而"陈"，此处之跪，非奴颜婢膝也；此时之跪，洵不亢不卑也。我"跪"的不是您的权力，我"跪"的是您的高风亮节，因为您的"大君子"品格让我敬佩得五体投地。诗中所表达出来的，不仅有钦佩张相的由衷情，还有效命张相的幸福感。结尾"感激有公议，曲私非所求"二句，意思是说：感激您出以公心任用我，我献诗给您也不是为了什么私欲。

这样的"献诗"，在唐诗中委实不多见。"献诗"写得气骨高朗而声色凛然，没有一点庸俗的感恩色彩，更非不负责任的一味阿谀。此诗写活了两个人，一是诗人慷慨刚正、绝不苟且的节操，一是张相不徇私情、以公治国的品行，两相辉映，相得益彰。而于此"献诗"，可见王维与张九龄乃精神相知也。

王维在张九龄身边工作，在高官圈子里活动，他的这种深隐其中而分明可感的"傲"气，表现为不亢不卑的人格风度。开元二十五年（737），王维参加了在骊山逍遥谷韦氏别业里举办的宴集，参与者皆三品以上的王公大臣，多享有皇帝敕赐的"诏有不名，命无下拜"的特殊待遇。王维受命作序，而有《暮春太师左右丞相诸公于韦氏逍遥谷宴集序》。这些宴集于当朝宰相韦嗣立别墅的高官们，全是紫袍玉带，饰以金鱼袋，而王维这个八品微官，身着青服混于其间，从容倜傥，并无相形见绌的自卑，还很自负地说："盖不获命，岂曰能贤。"

开元二十四年（736）十一月，张九龄罢相；第二年秋天，被逐出京门，贬官荆州大都督府长史。《资治通鉴》载："九龄既得罪，自是朝廷之士，皆容身保位，无复直言。"[1] 张九龄罢相，唐朝进入了李林甫的独裁期，从此举朝官员但求自保，噤若寒

---

① 〔宋〕司马光编著：《资治通鉴》卷第二百一十四，中华书局1956年版，第6825页。

蝉,《新唐书》记录了一则非常有名的"立仗马"故事,说的是李林甫召集谏官训话,要他们管好自己的嘴巴。李林甫说:"明主在上,群臣将顺不暇,亦何所论?君等独不见立仗马乎,终日无声,而饫三品刍豆;一鸣,则黜之矣。后虽欲不鸣,得乎?"由是谏言路绝,"谏官皆持禄养资,无敢正言者"。[①] 王维身为谏官,却无所畏惧,顶风作诗,真不是那个被妖魔化了的"懦弱""冷漠"的王维。其《寄荆州张丞相》诗曰:

> 所思竟何在,怅望深荆门。举世无相识,终身思旧恩。方将与农圃,艺植老丘园。目尽南飞雁,何由寄一言。

诗写他对张相的思念,写他"终身思旧恩"的感激,我们也在诗中读出了诗人的血性义勇与抗邪骨力。宋人陈善《扪虱新话》曰:"盖趋炎附势,自古然矣。"张九龄失势了,如何对待失势的张九龄,对王维来说是个考验。此前王维献诗张九龄,称其君子;张九龄被逐出京门,王维却以"丞相"相称,非常耐人寻味。诗曰:"举世无相识,终身思旧恩。"知恩图报,善莫大焉。知恩图报的王维,做好了辞官归隐的准备,以归隐之想,表示对张相的效忠与追随之意,表达其"终身思旧恩"的感恩之心。这不能简单视为政治上的站队与跟人,而是因为张九龄出朝,王维失去了政治依靠,也没有了品格上的偶像,似乎已隐约中感到政治黯途的到来,对朝政失去信心。诚然,效忠感恩张相也成为王

---

① 〔宋〕欧阳修、宋祁:《新唐书·李林甫传》,中华书局1975年版,第6347—6348页。

第二章 王维的政治风度

维的一种人性自觉。关键时候，王维在一些大是大非的问题上，也不随波逐流，更不趋炎附势，没有做出卖主求荣、改换门庭甚至落井下石的卑鄙事来。而张九龄《答王维》诗，则是对王维人品的高度认可与评价，其诗曰："荆门怜野雁，湘水断飞鸿。知己如相忆，南湖一片风。"① 这个王维愿意终身感报的恩公，也把王维看成了知己。

王维给张相共三首诗，写得堂堂正正而不低三下四，颂人语语有来历而绝不肉麻胡夸，自写则字字有分寸而不枉自标榜。如果说王维要官做，似就是这么一回，诗干谒了一回。范文澜先生说王维贪官恋阙，"其实他不是禅也不是道，只是要官做……王维、王缙品质一样恶劣，所以都是做官能手"②。范文澜是著名的史学家，也是一流的文学学者，出版过《文心雕龙注》。他这样义正词严地抨击王维，在以阶级斗争为纲的年代里，情有可原。其中用"恶劣"评价王维，现在看来已是不值一驳的滑稽可笑。陈贻焮《杜甫评传》中说："李白遍干诸侯，希求汲引，观其《与韩荆州书》《上安州裴长史书》等，谀人、自炫，言辞无所不用其极，令人读之生厌。"③ 李白出川前就开始干谒，出川后以安陆为中心，南至江夏、荆州，北到襄阳、洛阳甚至太原，四处干谒投书，踏破权贵达官门槛，"他到近五十岁时方才与吴筠以隐居道士的资格被召见"④。杜甫现存干谒诗几达三十首之多，

---

① 〔唐〕张九龄著，刘斯翰校注：《曲江集》，广东人民出版社1986年版，第353页。
② 范文澜：《中国通史》第四册，人民出版社1978年版，第288页。
③ 陈贻焮：《杜甫评传》（上），上海古籍出版社1982年版，第171页。
④ 胡适：《白话文学史》，东方出版社1996年版，第204页。

如《奉赠韦左丞丈二十二韵》《奉寄河南韦尹丈人》《赠翰林张四学士垍》《又作此奉卫王》等，满纸谀辞与自夸，无所不用其极，且极言穷困不堪的处境，表现出急求汲引的卑恭，晚年"他惟有依靠夔州的小军阀柏茂琳，在他的刀头上舐血"①。我们真不是为了抬高王维，才作这样比较的，实在是不能容忍脱离具体的历史环境而凭个人好恶轻率评价，实在是为了说句实事求是的公道话。如果真要说到恋栈怀禄，王维真没有李白、杜甫那么热切与执着。做官、做大官，光宗耀祖，成为士人的最高人生目标，也深为整个社会所推崇与盛赞。因此，盛唐士人多毫不掩饰地在其诗文中表达"要做官"的人生理想与价值观。杜甫就曾反复表示"奉儒守官"是他的终极追求，被李白赞为"红颜弃轩冕"的孟浩然也是很想做官的。而王维"只是要官做""是做官能手"的说法，语含鄙夷与讥讽，且此评价又与事实不相符，这就让人觉得不只是有失公允，简直是别有成见的一种苛评了。而能够像王维这样，不管仕隐沉浮，不亢不卑，坚守道德底线而不丧失人格，古今有多少人能够做到呢？

第二节　九年三次出使

也许真是王维诗中叹老嗟卑的"自谦""自遣"多了点，特别是他晚年说自己"万事不关心"，让人产生错觉，以为他真的不思进取，不问政治。林庚先生将王维与李白比较论，他说王

---

① 朱东润：《杜甫叙论》，《朱东润传记作品全集》第二卷，东方出版中心1999年版，第353页。

维的诗与李白比"并不在突出自己什么",说王维"没有这样强烈的性格","而只是在日常生活的各个方面将这个时代所带来的新鲜气氛传达出来"。① 因而,我们不能因为王维缺乏"济苍生""安社稷"的狂言壮语,没有自比大鹏,也不自比凤凰,就说他消极甚至颓唐。

王维的生性淡泊,人生态度随缘,不刻意作为,也不特别追求。因此,他很少有"奈何轩冕贵,不与布衣言"(《寓言》其一)的苦恼与怨言。然其《冬夜书怀》诗,却有点例外,其诗曰:

冬宵寒且永,夜漏宫中发。草白霭繁霜,木衰澄清月。
丽服映颓颜,朱灯照华发。汉家方尚少,顾影惭朝谒。

此诗大约作于天宝四载(746)前后。陈铁民先生考为晚年作,约天宝十四载(755)。从诗情看,我们以为应作于746年。这个时期,王维任库部员外郎,老在那个级别上没有升迁动静。王维此诗是写早朝清苦,前四句借景抒情,以冬夜的肃杀衬托失意的萧索,而后四句则以丽服、朱灯与颓颜、华发作对比,表现出迟暮的无奈。诗的最后两句,妙用典故,将诗旨揭示出来。"尚少"用汉代颜驷不遇典。《后汉书·张衡传》注引《汉武故事》,汉武帝尝至郎署,问一老者:"何时为郎?"对曰:"臣姓颜名驷,以文帝时为郎。文帝好文而臣尚武,景帝好老而臣尚少,陛下好少而臣已老,是以三弃不遇也。"② 此典喻虽有才能却没有

---

① 林庚:《唐诗综论》,商务印书馆2017年版,第124页。
② 〔南朝宋〕范晔撰,〔唐〕李贤等注:《后汉书·张衡传》,中华书局1965年版,第1926页。

机遇而至老不遇者也。诗人顾影自惭，是说自己一直没有进步，都不好意思上朝拜谒天子了。这是王维诗中极其罕见的仕途焦虑。可见，王维也有进取之心，王维也有仕宦烦恼，王维也不是个对仕进一点不在乎的人。

　　文学史上说以张九龄罢相为界，此后王维便开始消极了。其实，这根本不值得一驳。张九龄罢相后，王维还一直在政府中枢工作，其官阶也稳步上升。王维是个以处理文字活儿为主的文职官员，有好几年任监察御史，还有几年在兵部任职，先是库部员外郎，后迁库部郎中，掌戎器、卤簿仪仗。如果真是消极而不求上进的话，他定然不能胜任这些工作，更不要说做好这些工作了。因此，我们即使不能用积极来形容王维投身政治的态度，但也肯定不能说他是消极的。中年后的王维九年间三次出使充分说明王维能干，也肯干，还干得不错，完全可以用"积极"来评价。三次出使，两次兵事，一次铨选，作为朝廷的特派使者，既代表着君主对地方的制约监督，亦代表朝廷对地方的招抚宣慰，这不仅要有解决特殊问题的能力，还要有能够独当一面的水平。三次出使，西北问边，岭南铨选，从西北到岭南，都是蛮荒僻远之地。王维第一次出使的凉州，地处河西走廊东端，北御突厥，南防吐蕃，为西边边防重镇。第二次出使岭南，桂州"北至上都三千七百五十里"①。第三次出使的榆林、新秦，位于黄土高原与内蒙古高原的交界，自古就是兵家必争之地。每次出使，长途跋涉，风雨兼程，其鞍马劳顿的辛劳程

---

　　① 〔唐〕李吉甫撰，贺次君点校：《元和郡县图志》，中华书局1983年版，第917页。

度可想而知。九年三次出使，这虽然不能说王维在政治上怎么要求进步，至少也可以说他是个尽职敬业而不是个消极颓废的人，绝非文学史上所普遍认为的，王维在张九龄罢相后就开始了亦官亦隐的消极生活。

我们以王维第一次出使为例来具体看其政治上的态度。王维的第一次出使，是在开元二十五年（737）秋，是年夏，张九龄被贬为荆州长史。因为张九龄对王维有知遇之恩，张九龄罢相后，王维出使凉州，让研究者往"政治问题"上联系，说王维出使是政治避难，或曰其出使是被"支"出去的。于是，"单车欲问边"，被解为仓促"逃离"；"征蓬出汉塞"，被联想到受排挤而孤独寂寞。这显然是皮相之见。王维出使问边，为什么就不能从积极方面来解读呢？

从出使的背景看。玄宗时期，吐蕃已经完全占据九曲之地，入侵大唐临洮之地，大肆劫掠唐朝官营牧马场，并对兰州、渭州造成极大威胁。吐蕃之患，让唐王朝非常头痛，乃以和亲勉强维系与吐蕃的和平。开元二十五年（737），吐蕃进攻小勃律国（今克什米尔北境印度河流域的小国，唐附属国），无视唐玄宗调停，而破小勃律国。玄宗大发雷霆，遂折毁赤岭界碑，命河西节度使崔希逸痛击吐蕃。据《旧唐书·玄宗本纪》，开元二十五年"三月乙卯，河西节度使崔希逸自凉州南率众入吐蕃界二千余里。己亥，希逸至青海西郎佐素文子觜，与贼相遇，大破之，斩首二千余级"。如此胜绩，令玄宗兴奋不已，也大涨唐人志气，此次派员去宣慰劳军，意义非常特殊，自然不是随便派个什么人就可以的。①

从使者的条件看。历代王朝都重劳军。春秋战国时就有"重行人之职""荣使臣之选"②的观念，开元天宝也有"为使则重，为官则轻"③的说法。劳军情况有二：一是将帅出征，劳军校阅，以壮军威；一是边军大捷或班师凯旋，朝廷封赏激励。劳军的差事，朝廷一般是派遣亲信大臣去完成的，甚至是皇帝亲往。《史记》中细柳劳军典故，说的是汉文帝亲自劳军的事。据说，开天间对使者的要求近乎苛刻，"常择容止可观、文学优瞻之士为之，或以能秉公执法，折冲樽俎，不辱君命者充任，故必尽一时之选，不轻易授人"④。也就是说，使者遴选的条件，除了政治条件、业务能力，还要文学水平，甚至要颜值高、风度好。而王维至少可以说是"尽一时之选"者也。使者往往代表君主和朝廷去行使某种特殊权力，解决某项特殊事务。何况此次劳军，意义特殊，使者的选派就更加严格了，必然是君主信任或朝廷倚重者。被选中的王维，应该非常荣耀，又怎么可能视此行为畏途而情绪低落呢！王维原为右拾遗，是个言官，负责谏议补阙、正言司谏之类。因为出使而改任监察御史，官的品秩与右拾遗差不多，但"分察百僚、巡按郡县、纠视刑狱、肃整朝仪"（《唐六典》）。监

---

① 〔后晋〕刘昫等：《旧唐书·玄宗本纪》，中华书局1975年版，第208页。笔者按：史学界也有人认为，唐朝偷袭吐蕃，毁约弃盟，背信弃义，败坏了唐王朝名声，是政治上的失败。因此，有学者认为，王维出使，就是对这次战争的性质缺乏正确的认识。这种苛责，一点不近人情。

② 〔宋〕王钦若等编纂，周勋初等校订：《册府元龟》，凤凰出版社2006年版，第7516页。

③ 〔唐〕李肇：《唐国史补》，上海古籍出版社1979年版，第53页。

④ 薛明扬：《论唐代使职的功能与作用》，《复旦学报（社会科学版）》，1990年第1期，第27页。

察御史不仅可对违法官吏进行弹劾,也可由皇帝赋予直接审判行政官员的权力,并对府州县道等衙门进行实质性监督,还可在监察过程中对地方行政所存在的弊端上奏朝廷。

《资治通鉴》载:"是时中国盛强,自安远门,西尽唐境,万二千里,间阎相望,桑麻翳野,天下称富庶者,无如陇右,翰每遣使入奏,常乘白骆驼,日驰五百里。"① 王维"衔命"出使,是在大唐全盛时,是在唐军大获全胜的大好形势鼓舞下。林庚先生1982年在《社会科学战线》上发文章说,"没有盛唐就没有边塞诗。没有生活中的无往不在的蓬勃朝气,所谓边塞风光也就早被那荒凉单调的风沙所淹没",因此,"也就不会有'大漠孤烟直,长河落日圆'那样的边塞诗"。② 当王维深入边地,而为塞地广袤苍莽、浩瀚悲凉所震撼,也为将士们捐躯报国的精神所感染,不仅没有凄伤感与孤独感,也没有跋涉劳顿的疲惫与怨尤,相反意气蓬勃,崇高感陡然升华,其诗笔化苍凉为豪放,化肃杀为壮丽,极富创造精神也极富浪漫色彩,进而笔下出现了"大漠孤烟直,长河落日圆"的"千古壮观"意境,让人怎么看也看不出有什么被"支"出去的感觉。

除了《使至塞上》外,王维出使河西的那些诗,皆充满了强烈的乐观主义与英雄主义,如其《出塞作》的题下自注:"时为御史监察塞上作"。这是直接描写战事的边塞诗,不仅在王维笔下不多,在所有的唐代边塞诗中也少见。王维作于西凉的一批边塞诗,着力再现边塞广漠的场景,凸现将士英勇杀敌立功的英雄气

---

① 〔宋〕司马光编著:《资治通鉴》卷第二百一十六,中华书局1956年版,第6919页。

② 林庚:《唐诗综论》,商务印书馆2017年版,第66—67页。

概,具有宣传鼓动与激励的意味,符合诗人犒劳使节的身份和观察视角,成为中华民族爱国主义和英雄主义的慷慨强音。

王维的第二次出使,是在开元二十八年(740),秋冬之间,以殿中侍御史知南选。南选是唐朝在江淮以南地区设置的一种特殊的铨选制度,四年一次,即由朝廷派员去南方铨选官员,或于桂州(今广西桂林),或于黔州(今重庆彭水)。《通典》曰:"其黔中、岭南、闽中郡县之官,不由吏部,以京官五品以上一人充使就补,御史一人监之,四岁一往,谓之'南选'。"[1]于此可见,唐朝政府对南选极为重视,派员也格外慎重。可以十分肯定地说王维出使西凉的表现不错,所以此次又再度受命而知南选。朝廷将他视为一个政治上值得信任、能力上适合外派的官员了。再度出使,相当于一次褒奖,再次给他一个实际锻炼的机会。盛唐诗人几乎都有强烈的从政愿望,然很多人却根本没有踏入官场一步,其诗文中也拿不出什么善政谏议,让人怎么能够知道他到底有多大的为官能力呢。此次南行,王维心情大好,或许是王维南阳之后,悟得解脱之法,有《汉江临眺》为证:

楚塞三湘接,荆门九派通。江流天地外,山色有无中。
郡邑浮前浦,波澜动远空。襄阳好风日,留醉与山翁。

诗人泛舟江上,纵目远望,但见莽莽古楚之地,"三湘"奔涌,"九派"合流,汉江来势磅礴浩渺,笼盖天地而气象万千。诗中所表现出来的不仅是对山川壮丽景色叹为观止的愉悦心情,

---

[1] 〔唐〕杜佑撰,王文锦等点校:《通典》,中华书局1998年版,第360—361页。

还有"留醉与山翁"的奢望。

王维的第三次出使,约在天宝四载(746),以侍御史的身份出使新秦、榆林边塞军事重地。此行所作之诗,隐隐约约有一种低沉乃至感伤的情绪。譬如《新秦郡松树歌》《榆林郡歌》,"真情老景,雄风怨调"(王夫之《唐诗评选》)。这应该主要不是因其仕途不甚顺,主要可能还是因战局危机。天宝六载(748)内忧深隐,王维时官任库部员外郎,起草《兵部起请露布文》,分析提出了优化边疆部族政策以消解边患的对策。

第一次出使河西,再知南选,复使榆林、新秦二郡,说明王维的能力与表现还真不一般,其工作能力与工作表现取得了朝廷的赏识。换言之,王维是个实际工作能力比较强、政治上比较过硬,工作业绩比较优秀的行政官员,甚至可能还是个干才。如果真像文学史上说的,王维在张相被逐后就一蹶不振,那么就不可能让他一而再、再而三地出使了。九年里三次出使,王维以其积极的政治实践来体现儒学经世致用的实践精神,或者说,王维的政治思想与盛唐的吏治水平紧密相关。我们还真不能用政治消极来评价他。王维前期积极后期消极的说法,是没有认真读王维,或者说是没有读懂王维。尤其值得一提的是,王维在失去了张九龄这个恩公后,仍然出色地工作,没有心怀忧惧,不计个人得失,每一次出使都兴高采烈而义无反顾,这就充分显示出他的胸襟、他的担当、他以国事为重的政治风度。

第三节 也是一种"功成身退"

王维研究往往简单化地以"消极"来非议王维的亦官亦隐。

我们以为，这是没有读懂王维，没有知人论世，或者说是我们在用现代人的价值观衡量古人。

毋庸讳言，王维也真不是个政治上"进取心"很强的人，我们每每读到《论语·先进》侍坐章，孔子与几个弟子谈志向，总是很自然地联系到王维与李、杜。李白可比着欲强国的子路，杜甫则是个欲富邦的冉有，而王维就是那个曾皙，"浴乎沂，风乎舞雩，咏而归"。王维的志向，似不同于李杜，没有那么"具体"，在他的诗文中看不到他要在仕途上有什么大的发展，做到什么样的大官。

然而，他也真不是个消极事功的避世之人，我们绝不能简单地以"消极"来评判他。他晚年还写信劝隐者魏居士出来做官，在《与魏居士书》里，他不仅批判了逃俗避世的许由之流，也否定了"古今隐逸诗人之宗"（钟嵘《诗品》）陶渊明的"养粹岩阿，销声林曲"（《晋书·陶潜传》），说他们"忘大守小"。王维佛家涵养深厚，口不言人恶，然却非常严苛地批判陶潜他们，认为他们并不占有道德优势，也不符合佛禅的大乘思想。家国苍生为大，而一己适意为小，不能舍大而趋小也。王维认为，"君子以布仁施义、活国济人为适意。纵其道不行，亦无意为不适意也"。这就是王维的政治情操，是他的政治智慧，是他的价值标准，也是他的"高人"观。何谓君子，就是要能够布施仁德而实行正义，拯治国家而度济苍生。而全然不在乎理想能否实现，理想实现不实现都能够适意。因此，他五十岁之后，就开始亦官亦隐，应该说主要还是与其人生性淡泊有关，更是深受庄老天道不争思想的影响，精神满足大于荣禄追求，而亦官亦隐也成为"功成身退"思想的创新设计。

第二章 王维的政治风度

　　王维半官半隐，或亦官亦隐，时代不是主要的原因，更不能说是因为他看透了官场朝廷的黑暗。一般研究总是说陶潜的归隐，是保持独立人格，因为看不惯官场与社会的黑暗，忍受不了曲意逢迎的尴尬。应该说，于王维不存在这个问题。王维一生几乎与盛唐盛世同步，生活在有唐三百年最盛的时间段。他十二岁时就进入了玄宗朝。玄宗在位四十四年（712—756），历史学家将玄宗朝分为三个时期，玄宗在位初期（713—720），宰相是姚崇与宋璟等；玄宗中期（720—736），宰相是张说与宇文融等；玄宗后期（736—756），李林甫独相，执政十九年（736—752）。传统史家均认为，玄宗初期是玄宗朝最辉煌的时期，也是唐代盛世中的盛世。姚崇、宋璟皆"救时之相"，唐玄宗以之为"人镜"，与其同时的历史学家柳芳《食货论》里记载曰："姚崇、宋璟、苏颋等皆以骨鲠大臣，镇以清静，朝有著定，下无觊觎，四夷来寇，驱之而已；百姓富饶，税之而已。"[①]一般的历史学家都认为从李林甫执政开始就已经不是盛唐，但这个观点现在也越来越值得商榷了。

　　王维半官半隐，或曰亦官亦隐，应该也不能说成是他受到打击与排挤而"患得患失、官成身退、保全天年"所出的下策。开元二十九年（741）三月，年刚不惑的王维，知南选毕，回到长安不久就辞官隐居终南山。可是，天宝元年（742），隐居不足一年的王维，又走出了终南山。王维出山后，由殿中侍御史转左补阙，工作性质由监察纪检、弹劾敦促，一变为掌供奉讽谏、扈从乘舆的工作，进入了中央决策机关，在皇帝身边工作，成为宰相

[①]〔清〕董诰等编：《全唐文》卷三百七十二，中华书局1983年版，第5—7页。

的跟班。他想做官了,就出来;不想做官了,就隐居。他官隐两便,可官可隐,还真不是自暴自弃,更不能简单地解释为对政治心灰意懒,轻易地说王维走上了一条回避现实的道路。

那么,是什么原因让王维忽官忽隐或半官半隐的呢?

王维早年诗中也有"济人然后拂衣去,肯作徒尔一男儿"(《不遇咏》)之想,济世救人之功成,便毅然决然地弃官潇洒而去,这是王维诗中极难见到的大言与狂态。这种表述,在李白则成为口头禅,如"功成拂衣去,摇曳沧洲旁"(《玉真公主别馆苦雨赠卫尉张卿二首》);"功成谢人间,从此一投钓"(《翰林读书言怀呈集贤诸学士》);"功成拂衣去,归入武陵源"(《登金陵冶城西北谢安墩》);"终与安社稷,功成去五湖"(《赠韦秘书子春》);"待吾尽节报明主,然后相携卧白云"(《驾去温泉后赠杨山人》);等等。非常遗憾的是,李白始终没有"官"过,也没有"功"成过,因此他也不存在什么退与不退的。假如李白也做官,他是否会恋阙而不退呢,我们不敢妄言。王维却采用亦官亦隐的方式,而将"功成身退"付诸实施,成为"功成身退"的另一种形式。男子汉大丈夫在做了一番事业后,悄悄走出人们的视线,怎么能够简单地判以"消极"呢?而王维亦官亦隐的"吏隐",亦即是他变相的"功成身退",成为他典型的政治风度。

古人信奉"功成身退"的思想,认为这是"天之道也"。古代鸿抱之士皆崇尚"功成身退",视之为人生的最高境界。"功成身退"的思想,源于道家。老子《道德经》第二章曰:"万物作焉而不为始,生而不有,为而不恃,功成而弗居。夫唯弗居,是以不去。"《道德经》第九章亦曰:"持而盈之,不如其已;揣而锐之,不可长保。金玉满堂,莫之能守;富贵而骄,自遗其咎。功成身退，天之道也。"老子认为，世间万物都有其发生与运行的规律，总处于一种变化运动的状态，而在一定条件下，都有向其反面转化的可能。换言之，任何事物的发展，都不仅会是某一种状态，也不可能停留在某一个状态。与其保持盈满状态，不如适时停止；与其锐势长久，不如适时藏锋。即便金玉满堂，终究无法长守；因富贵而骄横，更是自取其灾祸。功成身退，才符合自然规律，才可避知进而不知退的祸害。然在名利当盛时，又有几人舍得放下而急流勇退呢？古往今来，能够功成身退者，也就是范蠡、张良几人也。

　　功成身退的崇尚，在唐代演绎成一种"吏隐"之风，成为唐代仕人的一种价值观。宋之问《蓝田山庄》有"宦游非吏隐，心事好幽偏"之句。杜甫诗中也对"吏隐"津津乐道，表现出特别的向往："浣花溪里花饶笑，肯信吾兼吏隐名"（《院中晚晴怀西郭茅舍》）；"闻说江山好，怜君吏隐兼"（《东津送韦讽摄阆州录事》）；"吏隐适性情，兹焉其窟宅"（《白水县崔少府十九翁高斋三十韵》）；等等。《晦日游大理韦卿城南别业四首》，是王维游览高官别墅后而作。韦卿，即韦虚心，时任大理卿，是掌管刑狱的官员，从三品。诗开篇就以"与世淡无事，自然江海人"来盛赞别业主人。盛唐达官贵人崇尚隐逸之风，自命为衣冠巢许、丘壑夔龙，追求物质与精神的双重享受。王维《韦给事山居》诗云：

　　　　幽寻得此地，讵有一人曾。大壑随阶转，群山入户登。庖厨出深竹，印绶隔垂藤。即事辞轩冕，谁云病未能。

　　印绶与垂藤同举，即是亦官与亦隐之并赞也。身居绝世佳境，深壑随自家楼阶而转，于屋里即可登群山，所食珍鲜皆出自深山老林，绶带官印隔悬于古藤之中。"即事辞轩冕，谁云病未能"，意谓：根据自身情况而辞官归隐，谁还能诿病什么呢？于王维看来，仕即隐，隐亦仕，根本不存在六朝文人以入世为俗、以出世为高的偏见。

《送韦大夫东京留守》，是王维送好友韦陟以礼部尚书充东京留守去洛阳任职而作。诗的开篇四句很有意味："人外遗世虑，空端结遐心。曾是巢许浅，始知尧舜深。"大意是：自己仿佛是个世外之人，多生不切实际的虚幻之想，曾因一己之私而推崇巢父许由避世隐居，如今看来这是多么的浅薄啊！现在始知，像尧舜那样为天下谋利益，那才是功德无量而品行高深。中间部分大写天子盛德，意在要韦大夫不失天赐良机，创"穷人业宁""逆房遗擒"之奇功，然后再有拂衣东山的退隐。这似是在检讨自己。王维亦官亦隐，也许是他的这种仕隐两全的行为，在当时就受到谤议，他的《漆园》明显是为自己辩，以庄子之"非傲吏"来为自己正名。意思是，我没有什么傲世之意，而自知做不出什么大事来，才有"偶寄一微官，婆娑数株树"的选择。王维诗中常有这种"阙经"的自谦与自责，如"苦无出人智""自顾无长策"之类。"偶寄一微官，婆娑数株树"，正是王维亦官亦隐的形象写照。儒圣孔子也有"浴乎沂，风乎舞雩，咏而归"（《论语·先进》）的追求，把"咏而归"作为最高的政治理想。禅宗追求生命的自由与解放，禅的实质就是追求真我。王维人在官而心在隐，身拖朱绂而浪迹山水，消释了仕隐两极对抗的形态，不执着入，也不执着出，在官可以安命，亦同样可成隐而养心，身在欲海而不为人欲所累也。苏东坡曾对他老弟苏辙说："吾上可陪玉皇大帝,下可以陪卑田院乞儿。眼前见天下无一个不好人。"这为林语堂《苏东坡传》的原序转述。王维与苏轼有很多相似的地方。王维为官四十年,三十年在皇帝身边工作,什么世面没见识过,什么高官没接触过。王维与苏轼也有不相同的地方。王维是自觉身退的,而非被迫害被排挤被流贬,非不得已而身退,其晚年"功成身退"的思想日甚,不仅不钻营奔竞,且不断上表谢恩请退。王维这是在做人生的减法。人生做减法比做加法似乎还要难,更需要理性决断力,需要有一种抵消反向力的超人力量。"行到水穷处,坐看云起时",走不通,就不走了,坐看云起也是一种境界!走不通,达不到,得不了,上不去,没机会,就顺其自然,决定不去追求无法追求到的东西,不仅不是消极,甚至还是一种睿智。于仕途看,王维应该算是个成功人士,属于"功成者",其早年"济人然后拂衣去"的人生理想,成为他当下的一种政治风度,成为他对"功成身退"的积极践行。王维的半官半隐,与其说是受佛禅出世思想的影响,不如说是道家学说的作用,是遵崇"夫唯弗居,是以不去"的自然规律,入世自然,无可无不可,仕隐两如,虽居官而犹在隐者也。

既然"功成身退"是一种应该遵崇的古训,而王维"亦官亦隐"就不能作消极看。"功成身退"是千古士人所奢求而不能达到的最高境界,王维以其亦官亦隐的实践,消解了仕隐间的界限,突破了仕隐非此即彼的不相容性旧囿,形成了盛唐所特有的"功成身退"的政治风度。王维非常成功地解决了"仕与隐"的二难尴尬,于山林里可以做到的独善自养,于魏阙中也能够实现。仕隐两可,仕隐两全,隐得自由,也仕得自然,何以要分清长林丰草与官署门阑呢?亦官亦隐,充分显示出王维的生存大智慧，对中国文化产生了极其特殊的意义。因此，我们以为，简单地以"消极"来评价王维亦官亦隐，是一种"将革命进行到底""小车不倒只管推"的现代思维，是用革命家的标准来要求唐人王维了。

第四节 取义以"仁者之勇"

在中国古代的道德定位中，"义"在不断强化，逐渐占据了道德的高点，成为道德的重要价值观，而让人在如何对待生死的问题上形成了一种道德规范。王维有个"仁者之勇"的观点，他也以这种观点自诩，也用来赞誉同僚与古贤。所谓"仁者之勇"，就是讲在对敌斗争中既要有忠有义，还要有谋有勇。这也是王维处理重大政治事件的政治智慧与斗争策略。

王维一生中的最大灾难就是陷贼。王维最受人诟病的也是陷贼不死。《资治通鉴》载："至德二载十月，广平王俶之入东京也，百官受安禄山父子官者陈希烈等三百余人，皆素服悲泣请罪。"[①]两京收复，陷贼接受伪职的唐官被俘虏过来押解归唐，收系大理、京兆狱，在押的三百余人中也有王维。肃宗决意严惩，以六等定罪。所谓六等定罪中，前三等其实都处以死刑，只是有赐自尽、斩首与杖杀的区别。宰相陈希烈等七人赐死于大理寺，达奚珣等人等十八人斩于独柳树下，"达奚挚、张岯、李有孚、刘子英、冉大华二十一人，于京兆府门决重杖死"（《旧唐书·刑法志》）。以此可见，唐廷对陷贼而受伪职的"罪臣"的惩罚是毫

---

① 〔宋〕司马光编著：《资治通鉴》，中华书局1956年版，第7042页。

不留情的。而王维则成为三百余"罪臣"中唯一被赦免者,没受刑事处分,只是象征性地左迁,拜官太子中允。与王维同样陷贼的郑虔,遭遇就没有这么好了。郑虔也是个全才,诗书画犹强,唐玄宗曾以"郑虔三绝"题其画。郑虔"陷贼"的遭遇与王维差不多,陷贼后也曾自残装病,还有为唐军通风报信的立功表现。杜甫将郑虔比作"苏武",将王维比作"庾信"。最后郑虔却没获得赦免,以垂暮年之身流贬台州。以此可以推见,王维陷贼的政治表现一定是好过郑虔,对他的处理才可能不同于郑虔。王维肯定是以其不俗的抗争而获得了自救,不单纯只是写了一首《凝碧诗》而已,否则唐廷是断不会轻饶过他的。我们这样推想,应该不是没有道理的。

我们以为,王维未获罪,是他自己救了自己。王维于长安被安禄山的将领张通儒俘虏,押解至东都洛阳,拘于菩提寺中。《旧唐书·王维传》:"禄山陷两都,玄宗出幸,维扈从不及,为贼所得。维服药取痢,伪称瘖病。禄山素怜之,遣人迎置洛阳,拘于普施寺,迫以伪署。"[①] 这段史载文字并未苛责王维,而对其不幸遭遇饱含怜悯之情,说王维曾以自残来抵抗。王维陷贼后的表现,新旧唐书等史料里多有记载,他自己也在多种场合讲述自己陷贼的经历,其《大唐故临汝郡太守赠秘书监京兆韦公神道碑铭》中有一段文字,记叙他自残在狱而受到铭主韦斌帮助的经历,可以与此参照读:

> 将逃者已落彀中,谢病者先之死地,密布罗网,遽施陷

---

① 〔后晋〕刘昫等:《旧唐书·王维传》,中华书局1975年版,第5051页。

阱，举足便跌，奋飞即挂。智不能自谋，勇无所致力……君子为投槛之猿，小臣若丧家之狗。伪疾将遁，以猜见囚。勺饮不入者一旬，秽溺不离者十月；白刃临者四至，赤棒守者五人。刀环筑口，戟枝叉颈，缚送贼庭，实赖天幸，上帝不降罪疾，逆贼恫瘝在身，无暇戮人，自忧为厉。公哀予微节，私予以诚，推食饭我，致馆休我。

从主观上看，王维已经作好了赴死的准备，自残后病得不轻，十天勺饮不入，十个月（按："月"疑为"日"之形误字）屎尿在身。这哪里是自残，分明是自尽。如果他不是做好了牺牲的准备，是绝对不会对自己下此狠手的。从客观上看，在韦斌的精心护理下，王维才从鬼门关走了一趟而折回过来。韦斌与其兄韦陟，都是王维多年的好友，王维说"公哀予微节"，也就是说，韦斌所以这么照顾他，是因为欣赏他的节义之举。王维借为韦斌作碑铭之机会，为自己辩白也。

儒家极重死的社会性，讲究舍生取义，以忠孝节烈作道德定位。义与死成为矛盾的对立统一。而在宋理学兴起之后，节烈逐渐成为中国社会独特的道德价值观。然而，即便是以死作为效忠之极致的节烈，也是包括"自残"在内的，也就是说，死与自残都是一种节烈的表现。晚岁时危，益见臣节，王维陷贼，威武不能屈，自残抗争，所持的是儒家道统的道德观和价值观，所表现出来的是"食君之禄，死君之难"（《谢除太子中允表》）的政治立场。清人李绂说王维，"心未尝忘君，惟未能引决耳。欧阳公谓老氏贪生，释氏畏死，然则其不能引决，亦学佛之误也"①。应该说此论还是同情王维的,然对其则有因"惟未能引决"而表示遗憾,认为他是为学佛所"误"。诚然,王维采取这种"引决"的义勇,肯定有佛教的影响。佛禅并非畏死,然佛教慈愍一切,爱惜物命。佛经记载,睒子菩萨"履地常恐地痛,言语常恐天惊"。佛教尤其尊重生命,向死而生,意在重生,而不轻易舍生取义。其实,道教也重生,也是这种"保生全身""不夭刀斧"和"安时处顺"的思想,李泽厚解释说:"正因为是美学而非宗教,所以庄子并不要去解决个体对死亡的恐惧与哀伤,也并不追求以痛苦地折磨现世身心生存来换取灵魂的解救与精神的超越。庄子并不像西方的基督教或近代的陀思妥耶夫斯基或基尔凯戈尔,他也不像佛教那样否定和厌弃人生,要求消灭情欲。相反,庄子是重生的,他不否定感性。"②王维忍辱偷生,死里逃生,以其"仁者之勇"而全其臣节,他自己是怎么解释这种抗争策略与抗争方式的呢?王维曰:

> 坑七族而不顾,赴五鼎而如归,徇千载之名,轻一朝之命,烈士之勇也。隐身流涕,狱急不见,南冠而絷,逊词以免,北风忽起,刎颈送君,智士之勇也。种族其家,则废先君之嗣;戮辱及室,则累天子之姻。非苟免以全其生,思得当有以报汉,弃身为饵,俯首入橐,伪就以乱其谋,佯愚以折其僭。谢安伺桓温之亟,蔡邕制董卓之邪,然后吞药自裁,呕血而死,仁者之勇,夫子为之。

---

① 〔唐〕王维撰,〔清〕赵殿成笺注:《王右丞集笺注·附录》,上海古籍出版社1984年版,第565页。
② 李泽厚:《中国思想史论》,安徽文艺出版社1999年版,第193页。

这是王维为韦斌立碑的开篇。《旧唐书·韦斌传》载曰："（天宝）十四载，安禄山反，陷洛阳，斌为贼所得，伪授黄门侍郎，忧愤而卒。及克复两京，肃宗乾元元年，赠秘书监。"[①] 韦斌与王维同样遭遇，这段议论非常值得玩味，是写韦斌，也是王维自写。序里认为，士人在临难的生死之际有三种表现：一是"烈士之勇"，二是"智士之勇"，三是"仁者之勇"。而"仁者之勇"者"非苟免以全其生"也，"弃身为饵，俯首入橐，伪就以乱其谋，佯愚以折其僭"，未必就比慷慨赴死的"烈士之勇"、自杀成仁的"智士之勇"逊色，而"仁者"也不比"烈士""智士"容易。王维认为他与韦斌的表现皆属"仁者之勇"，其中"吞药自裁"语，暗写自己临难而"服药取痢，伪称瘖疾"的事实。陷贼不死，忍辱智斗的临难表现，也是一种"臣节"，这是他对韦斌的评价，也是对自己的评价。而碑铭中曰："皇帝中兴，悲怜其意，下诏褒美，赠秘书监，天下之人谓之赏不失德矣。"意谓，皇帝也欣赏这种"仁人之勇"，天下人认为皇帝"赏不失德"也。也就是说，即便在政治上有所苛求，韦斌也是值得赞美的，王维也是没有什么好苛责。

　　王维还有一篇《为薛使君谢婺州刺史表》，与韦斌碑铭作于同年，也即乾元元年（758），薛姓友人被朝廷任命为刺史，王维代作谢表。

　　薛某文吏出身，奉法守文有余，折冲御敌不足，而于城破陷敌之后，于刀枪相逼下折节入橐，偷生厕溷。然却得免"衅鼓之戮"，仍受"祝网之恩"，而以"是去岁之缧囚"复"为圣朝之岳

---

① 〔后晋〕刘昫等：《旧唐书·韦斌传》，中华书局1975年版，第2962页。

牧"。薛姓友人的经历，与韦斌相似，亦与王维仿佛。王维在为与自己有相似遭遇的他人写碑作表时，自然勾起自己的"创伤记忆"。王维因为有这段陷贼的亲身经历，在对他人当年残酷遭遇的展现中都有着他自己的影子。

《旧唐书·肃宗纪》载：至德二载（757）十二月，上皇还长安，上御丹凤楼，赦天下，封属郡，灵武扈从立功之臣，皆进阶赐爵。王维的《裴右丞写真赞》，是"令写功臣"的产物，亦作于乾元元年（758），全文如下：

> 澹尔清德，居然素风。气和容众，心静如空。智以穷理，才包至公。大盗振骇，群臣困蒙。忘身徇节，历险能通。仁者之勇，义无失忠。凝情取象，惟雅则同。粉绘不及，清明在躬。麟阁之上，其谁比崇？

裴右丞乃裴遵庆。陈铁民先生注曰："寻绎文意，裴当是中兴功臣之一，亦蒙受写真之荣。"此则赞语，将裴右丞放在"大盗振骇，群臣困蒙"的时艰里塑造，盛赞裴右丞陷贼而能自守的节操，特别推崇其陷贼而历险脱身的机智。也因为他的这种"仁者之勇，义无失忠"，因此，王维赞曰："麟阁之上，其谁比崇？"

王维作于乾元元年（758）的这几个文本，集中地演绎、论证或弘扬了一种在对敌斗争中"非苟免以全其生"的"仁者之勇"，甚至将这种"仁者之勇"，美誉为一种政治智慧与政治风度。而唐廷对于这些具有"仁者之勇"的陷贼官员的处理，并不认为他们"陷贼不死"是一种政治问题，甚至不作为失节不忠的道德缺陷来看。也就是说，如果王维的"失节"问题成立，最轻也当判流放。然而,肃宗皇帝对陷贼后的王维,依然信任如故,依然用作近臣。代宗皇帝也对王维赞许有加,就是那个统帅联军平定"安史之乱"的广平王李俶,夸王维"诗名冠代",在对其诗"旰朝之后,乙夜将观"后,高度评价云:"卿之伯氏,天下文宗。位历先朝,名高希代。抗行周雅,长揖楚辞。调六气于终篇,正五音于逸韵。泉飞藻思,云散襟情。诗家者流,时论归美。诵于人口,久郁文房。歌以国风,宜登乐府。"(《全唐文》卷四十六)此属极评,古今罕见,这是对王维诗的至高评价,也包含了对王维政治风度与道德品行的由衷景仰。

因此,王维陷贼真是有什么问题,也不至于是事关政治名节的"致命"问题。王维陷贼而以仁者之勇抗敌,自残守节,有勇有谋。王维归来,杜甫将其比作庾信,从他对王维的"三年独此心"的评价来看,王维的陷贼抗争精神简直是应该歌颂的,可以作为大唐忠臣的典型来表彰。储嗣宗《过王右丞书堂二首》其二的结尾写道:"风雅传今日,云山想昔时。感深苏属国,千载五言诗。"储嗣宗是储光羲的曾孙,诗用苏武典,苏武出使匈奴被留,在北海边持节牧羊十九年,以至于符节旄繐尽落。王维与苏武遭遇类似,他们也同样以五言诗取胜,这是从品节上来赞美王维的。刘克庄在《后村诗话》里说:"右丞不污天宝之乱,大节凛然。"而与刘克庄同时期的大理学家朱熹则苛评曰:"王维以诗名开元间,遭禄山乱,陷贼中不能死,事平复幸不诛。其人既不足言,词虽清雅,亦萎弱少气骨。"[1]朱熹认为,王维之过,即陷贼未死。朱熹之前,尚未见有人以"萎弱少气骨"诟病王维的。

---

① 〔南宋〕魏庆之:《诗人玉屑》,上诗古籍出版社 1958 年版,第 315 页。

孔子尚有"君子不以言举人，不以人废言"（《论语·宪问》）之说，朱子以人废言，认为其人少气骨而诗亦不足言也，何况王维亦非其所论定的"不足言"之人。宋理学靠守节来获取安全感，是宋人没有了自信力的一种表现。这种心理误区使中国知识分子染上了"强迫性人格"，而给自己提出不切实际的标准，必须成为"圣人"，不能容忍哪怕最微小的一点点错误。按照"陷贼必死，不死即失节"的逻辑，现实中的很多现象也就无法解释了。乾隆元年（1736），赵殿成在《王右丞集笺注》的自序里，就直接反驳朱熹说："乃论者以其不能死禄山之难，而遽讥议其诗，以为萎弱而少气骨；抑思右丞之服药取痢，与甄济之阳为欧血，苦节何殊？而一则竟脱于樊笼，一则不免于维絷者，遇之有幸有不幸也。普施拘禁，凝碧悲歌，君子读其辞而原其志，深足哀矣。即谓揆之致身之义，尚少一死，至于辞章之得失何与，而亦波及以微辞焉。毋乃过欤？"① 乾隆二年（1737），全祖望序《王右丞集笺注》，力挺赵殿成的观点并指出："右丞以遗世之高致，而见污于禄山，至今遗议未已，松谷（赵殿成字）为之洗其沉屈，足比于眉山之雪太白。予谓是时天子入蜀，东宫起朔方，右丞不死，殆亦思乘间自脱，向行在耳。岂知托病不遂，竟遭维絷。斯烈士于患难之际，所以致戒于委蛇也。虽然，右丞风期高雅，绝非尘世中人物，吾故信其晚节之可原。苟其人不如右丞，而欲于生平波荡之后，借口昔人，山妖水怪。反自诉其飞躍之不幸。斯

---

① 〔唐〕王维撰，〔清〕赵殿成笺注：《王右丞集笺注·序》，上海古籍出版社1984年版，第1页。

则论世者所弗宽也。"① 全祖望为王维"晚节"辩,他认为"右丞风期高雅,绝非尘世中人物",能够在"患难之际"不死,情有"可原",充分肯定了王维在陷贼中所采取的抗争策略与抗争方式。这个热烈歌颂史可法慷慨死难精神的著名史学家,在《梅花岭记》里说:"呜呼!神仙诡诞之说,谓颜太师以兵解,文少保亦以悟大光明法蝉脱,实未尝死。不知忠义者圣贤家法,其气浩然,常留天地之间,何必出世入世之面目!"全祖望以"忠义者圣贤家法"来衡量今古士人,他认为陷贼不死,不应受到诟病,而那些在"陷贼不死"问题上纠缠的,不是不能理解"仁者之勇",就是其为人不厚道。他非常愤怒地将这些"借口昔人"者,说成是"山妖水怪"。而认为那些"其人不如右丞"者,更没有资格来指责王维。陷贼不死,这个在唐代不是问题的问题,这个关于王维而早有定评的事件,却让今人还是拿来"戏说",哗众取宠地胡编乱造说:"王维是一个音乐家,当时是乐臣,管音乐的。安禄山要做皇帝,登基的时候,命令王维为他谱乐。在这种情况下,只有两种可能,一个是不写,然后死亡;一个是写。王维写了,因为他想活下来。皇帝登基的时候,王维写的音乐在演奏,他在旁边哭。在标准的儒家道德看来,这是叛国。"② 台湾地区的蒋勋,什么都能说也什么都敢说,在大陆地区也拥有无数粉丝,因此,他的戏说的流毒更可怕,其恶劣影响甚至比横加罪责还要来得伤害大。知名学者江弱水就说,王维要来找蒋勋拼命。他怒不可遏地指出:"我从来没有见识过这样不严谨的写作,比

---

① 〔唐〕王维撰,〔清〕赵殿成笺注:《王右丞集笺注》,上海古籍出版社1984年版,第560—561页。
② 蒋勋:《蒋勋说唐诗》,中信出版社2012年版,第54页。

所有的'戏说'和'大话'都强,几乎算得上'穿越'了。如果说这是中文世界的三聚氰胺或者塑化剂,不算是过于严厉的指控吧?"① 蒋说误人不浅矣!真不知有多少不明事理的读者喝了这种加入了三聚氰胺的文学之奶。

"匹夫之节"与"仁者之勇",是王维政治思想的基本内涵,也是他衡判是否善恶与行事做人的行为规范与政治标准。王维于乱中,虽不能算是可歌可泣的英勇,但至少也没有什么可让人说三道四的失"义"的劣迹。很讲气节烈义的闻一多先生,他把王维、李白与杜甫三人放在安史之乱的重大事件中来考论说:"李、杜、王都同时经历了安史之乱,他们处乱的态度正足以代表各人的诗境。"闻先生以为:"太白在乱中的行动却有做汉奸的嫌疑,或者说比汉奸行为还要坏";杜甫"他爱君的热忱,如流亡孩子回家见了娘";王维却似他诗中曾写的息夫人,"想不到三十多年之后诗人自己也落到息夫人这样的命运,在国难中做了俘虏,尽管心怀旧恩,却又求死不得,仅能抱着矛盾悲苦的心情苟活下来,这种态度可不像一个反抗无力而被迫受辱的弱女子么?"② 闻一多对王维陷贼的评价,也只是说到王维具有懦弱的性格缺陷,对王维也饱含同情,看不出有什么谴责之意。如果本着实"事"求"是"的态度,考虑到具体的历史时空、政治背景与道德环境,而不带有狭隘偏见,我们就不会苛责或诟病王维。

王维不是个不问政治的人,也不可能是个不问政治的人,甚

---

① 江弱水:《撕扇记:美言不信的蒋勋》,《南方周末》2011年11月3日,第26版。
② 郑临川:《闻一多先生说唐诗(下)——纪念一多师诞生八十周年》,《社会科学辑刊》1979年第5期,第143页。

至在他陶乐山林田园的时候也没有不问政治或远离政治。他的诗里也不只是一味闲适空寂，不只是纯粹的光风霁月，而当我们从政治风度的角度认识王维的时候，亦即走进了王维的人性深度里，对其诗的理解也到了一个崭新的境界。陈寅恪先生一向推崇学术独立，以不问政治著称，然而，他尝对后学说："古今中外，哪里有作学问能完全脱离政治之事？但两者之间，自然有区别，不能混为一谈。如果作学问是为了去迎合政治，那不是真正在作学问。因为作学问与政治不同，毕竟有它自己的独立性。"[①] 可以肯定地说，王维作诗不可能是去迎合政治的；也可以肯定地说，王维诗里是不可能不反映政治的。我们正是从他的诗里，读到了盛唐，读到了他的人生境界、社会见解与美学趣尚，也读到了他的政治风度。我们考察他的政治风度，意在深刻认识其全人，认识其全诗，认识其人其诗与政治的关系。

---

① 齐物：《陈寅恪：四海无人对夕阳》，《21世纪》2010年第2期。

第三章　王维的高人气格

王维的高人气格,很难定义。但是,论王维,其高人气格则是怎么也不能回避的。

唐人看王维,说他"名高希代"(代宗皇帝敕),说他"立性高致"(李肇《唐国史补》),杜甫就直呼王维"高人"(《解闷》)。后人所谓"右丞一代雅人"①的赞赏,"雅人"也是"高人"的意思。世人以"诗佛"相称,或者直接称他"维摩诘",也都含有对王维高人德性的景仰。

所谓"高人",是古代的美学概念,是古人对大雅超人的一种崇高评价。以王维这个具体人来看,其"高人"美誉,是一种综合素质的评价,其中包括高尚的道德、高懿的性情、高雅的情趣、高迈的气格与高逸的风度,自然还包括高深的学养。或者说,他的这些"高人"素养,除了有与生俱来的秉性外,主要还有来自其人的学养。明人顾起经《题王右丞诗笺小引》说王维"其为诗也,上薄《骚》《雅》,下括汉魏,博综群籍,渔猎百

---

① 〔清〕杭世骏序《王右丞集笺注》,〔清〕赵殿成笺注《王右丞集笺注》,上海古籍出版社1984年版,第559页。

氏，于史、子、《苍》、《雅》、纬候、铃决、内学、外家之说，苞并总统，无所不窥，尤长于佛理。故其摛藻奇逸，措思冲旷，驰迈前桀，雄视名俊。"① 王维腹笥充厚，出入三教，经史子集信手拈来，如同天女散花而散布诗间，而这正是其高人气格的源泉。王维曰，"守正之人其气高，含章之人其词大"（《京兆尹张公德政碑》），这相当于"内圣外王"的意思，亦可视为王维的自评。王维笃守正道而气高格奇，故而其诗文亦荣光外映而秀色内含也。现代诗人朱湘说，王维是中国一个富于想象的、和蔼老人的肖像。② 吴经熊先生描绘说："王维的人格是难于描摹的。他既不怪僻，又不狂热；既不是一个浸淫在烦扰悲痛中的灵魂，也不是像温源宁先生所说的'麻木不仁的道学先生'；既非放荡不羁，又非墨守成规；既非野马，又非驯骡，更非但丁所说的无声无臭模棱两可的黯淡灵魂。"他认为："王维的灵魂是天蓝色的，他好像同一切自然之美，结不解之缘。他给我的印象是一个素有宗教涵养的人物，他的上帝不是严父而是慈母。"③ 钱志熙教授也说："唐代的诗人中，王维最具有悠然神到、领略世外之胜情远致的艺术家的风度。"④

王维始终是那样温文尔雅，虚静从容，淡泊超逸而旷达洒落，无论穷达宠辱，既不狂热，也不孤傲，一切都无可无不可，"行到水穷处，坐看云起时"。纵观其一生，他最努力也最自觉的

---

① 〔唐〕王维撰，〔清〕赵殿成笺注：《王右丞集笺注》，上海古籍出版社1984年版，第518页。
② 朱湘：《王维的诗》，方铭编《朱湘全集·散文卷》，安徽文艺出版社2017年版，第112页。
③ 吴经熊：《唐诗四季》，辽宁教育出版社1997年版，第17页。
④ 钱志熙：《唐诗近体源流》，北京大学出版社2015年版，第62页。

便是，对于人道情感和人格形象的本体构建。王维气格中自我圣贤的道德要求，也最能够彰显王维的道德高度，其对道德自我完善的执着追求，超过了他对所有物质精神方面的追求。王维一生似乎都是在自责与忏悔中度过的，毕生专注于灵魂救赎的自修。王维的这种精神洁癖，这种灵魂向善的自觉，源自于他的君子人格与自我圣贤的道德自律。而他在其种种精神自救的努力中所显示出来的人性自觉，则强化了他的道德情怀，丰满了他的君子人格，彰显了他的高人气度。

中国古典诗学一直不知疲倦地向诗人提出人品人格的要求，而从人品人格意义上观察，古代著名诗人中超出王维者还真不多。至少可以说，王维的人格，高出了君子"格"的水平线。

第一节　何来"高人"之谓

最先以"高人"称王维的，应该说是杜甫。

杜甫生于712年，比王维约小十一岁，其实他们真是两个时代的人。二人之间似无什么交往，至少是没有史料记载他们之间有什么来往。杜甫有几首写王维的诗，甚至有写给王维的诗；遗憾的是，王维没有一首写杜甫的诗。

这里需要解析的是：杜甫是在什么情况之下称王维为"高人"的？杜甫为什么称王维"高人"呢？永泰二年（766），杜甫流寓夔州，去留两难，内心非常苦闷，国事家事诗事，事事在心，一下子便写了十二首《解闷》诗来，内容涉及社会政治、家国民生以及诗人诗歌等。十二首解闷诗中，五首是怀人的，所怀的都是诗人，其中孟浩然与王维二人是盛唐诗人。杜甫《解闷十二首》（其八）诗曰：

> 不见高人王右丞，蓝田丘壑蔓寒藤。最传秀句寰区满，未绝风流相国能。

杜甫在生闷气的时候想起了王维，此时王维离世已经五年多了。这很让人纳闷，杜甫生闷气的时候，怎么就想起了王维来？怎么还对王维如此恭维而以"高人"相称呢？

如果将"解闷"的题目隐去，就诗而论诗，无论怎么看也看不出此诗由"闷"引起，而又意在"解闷"。然而，此诗由"闷"引起，这也是事实。他老杜也是个心高气傲的人，于诗尤其自负，有"下笔如有神"的良好感觉，且自炫如"赋料扬雄敌，诗看子建亲。李邕求识面，王翰愿卜邻"（《奉赠韦左丞丈二十二韵》）云云。日后证明，他的这种自我评估也是比较恰如其分的。宇文所安认为："杜甫是最伟大的中国诗人。"他在《盛唐诗》里竭尽赞美之词说："杜甫是律诗的文体大师，社会批评的诗人，自我表现的诗人，幽默随便的智者，帝国秩序的颂扬者，日常生活的诗人，及虚幻想像的诗人。"① 然而，宇文所安又说："除了京城收复后在朝中任职的短暂期间，杜甫从未处于他那一时代诗坛的中心。……杜甫卒后三十年中，他的作品基本上被忽视的情况，就不会令人感到十分惊奇了。令人惊奇的地方在于，经过湮没无闻之后，他竟能很快地就被推认为那一时代最伟大的诗人（与李白一道）。在八世纪后期，他实际上未被提及，几乎听

---

① 〔美〕宇文所安著，贾晋华译：《盛唐诗》，三联书店2004年版，第210页。

不到他的作品的回响；但在九世纪的头十年，他的名字已和李白并称，成为文学成就的公认标准。"① 杜甫人生的最后十年，亦即760—770年，这段时间里竟然写了1100多首诗，然而，杜甫生前却被诗坛边缘化了，没有一个选本里有其诗踪影，连被公认为最能代表盛唐诗歌理想的诗选《河岳英灵集》也不例外，而盛唐诗坛的重要诗人基本入选其中，如王维、王昌龄、孟浩然、储光羲等，与杜甫关系密切而同游梁宋的李白、高适也在其中。这里似也不存在年资的问题，比他小三四岁的岑参也入选其中。应该说杜甫当时诗歌创作数量也不少，然而偏偏没能够引起时人关注，受到没有知音的冷落，他能不郁闷吗？杜甫的《南征》诗，与这十二首"解闷诗"差不多作于同时，可以比照这些生闷气的诗来读，其诗曰：

春岸桃花水，云帆枫树林。偷生长避地，适远更沾襟。
老病南征日，君恩北望心。百年歌自苦，未见有知音。

"百年歌自苦，未见有知音"是此诗的中心意思，意谓我辛辛苦苦写了一辈子的诗，怎么就知音难觅而无人赏识呢？老杜非常苦闷，也非常自负，非常于心不甘啊。然而，不服不行，虽然王维已经离世好几年了，当时还是王维的时代，仍然盛行王维的诗，盛行王维的诗风。宇文所安说："特别是在王维生活的最后十年及其去世后二十年间，他被认为是当代最伟大诗人的呼声极高。"② 王维离世后，至少三十年，还一直作为"诗中射雕手"为

————————
① 〔美〕宇文所安著，贾晋华译：《盛唐诗》，三联书店2004年版，第244—245页。

② 同上书，第42—43页。

世人景仰，王维诗风乃是诗坛主流，或者说，诗坛仍然是王维一统天下。笔者将此时期称之为"后王维时期"[①]。

王维虽殁而佳句犹传，"最传秀句寰区满"，况其相国老弟王缙收集整理他的诗文奉给朝廷而"未绝风流"。可以肯定地说，杜甫生闷气，是由王维引起的；也可以肯定地说，杜甫生闷气，并非嫉妒王维，而是怨恨自身，为己诗不受时人看重而郁闷。《解闷十二首》一首一个触发点，皆由"闷"引起，怀王维诗自然也作于闷时，也为"解闷"而作。然而，因为郁闷引起了杜甫对王维的真切怀念，进而也引发了对王维其人其诗的高度评价和由衷赞誉。而我们则于其诗的字里行间，十分真切地感受到杜甫纯洁与真诚的感情，读出了诗人磊落而高尚的襟怀。

杜甫以"高人"称呼王维，也不是随便什么人能够让他轻易恭维的。他为什么要称王维为"高人"呢？王维有什么让杜甫特别佩服甚至崇拜之处呢？从其诗面上看，杜甫称王维"高人"，是因为王维诗好，尤其是因为王维"秀句寰区满"的美誉度和影响力。盛唐人殷璠《河岳英灵集》评曰："维诗词秀调雅，意新理惬，在泉为珠，着壁成绘，一字一句，皆出常境。"殷璠还在选本的叙里说："粤若王维、王昌龄、储光羲等二十四人，皆河岳英灵也。"[②] 殷璠将王维誉为盛唐诗的领军人物，对其独擅"秀句"以充分首肯。王维诗清逸空灵，"若清风之出岫"，"若清沇之贯达"，其人虽已离世，而影响依旧，依然"秀"满人寰，"清"风弥漫！按照闻一多的说法，盛唐时最流行的标准诗风，仍是齐

[①] 王志清：《"后王维"时期的王维接受》，《唐都学刊》2007年第6期。

[②] 〔唐〕殷璠：《河岳英灵集》，傅璇琮主编《唐人选唐诗新编》，陕西人民教育出版社1996年版，第12、107页。

梁格调的以近体诗为主体的秀句清词。唐人雅好"清",盛唐诗观,以"清"为上。杜甫《戏为六绝句》(其五)曰:"不薄今人爱古人,清词丽句必为邻。窃攀屈宋宜方驾,恐与齐梁作后尘。"杜甫以诗论诗,认为诗要继承传统,不废齐梁,坚决地与六朝"清词丽句"相亲比邻。韩愈在《题杜工部坟》里评杜诗也用了"清",即"笔追清风洗俗耳,心夺造化回阳春"。据陈贻焮先生考,"清词丽句"的美学范畴首出于杜甫(《杜甫评传》)。杜甫不仅率先提出了"清词丽句"的艺术风格,且将此作为一种审美境界与诗学追求。陈师道《后山诗话》说:"子美取作五字云:'闾阖开黄道,衣冠拜紫宸',而语益工。"意思是说,子美句工于摩诘句,杜甫五古《太岁日》里此二句,虽然袭用王维诗句,却比王维"九天闾阖开宫殿,万国衣冠拜冕旒"的原句更好。陈师道以杜为宗,而出此有失公允之偏袒论,为人嗤笑也。但是,从杜甫仿诗王维,则亦可见其私心王维之一斑也。胡仔曰:"子美与王维同和贾至《早朝大明宫》诗,即此一联也,子美宁肯取同时之人诗句以为己用,岂不为当时流辈之所讥诮乎?"(《苕溪渔隐丛话》前集)非常自负的杜甫,亦不畏"当时流辈之所讥诮"而取用王维这个"同时之人诗句",可见他对王维诗也真是心悦诚服,故而自然以"高人"呼之。

　　天下诗人能让杜甫称作"高人"者,唯王维而已。刘克庄《后村诗话》里说杜甫对前辈包括同辈诗人绝不吝惜赞美之词,对后辈诗人"尤所推让"。人戏称杜甫为李白的"迷弟",二人"醉眠秋共被,携手日同行"(《与李十二白同寻范十隐居》)。就是这个"笔落惊风雨,诗成泣鬼神"的诗仙,获得杜甫十余首赠诗,也没有赢得杜甫"高人"的称誉。这说明杜甫用以评价同行或朋友的措辞是非常讲究的。老杜以诗解闷，气闷时以诗发泄，忽然想起王维，称其为"高人"，可以肯定地说，他对王维是充满了景仰与赞美之情的。而杜甫对王维崇拜如此，也不仅是在于诗，应该还有其他方面的原因。

第二节　独心向唐的节义观

杜甫《解闷》（其六）绝句，就字面上看，纯是谈诗，是说王维离世后五年而诗歌魅力依旧，影响力不减。谈诗之论，按理说应该从艺术方面来评价和赞美，为什么却使用"高人"对其作道德方面的评判呢？古代称人"高人"是慎之又慎的。文学修养极高的称"才子"，德才兼备的称"贤人"，而"高人"除了品节奇高而才华超绝外，似乎还有行事超凡脱俗的神秘色彩。古代有两类人被称之为"高人"，一类是隐者如许由、务光、鬼谷子、老莱子等；一类是政治家如周公旦、管仲、范蠡、张良等。杜甫诗中写到"高人"的如："常恐死道路，永为高人嗤"（《赤谷》）；"还将徐孺子，处处待高人"（《奉送韦中丞之晋赴湖南》）等，其中庞德公和徐孺子，皆超然物外、隐逸丘园而屡辟不起者，世誉为出世高人。而诗人被称为"高人"的，在古代诗文中，还真不随便能够看到。

杜甫称王维"高人"，应该说不仅是佩服其诗秀满寰区的魅力与影响。杜甫与王维，诗风迥异有别，这是因为他们的人生道路不同，为人行事、气质风度、性格信守等也截然不同。杜甫的思想核心是儒家仁政，主张忠君爱国，坚守儒家君臣大义而"奉儒守官"，宋人把他看作实践儒家忠义之道而"每饭不忘君"的楷模。因此杜甫称王维"高人",自然含有道德评判的成分,基于王维的过人之行也。

如果从道德情操方面考虑,王维能担起"高人"之誉吗?杜甫的回答应该是肯定的。杜甫《奉赠王中允(维)》诗曰:

中允声名久,如今契阔深。共传收庾信,不比得陈琳。一病缘明主,三年独此心。穷愁应有作,试诵白头吟。

题以"中允"称王维,告诉我们诗作于王维刚刚从陷贼事件中解脱之际。陷贼事件后,朝廷对王维的处理,即先让他官居"中允"。"中允","太子中允"的简称,正五品下,属詹事府,掌侍从礼仪、驳正启奏。王维陷贼前官给事中,正五品上,为门下重职,分判本省日常事务,具体负责审议封驳诏敕奏章。翌年,王维官复给事中。

诗以一般性的寒暄开篇,拉近了与王维间的关系。"共传"联对比着写,提到了两个历史人物,一个是庾信,一个是陈琳,通过比较以显示王维坚定的政治立场。庾信曾是南朝梁的官员,奉命出使西魏,被强留北方,官至开府仪同三司,后老死北国。诗中"共传收庾信"句,意思是,大家都为王维的归来而奔走相告。杜甫将王维比作庾信,是因为他们都有陷贼遭遇,虽然庾信没能像王维那样自残以抗节,也没能像王维那样最终实现回归。诗中"不比得陈琳"的意思是,王维与陈琳与有着本质区别。陈琳原是袁绍的人而后降曹,他曾为袁起草伐曹檄文,极尽诋毁之能事,把曹操的祖宗三代都骂到了。因此,杜甫认为,王维可与庾信媲美,不能与陈琳并论。清人王嗣奭说:"陈琳本得罪于曹，故云'不比得陈琳'，言维本无罪。而五六正发其意。"(《杜臆》)仇兆鳌亦注曰："维初系洛阳，而肃宗复用，与庾信之奔窜江陵，元帝收用者相似。维作《凝碧》诗，能不忘故主，与陈琳之为绍草檄，后事魏武者不同。"(《杜诗详注》)王维的《凝碧诗》作于非常时期。时王维身陷魔窟，唐朝两京陷落，让人看不到希望，玄宗出逃，政府流亡，数十万部队土崩瓦解，数十位大唐名臣悍将销声匿迹，数以百计的官员纷纷降敌。李亨虽在灵武称帝，其手下唯郭子仪和李光弼尚拥有数万人马。据计有功《唐诗纪事》载：安禄山叛唐攻下洛阳，大会于凝碧池，逼使梨园弟子奏乐。而众乐人欷歔泣下拒绝演奏，其中有雷海清者，掷弃乐器，破口大骂叛军贼首。安禄山残酷地将雷海清肢解于试马殿上。凝碧诗取此题材："万户伤心生野烟，百官何日再朝天？秋槐花落空宫里，凝碧池头奏管弦。"诗写安史乱军蹂躏之地的百姓苦难，写百官对重见天日的渴望，写诗人对局势的深深忧虑。诗人之忧国忧民，亦不减老杜矣。王维"潜为诗"，应该说是他在动乱中的出色表现。细读而"原其志"，这是一首政治诗，是一种拼着掉脑袋的危险写出来的抗争诗，"有无限说不出处，而满腔悲愤俱在其中，非摩诘不能为"①。故而，宋人阮阅《诗话总龟》将王维的《凝碧诗》列入《忠义门》。②凝碧一诗，令人动容，其凛然大节足以感召天地矣。诚如林语堂所说，有伟大人格的艺术家产生伟大的艺术，"就是有性命的出入时，他也是不屈和不肯

---

① 李沂：《唐诗援》，陈伯海主编《唐诗汇评》，浙江教育出版社1995年版，第355页。

② 〔宋〕阮阅著，周本淳校点：《诗话总龟·前集》卷一，人民文学出版社1987年版，第4页。

苟从的"①。

杜诗颈联"一病缘明主，三年独此心"二句，与颔联形成因果关系，既是写王维值得赞誉的原因，也是写他老杜欣赏王维的原因。诗中盛赞王维的坚贞气节，肯定了王维的政治态度毫不暧昧，欣同王维独心向唐的节义观，也非常欣赏王维的"仁者之勇"，理解王维对生命的敬畏和尊重，反对违反人性与人道的道德绑架。杜甫是个道德正统观很深的士子，其思想特点是忠君爱国，一生奉儒守官。如果王维真有什么有辱国格与人格的污行，杜甫肯定不会有此诗辩的。因此，王嗣奭说"此诗直是王维辩冤疏"（《杜臆》），意谓此诗乃是为王维辩冤的奏章。在王维正顶着"陷贼不死"的精神压力的时候，杜甫从道德名节上为王维正名，可以想见他对王维的崇拜程度了。而王维在故去后五年，获得杜甫"高人"评价，似有"盖棺定论"的意味，不仅可见王维在政治上的清白，亦可见杜甫在为人上的真诚。

中国古代对士人的要求以德为先，中国古典诗学也对诗人提出了极高的道德要求。《旧唐书》传王维，似也是从道德人格上倾力的，八百字差不多一半传其"高人"事迹。王缙在《进王右丞集表》里说："臣兄文词立身，行之余力，当官坚正，秉操孤直，纵居要剧，不忘清静。实见时辈，许以高流。"②王缙对其兄的评价，非常概括，非常中肯，也侧重于道德操守的角度，所谓的"实见时辈，许以高流"句，意思是时人多称王维为"高人"。代宗皇帝《答王缙进王维集表诏》敕誉王维为"天下文宗"，当

---

① 林语堂：《生活的艺术·文化的享受》，群言出版社2010年版，第313页。
② 〔唐〕王维：《宋本王摩诘文集》（影印本），国家图书馆出版社2017年版，第5页。

代罕有匹敌，其诗歌可与《诗经》《楚辞》媲美而不朽，其名望可与先朝巨硕并列而无愧。代宗以一个读者身份对王维其人其诗的评价，则反映了盛唐社会对诗歌与诗人的政治要求和审美标准，这种崇高评价正是抽象"高人"的形象诠释。日本学者绀野达也在《关于唐代宗对王维评为"天下文宗"——以与代宗让王缙进呈〈王维集〉的事情之关系为中心》文章中指出，代宗对王维"天下文宗"的评价，"包含代宗欲将王维文学作为重要规范从而实现文化复兴的企图"①。而在时人目中，储光羲称王维"王夫子"，王昌龄说王维有"出世心"，王缙说王维"问义天人接，无心世界间"，这些形容王维的超凡脱俗，都有"高人"的意思，是从人品道德上来考量的。

我们还发现了一个很值得珍视的现象，历代评论王维诗画的学人，多将他的艺术与人格相提并论，相互发生。赵殿成《王右丞集笺注》序开篇即曰："传称诗以道性情，人之性情不一，以是发于讴吟歌咏之间，亦遂参差其不同，盖有不知所以然而然者。"李因培《唐诗观澜集》亦曰："右丞诗荣光外映，秀色内含，端凝而不露骨，超逸而不使气，神味绵渺，为诗之极则，故当时号为'诗圣'。"②王维为什么当时便有"诗圣"的赞誉，就是因为其"端凝而不露骨，超逸而不使气"的品格。又譬如施补华《岘佣说诗》曰："摩诘五言古，雅淡之中，别饶华气。故其人清贵；盖

---

① 〔日〕内田诚一：《新世纪以来日本学者的王维研究》，中国社会科学院文学研究所古代文学学刊编《古代文学前沿与评论》第四辑，社会科学文献出版社2020年版，第196页。

② 陈伯海主编：《唐诗汇评》（上），浙江教育出版社1995年版，第279页。

山泽间仪态,非山泽间性情也。"① 我们为什么感到王维诗"别饶华气",就是因为"其人清贵"。宋人的《宣和画谱》评价王维画曰:"观其思致高远,初未见于丹青,时时诗篇中已自有画意。由是知维之画出于天性,不必以画拘,盖生而知之者。"② 这是由"天性"来解读王维画的,认为其艺术的天籁天成,取决于其人的天机品格。一般而论,王维的艺术高度,得益于其人性精神和道德情怀。或言之,王维于其诗画中灌注以一种"高人"所有的风度气韵,而其艺术中也自然弥漫着一种雍容华贵的情感气息。这些都是由其人而及其诗的评论,诗与人互为关系,人的气格与诗的气格相一致,而诗便有了"最传秀句寰区满"的穿透力、弥漫性与长久度。

第三节　人性向善的灵魂救赎

杜甫称呼王维"高人",应该说主要还是对他道德高度的评判。王维以"内圣外王"为目标的修为,专注于灵魂向善的努力,使他站上了道德高地。日本著名唐诗专家小林博士在《王维的生平与艺术》里说:"王维是高人,但也是凡人,可以说他是凡人中的高人。……对他来讲,这个世上的现实,它所有的污秽和惨苦,常让他感到难以承受的重压。……对他来讲最痛苦的是,他自己也是他所嫌恶的现实的一部分。"③ 此说,揭示了王维所以

---

① 〔清〕施补华:《岘佣说诗》,丁福保辑《清诗话》,上海古籍出版社1978年版,第971—972页。
② 岳仁译注:《宣和画谱》卷十,湖南美术出版社1999年版,第211页。
③ 〔日〕丸山茂著,张剑译:《唐代文化与诗人之心》,中华书局2014年版,第258页。

为"高人"的深刻原因与重要特征。

天宝十四年十一月初九（755年12月16日），安史之乱猝发，身兼范阳、平卢、河东三镇节度使的安禄山，联合同罗、奚、契丹、室韦、突厥等民族组成20万叛军，在范阳起兵。叛军南下，洛阳、潼关失陷，长安一片混乱，百姓逃散，玄宗携贵妃等仓皇逃往蜀中。皇帝自顾逃命，朝中三百余官员扈从不及而"为贼所污者半天下"，这些唐王朝的大臣们也成了一个特殊的政治群体。而当这些陷贼官员后来被唐廷论罪行刑时，有人则有"万乘南巡，各顾其生"的自辩。复旦大学历史系的仇鹿鸣博士认为，这就叫作"有限的忠臣"[①]。他提出了一个"有限的忠臣的时代"的观点，认为安史之乱时大概是最后一个所谓的"有限的忠臣的时代"。应该说，仇博士的观点源自儒教。儒教说君君臣臣父父子子，本意是说尊卑序列，说礼法规范。然而，很少有人强调这里的互为关系。也就是说，做君主的要有做君主的样子，做臣子要有做臣子的样子，做父亲要有做父亲的样子，做儿子要有做儿子的样子。《论语·八佾》曰："君使臣以礼，则臣事君以忠。"孔子以为，君臣之间的责任是相互的。《孟子·离娄下》里则对此发挥与演绎曰："君之视臣如手足，则臣视君如腹心；君之视臣如犬马，则臣视君如国人；君之视臣如土芥，则臣视君如寇仇。"孟子强调说，君臣之间的关系是有限责任，甚至是契约式的关系。换言之，君不像君时，不能怪臣不像臣。战国时期，国的概念很淡薄，诸子百家周游列国，四处寻找发展的机会。孔子自

[①] 仇鹿鸣：《一位"贰臣"的生命史》，《长安与河北之间——中晚唐的政治与文化》，北京师范大学出版社2018年版，第75页。另参校其"一席"演讲《一个贰臣的生命史》内容。

己就周游列国十多年而四处碰壁,"用之则行,舍之则藏"(《论语·述而》),最终甚至想"道不行,乘桴浮于海"(《论语·公冶长》)。根据仇博士的说法,"忠"的观念是到中唐后才发生变化了的,"有限责任"开始变成了"无限义务",变成了衡量臣子好坏的最高道德品质。而"贰臣"观念真正定型则要到清代,清人修国史时,把在明清之际降清而大节有亏的重要的官员定为"贰臣"。

在8世纪中叶的历史环境里,王维陷贼后能够以自残来实践节烈的道德极限,已经是很了不起的了,三百余陷贼唐臣里没有几人能够这样做的。因此,他也自然而然地获得了唐廷的宽恕,获得了肃宗、代宗皇帝的好感,获得了诗圣杜甫的褒扬。然而,"食君之禄,死君之难"的节义观,使王维不能自我宽恕,朝廷越是不计较他,他越是深感不安,也越是加深了他内心深处的罪恶感。王维自责性的忏悔,也有感恩的成分。他把唐廷对他的宽恕,皇帝对他不加猜疑的继续重用,视为莫大的恩典。然而,最主要还是他自身道德君子的人格,是他道德境界使然。而他的这种洁癖性的自我洗刷,也使王维有了过人的高度,成为王维行高于众的一种高人风采,也是被杜甫称之为"高人"的原因。

朝廷特赦王维,对他宽大处理,让其如在梦里,其《既蒙宥罪,旋复拜官,伏感圣恩,窃书鄙意,兼奉简新除使君等诸公》诗曰:

忽蒙汉诏还冠冕,始觉殷王解网罗。日比皇明犹自暗,天齐圣寿未云多。花迎喜气皆知笑,鸟识欢心亦解歌。闻道百城新佩印,还来双阙共鸣珂。

诗的题目里说明写诗的原因与心情，首联"忽蒙"二句又重复说，金圣叹笺曰："只将二事抟作二句，言我直至复官之后，始悟既已赦罪矣。便令前此畏罪之深，后此蒙恩之重；前此惊魂一片，后此衔感万重，所有意中意外，如恍如惚，无数情事，不觉尽出。此谓临文变化生心之能也。"①"日比皇明犹自暗"句犹含深意，认为皇上比太阳还要光亮圣明。诗人不能释怀的还是那名节的事，不能心安理得地去享受朝廷赐予的优渥待遇。在其人生的最后五年里，王维有诗26首，也多是酬答内容，他进入了创作的低潮期，专注于忏悔，无心于山水诗了。

王维仿佛跌入罪恶的深渊，陷入深重的罪恶感里，身心倍受屈辱与煎熬。当他万幸赦罪，且拜官太子中允时，便诚惶诚恐地呈《谢除太子中允表》说："臣闻食君之禄，死君之难。当逆胡干纪，上皇出宫，臣进不得从行，退不能自杀，情虽可察，罪不容诛。"他为不能"死君之难"而深感惭愧，虽朝廷"仍开祝纲之恩，免臣衅鼓之戮。投书削罪，端笏立朝，秽污残骸，死灭余气，伏谒明主，岂不自愧于心？仰厕群臣，亦复何施其面？局天内省，无地自容。且政化之源，刑赏为急。陷身凶虏，尚沐官荣，陈力兴王，将何宠异？"他希望朝廷放他归隐，"奉佛报恩，自宽不死之痛"。他几乎在每一次接受任命的谢表中都反反复复地自责，反反复复地声讨自己。晚年的王维，官运亨通，朝廷不断地加官于他。他在呈《谢集贤学士表》里又说自己根本就不够资格"充集贤殿学士"，因而尴尬不堪，乃至恐惧之至，恳切希

---

① 〔清〕金圣叹：《金圣叹选批唐诗》卷八，江苏古籍出版社1986年版，第102页。

望朝廷收回成命而另选贤才。他的最后一份呈表《责躬荐弟表》，更是把自己说得一无是处，自剖说"己有五短"，从忠、政、义、才、德五个方面来全面否定自我，而希望朝廷出以公心，以国家为重，"臣又闻用不才之士，才臣不来；赏无功之人，功臣不劝"。他感恩陛下"不赐疵瑕，屡迁省阁"，而让他"久窃天官，每惭尸素"，更是披肝沥胆地恳切哀求皇上"伏乞尽削臣官，放归田里"。他对自己提出了极高的"内圣"的修身目标。

王维非常真诚地忏悔，以无休止的自责而作灵魂拯救，以消解内心自卑，而求取心灵平静，其诗文中出现了大量的忏悔与赎罪的感言。他早年的那种自艾自怜的"自惭"，悔不当初的"自悔"，已经发展成一种不断地在自我审判中寻找灵魂对话的深刻忏悔。他的忏悔精神，不仅为了弥补或减缓负罪的心理压力，还成为一种灵魂向善的自救与精神自我提升的修炼。拙著《纵横论王维》里曾将这种自救与浮士德的自救比较而论，虽然自救的方式不同，但目的都是为了再造一个新我。然而，"王维忏悔精神的负面，就是沉陷于一种宗教式的自虐，沉陷于一种畏首畏尾的自卑，沉陷于一厢自愿的对自身的苛责，对自己政治才具乃至人品情操的过分的自我否定"[①]。同时，这种无地自容的羞辱感，也让他表现为遗世独立的超然，表现为万事不关心的无为与逃离。而这样苛刻的自我审判，这种几近残酷的自我鞭挞的精神苦刑，这种不甘沉沦而灵魂向善的人性自觉，这种至死方休的原罪救赎的活动，具有崇高的道德人格建构的积极意义，在人类历史上也是个奇迹。这也让日本几位唐诗研究专家视之为人类文化史

---

① 王志清：《纵横论王维》（修订版），齐鲁书社2008年版，第127页。

上难得一见的精神现象，说是"洵世界文学，其类不多"（小林博士）。入谷仙介也认为，"这种自责心态在中国精神史上属于异常的例子"。他分析说，"人本来是以自我为中心的动物，基于无意识的本能，很难产生自责的思维方式"，而"良心和诗人的敏感"使他的"文学成了他把'赎罪'思路付诸实践的主要出路"，他从古代诗人强烈的自我圣贤意识的角度来解释这种"赎罪"文学，说是"中国文学史上鲜见的灵魂痛苦和自责的剖白，应该得到其应有的评价"。① 这些日本学者都认为，王维的这种忏悔精神，尚未得到应有的评价。因为，这样的自我救赎，真是非"高人"而不能有的。

  蒋寅先生说："杜甫幸运的是活到了大历五年（770），那些感时悯乱、忧国忧民之作为他挣了分，最终以道德加分与太白并列第一，在许多人眼中或许他还要胜出。"② 我们以为，安史之乱也给王维加了分。王维陷贼不辱忠义，以自残来实践节烈的道德极限，以"仁者之勇"而作殊死的抗争给自己加了分，唐廷已经给他加了分。在其陷贼问题昭雪后，王维并不心安理得，相反却对自己在"晚岁时危"中的表现很不满，感到很羞愧，甚至厌恶自己也痛恨自己，因而全神贯注于禅修，致力于灵魂向善与精神救赎。这种极不容易有的灵魂向善的精神境界，这种"道德洁癖症"性质的，根本不需要忏悔的忏悔，在客观上自己给自己加了分。我们观察世界文明的进程可见，几乎所有的哲人都十分关切人类自我救赎的问题，也都有自我救赎的努力。我们甚至可

---

① 〔日〕入谷仙介著，卢燕平译：《王维研究》，中华书局2005年版，第269—300页。

② 蒋寅：《杜甫是伟大诗人吗：历代贬杜论的谱系》，《国学学刊》2009年第3期。

以说，王维的一生，是在自责与忏悔中度过的。王维的这种精神洁癖，这种灵魂向善的自觉，源自于他的君子人格与自我圣贤的道德意识。王维陷贼并没有玷污其高人气格，相反，他在种种自救的努力中所显示出来的人性向善的自觉，则强化了他的道德情怀，丰满了他的君子人格，彰显他的高人气度，表现出"内圣外王"的高人境界。

第四节　去奢去泰以养德

杜甫诗曰："不见高人王右丞，蓝田丘壑漫寒藤。"（《解闷十二首》其八）他为不见王维而深感不幸，他也为蓝田丘壑因为主人的离世而荒芜深感遗憾，或言之，杜甫的这种高人崇拜里，含有对王维超然物外而隐于"蓝田丘壑"的理想人格的景仰与追求。王维的这种趋静行简的生活形态与生存智慧，这种超尘脱俗的处世态度，最为杜甫心悦诚服，或者说，杜甫骨子里也有这种山水情结与隐逸趣尚。杜甫的《崔氏东山草堂》诗云：

> 爱汝玉山草堂静，高秋爽气相鲜新。有时自发钟磬响，落日更见渔樵人。盘剥白鸦谷口栗，饭煮青泥坊底芹。何为西庄王给事，柴门空闭锁松筠。

诗写崔兴宗的东山草堂。崔兴宗的东山草堂称"东庄"，王维的辋川别业为"西庄"。古人说，此诗是借崔氏草堂以赞王维。《杜臆》曰："落句忽及王给事，横出一枝，又是一格。"杜甫在王维内弟崔兴宗家做客，心里却想着王维，对吏隐的王维而心生羡意。诗之首句记草堂，次句记秋候。草堂之静，延秋气之爽，故曰"相鲜新"，草堂与秋气两相鲜新。"有时"联，写堂外闻见之景，仍含静意。王维《辋川》诗有"谷口疏钟动，渔樵稍欲稀"句，则知钟磬渔樵，暗用王维诗典，写蓝田山中景物。颈联写堂中所用食物之佳。以上六句，皆写东山草堂之静好，以见仕之不如隐也。这六句中，其实是句句在写王维，隐写吏隐中的王维，而对王维"柴门空闭锁松筠"的"高人"生活流露出无限的欣羡之情。

王维一生为官，晚年更是高官厚禄，而其生活极其节俭。王维在物质生活上已经简单到不能再简单，根本谈不上还有什么财富占有欲了，更不像我们所熟悉的那些唐代大诗人追求奢侈与排场，终日寻欢作乐，花天酒地，挟妓养娼。《旧唐书·王维传》说"维弟兄俱奉佛，居常蔬食，不茹荤血；晚年长斋，不衣文彩"；还说他"斋中无所有，唯茶铛、药臼、经案、绳床而已"。王维何以节俭如斯呢？为什么他在有能力、有条件把生活过得好一点的情况下，却自苛而取其形同"苦行僧"的生活方式呢？唐书等史料上的记载，很容易引导人往佛教上联想，日本汉学家儿岛献吉郎在《中国文学通史》（下卷第五篇）里就说：王维是个"超然物外"的人，他"不希富贵，不厌贫穷，以人生为乐观，而忘却了生老病死的苦患，这实在是信奉佛教，修养佛教的结果"[①]。其实，王维能够"超然物外"，耽佛事禅只是原因之一，主要还是与其道德君子的修养与人格理想的追求有关。也就是说，王维清心寡欲的生活态度与清贫淡泊的生活内容，是他

---

① 转引自王士菁：《唐代诗歌》，人民文学出版社1958年版，第87页。

成为高人的根本原因。

《老子》第二十九章，是谈天下治理的，老子主张顺应物性，遵循自然之道，而不能走极端，不要过分，不可奢侈。在讨论了万物生态循环自有它一定的原则之后，老子结性地指出："是以圣人去甚，去奢，去泰。"去者，灭也，摒弃也。所谓"三去"，即摒弃极端，抛却欲望，远离浮华与安逸。治世如此，自治亦然。亦即人若能"去甚去奢去泰"便可自修而成"圣人"也。《庄子·至乐》曰："天无为以之清，地无为以之宁，故两无为相合，万物皆化生。"这也是以"无为"而求和谐的人生观，把整个宇宙看成一个大的生态自然系统，看成是一个靠"无为"来维持的生生不灭的自然生态。老庄认为，人只有按照自然本性生活，不为名利所诱，不为物欲所困，保持心灵的恬淡虚静，才能达到与天合而为一、与道同为一体的境界，亦即实现"齐物我，齐是非"的至高境界。因此，人也只有将自己和自然界的天地万物都置于自然和谐统一之中，才能够体现人的意义，才能表现与天地万物同在的价值，也才是真正意义上的自然生态美。人的生活方式，在一定的意义上集中表现为对物质资料的占有欲，作为物质的人，在生理上必然对于物质有其种种需求，而"去甚去奢去泰"，摒弃贪恋之心，才能实现修行得道成圣的理想。中国古人向以节俭为美德。所谓的"俭以养德"，就是通过节俭简朴的生活来培养自己的高尚品德。诸葛亮在《诫子书》开篇有一段非常著名的话："夫君子之行，静以修身，俭以养德。非淡泊无以明志，非宁静无以致远。"静以俭，是君子所以为君子的道德要求与行为标准。从佛学的角度说，奢侈与暴殄即是削减福报，为自己埋下了恶因。王维《春日与裴迪过新昌里访吕逸人不遇》

论王维

诗云：

> 桃源一向绝风尘，柳市南头访隐沦。到门不敢题凡鸟，看竹何须问主人。城上青山如屋里，东家流水入西邻。闭户著书多岁月，种松皆作老龙鳞。

诗写他远道访友，然远道访友而不遇，王维却没有一点点的懊恼，相反为被访者的幽雅居处所陶乐，感到真是不虚此行。王维顿生羡慕之情，大写被访者的居住环境与生活方式，青山如在屋里，流水联系四邻，在这样清静幽寂的环境里，过着写写文章、种种松柏的简朴生活，凸显了被访者吕逸人弃绝风尘的出世风采，更是表现出访者王维对这种生态环境和生活方式浓厚的兴趣和羡情。这也正是王维的终身追求，是王维生活方式的自我写照，王维也正是在这样的生态环境里而恬淡自足，实现了对于生命有限形式的无限超越。他也为自己在"去奢去泰"方面做得不够而感到羞愧，其作于不惑之年时的《谒璇上人》诗里，就充满了这样的自悔与自责：

> 少年不足言，识道年已长。事往安可悔，余生幸能养。誓从断荤血，不复婴世网。浮名寄缨珮，空性无羁鞅。夙承大导师，焚香此瞻仰。颓然居一室，覆载纷万象。高柳早莺啼，长廊春雨响。床下阮家屐，窗前筇竹杖。方将见身云，陋彼示天壤。一心在法要，愿以无生奖。

开篇四句，即表现出懊悔莫及的锥心之痛。接下来的四句则表现出谨遵佛法教敕而一心皈依的发愿：茹素戒杀，以勤求出世解脱之道。这种懊悔心理的生成，不是因为他在现实生活中有什么大不顺心事，而是灵魂深处的道德意识使其自觉地精神向善。他寻找自救的灵魂皈依的途径，深入到宗教文化的层面，企图靠禅修来减缓内心的痛苦，弥补精神上的懊恼，来实现灵魂向善的觉悟。而当诗人具备了"空性无羁鞅"的认识之后，便自觉地祛除因为执虚为实而带来的种种世俗缚累。因为"识道"之晚的悔悟，诗人更重视"余生幸能养"的生活。而王维的最大的快乐，最大的奢侈，似也就是"与道友裴迪浮舟往来，弹琴赋诗，啸咏终日"。而当诗人在走向山林深处不久以后便发现，山水也是精神自救的一种途径。其《早秋山中作》诗曰：

无才不敢累明时，思向东溪守故篱。岂厌尚平婚嫁早，却嫌陶令去官迟。草间蛩响临秋急，山里蝉声薄暮悲。寂寞柴门人不到，空林独与白云期。

诗作于天宝九年（750）前后，王维已到知天命之年。诗以自惭开篇，紧接下来还是自省式的悔悟。于诗中可见，诗人已经不以物累，过上了半官半隐的"吏隐"生活，甚至已体验到了这种亦官亦隐生活的适意。在正常人看来，尚平与陶潜已够超脱的了，摆脱尘网也已够早也够坚决，然诗人则不是"厌"就是"嫌"。王维似乎是在为自己处理世俗问题上的高明而沾沾自喜，自然也有了一种悔不早走这一步的懊恼。"草间"联，以时已深秋，而寓意人生苦短，生命与精神上的双重忧郁感同时袭来，而生成深深的寂寞与怅惘。王维似已看到了自救途径，把归隐视为最佳的自救方式，以此来挣脱种种烦忧与时累，通过闭关柴门而隐身山水，在自然的净化中排解精神烦恼。王维《渭川田家》亦自责归隐太迟，其诗曰：

> 斜阳照墟落，穷巷牛羊归。野老念牧童，倚杖候荆扉。雉雊麦苗秀，蚕眠桑叶稀。田夫荷锄至，相见语依依。即此羡闲逸，怅然歌《式微》。

古人对此诗的评价极高，说是堪称陶诗嗣响，似乎主要侧重于其高超的写景技巧。前八句皆写景，然王夫之则说"前八句皆情语，非景语"（《唐诗评选》卷二），这是因为其诗中之景皆饱含深情，所有的景语皆情语。诗开篇即言归，诗的核心即一"归"字，黄昏时节，万物皆归，诗人纯用白描，深情地描绘出一幅田家晚归图。人皆有所归，田野上的一切生命皆有所归，诗人以一种旁观者的姿态观归，看人家归，归是人家的，归是温馨的，于是而有"即此羡闲逸，怅然歌《式微》"的钦羡与怅惘。诗以人之有归而反衬我之无归，以人归之及时而反衬我归之失时，反衬自己因尚未找到归宿而归隐太迟带来的孤寂与郁闷。诗到最后才让人觉出诗人想要表现什么，这就是诗人的巧妙构思。

什么样的生活方式取决于什么样的人生观，王维的这种生活方式，反映了他的道德境界，表现出与众不同的精神气质与面貌行举。"荒城临古渡，落日满秋山。迢递嵩高下，归来且闭关"（《归嵩山作》）；"终南有茅屋，前对终南山。终年无客长闭关，终日无心长自闲"（《答张五弟》）；"独坐悲双鬓，空堂欲二更。

第三章 王维的高人气格

雨中山果落,灯下草虫鸣"(《秋夜独坐》);"软草承趺坐,长松响梵声。空居法云外,观世得无生"(《登辨觉寺》)。王维常以禅宗的体验方式,来实现清心寡欲的生活态度。闭关与闲坐,更是成为晚年王维的主要生活内容。这种息心静性、清心寡欲的生活方式,这种人与自然高度融洽的生态追求,反映了王维在物质生活上已无所追求,而专注于道德自律与向善修心,其对灵魂的净化与自由的追求胜过了对其他所有的追求。闻一多先生说过:"一个作家的遭遇跟他诗文的风格大有关系。"[1]一个作家的作品,跟他的所处环境、跟他的行为方式皆大有关系。杜甫如此,王维亦如此。王维与杜甫最大的不同在于他具有摆脱尘世而亲近大自然的高度自觉与能力,因而他内在精神便容易达到高度的自由与旷达,也容易表现出极度的雍容疏放,"行到水穷处,坐看云起时"。兴致来了,就独自信步漫游;走到水的尽头,就坐下来观云之变幻。这是闲到极致的一种独特感受,一切皆从容不迫,不紧不慢,随缘适意,不求人知,心会其趣。水穷而不虑心,云起而不起念,只有过程,没有结果,也不问结果。水穷何所碍,云起何所干。水穷而则有云起,行尽而则可坐观,无论水之穷否而内心自在平静,没有追求,没有心机,一切都很偶然,一切都是因缘,一切无非适意,一切都无可无不可,一切皆不"住"于心,无念进退,不起世虑。这与阮籍的"途穷哭返"[2]不同,与王

---

[1] 郑临川:《闻一多先生说唐诗(下)——纪念一多师诞生八十周年》,《社会科学辑刊》1979年第5期,第143页。

[2] 阮籍"时率意独驾,不由径路,车辙所穷,辄恸哭而返"。见〔唐〕房玄龄等撰《晋书·阮籍传》,中华书局2003年版,第1361页。

子猷"兴尽不入"①也不同。阮籍"恸哭而返",是因为触到内心"世路维艰"而感伤,乃放不下世情;王子猷"何必见戴",是因为顾虑重重,乃怕破坏兴致。王维则行之所当行而止之不可不止,真正是超然物外,无所滞碍,既体现了诗人随任之性,也应和了南宗"无住"之旨。俞陛云说:"行至水穷,若已到尽头,而又看云起,见妙境之无穷,可悟处世事变之无穷,求学之义理亦无穷。"(《诗境浅说》)因此,才有遇林叟之偶然,才有谈笑甚欢的融洽,才有"无还期"的适性,没有了时间概念,想谈多久就淡多久;也没有了空间意识,能走到哪里就走到哪里,完全是绝去执着的自由状态。这种融入自然的深度,真可谓"高人"风仪气格。

王维对于自然的这种深度融入,源自其"无可无不可"的人生态度与思维方式,而他越到晚年也越发深入,而成为真正深谙"穷通之理"的高人了。其《酬张少府》诗曰:

晚年惟好静,万事不关心。自顾无长策,空知返旧林。松风吹解带,山月照弹琴。君问穷通理,渔歌入浦深。

诗写其与张少府问答穷通之理的过程。什么是"穷通之理"呢?王维没有直言,或者说是王顾左右而言其他。诗的前四句,句句扣"酬"字写,字字亦是自写,直言自己的当下状态,说自己"晚年好静",亦已"返旧林"。"松风吹解带,山月照弹琴"

---

① 《世说新语·任诞》篇载:王子猷居山阴,雪夜乘舟访戴安道,经宿方至剡,然造门不前而返。人问其故,王曰:"吾本乘兴而行,兴尽而返,何必见戴?"

二句,还是自写,自写一种仪态,一种彻底放下了的仪态,一种摆脱了现实政治的种种压力之后诗意生存的仪态,写尽了那种"返旧林"后志满意得的深深陶醉。诗以"解带"与"弹琴"二细节,借代隐逸生活的全部内容。"解带",意谓彻底放松;"弹琴",可见惬意之极。松风和煦而吹人解带,山月多情而朗照琴人。这是对"万事不关心"的闲适生活的形象描写,是诗人智慧消解穷通两难之后的萧散洒脱。王维答张少府之问的答案就在其中。诗到于此,自然收束曰:"君问穷通理,渔歌入浦深。"陈贻焮《王维诗选》里解曰:"你若问我关于命运穷通的道理,我想,从那悠扬的渔歌声中,也许可以得到解答吧。"[①] 收尾的二句,以不答作答。真可谓句句是酬却,妙在"以不答答之"(《唐诗别裁》卷九)。穷通之理,真不是能够轻易说透的,何况见解也因人而异。王维说:你若是要向我讨教有关命运穷通的道理,就请你从那水浦深处的渔歌缭绕之中去悟吧。渔浦深处,渔歌袅绕,将对象与读者引入境界,不答而答,答在其中,并非隐约其词,更非模棱态度,酬赠诗的这种写法,让诗成为"言有尽而意无穷"的诗而远离了说教。

王维叫那个不解穷通理的张少府到自然里来,"一悟寂为乐,此生闲有余"(《饭覆釜山僧》)。穷通问题,要自己去悟,而一经觉悟,则没有了烦恼,没有了困扰,荡污去躁,息心止贪,而使心灵有了个静适安定的安置,整个人生自然也就进入闲境了。闲,是个极高的人生境界。而真正的闲,建筑在"悟"上。因为能"悟",则无处不闲。"人闲桂花落","心与广川闲","秋原

[①] 陈贻焮:《王维诗选》,人民文学出版社1983年版,第71页。

人外闲"，"涧户山窗寂寂闲"，王维闲到了能够听得到桂花落地之音，闲到了但有花开花落而没有了自我。王维深谙"闲"滋味，也闲出了特有的风神，闲到了不能再闲。"闲"既是王维的美学观，也是他的人生观，是王维高人风采的自我设计，是他的人格理想的诗意呈现，更是他超越了功利追逐、超越了韬光养晦的一种生存智慧。苏东坡《东坡志林》第四卷"亭堂"里说："江山风月，本无常主，闲者便是主人。"① 人只有在闲的时候才是真正的他自己。诗是闲出来的，诗也最适合有闲者的消费。徐增《而庵诗话》说："无事在身，并无事在心，水边林下，悠然忘我，诗从此境中流出，那得不佳？"② 这似是特指王维与王维诗的。以闲为特征的行事风格，人闲入静，心空万物，颖悟发慧，自然而生意充沛，精神特别自由而广大，审美也特别纯粹与享受，其诗"那得不佳"？贫穷与审美无关，忧心忡忡也与审美无关。有闲实际上是一种生活态度，也是一种生活质量。王维深潜于自然山水，获得了禅宗和山水的共同抚慰，而以玄谈禅坐与游山玩水为重要生活内容的王维，其精神主体已经抛离了一切对于世俗妄念的执着，自然也就成为了超逸尘世的高人。而当我们走进王维诗里，心闲神定而灵慧自现，我们的人性精神与生存状态又"那得不佳"呢？王维的这种生活方式和生存状态，这种抱朴见素的生存智慧，对调谐现代社会人与自然的关系，克服现代文明的负面影响，克服过度追求物质的贪欲而造成消费上的挥霍性和恣意性，保持人的心理平衡，具有很好的疗救

---

① 〔宋〕苏轼著，刘文忠评注：《东坡志林》，中华书局2007年版，第160页。
② 〔清〕徐增：《而庵诗话》，丁福保辑《清诗话》，上海古籍出版社1978年版，第434页。

意义。

总的说来，王维是个"高人"，或者说已够"高人"的这个"格"。王维爱己爱人，遂己达人，重在养性养德养气，推崇宽厚诚朴、敦柔润泽的中和之气，是个崇尚厚德载物情怀而常持平常心的道德君子。杜甫称王维"高人"，是一个对王维综合素质的客观评判。杜甫称王维"高人"，可谓恰如其分；王维被杜甫称作"高人"，洵亦实至名归。杜甫的"高人"之评，不仅反映了王维的高度，也反映了老杜的人生顿悟与精神追求。

第四章　王维的人际关系

　　研究王维的人际关系，即关注与梳理他的社会交往，意在改变我们对王维冷漠得不近人情的已有印象。

　　没有对王维进行深入研究的人就会以为，王维是个不食人间烟火的世外隐士，冷漠淡泊，自我封闭，悲观消极，闭关深潜而远离社会，似很害怕与人交往。

　　恰恰相反，王维和易乐群，也广结善缘，是个热衷于迎来送往的人，有着极其广泛的社会关系圈。他凭着超凡才艺，以及儒雅气质与懿美性情，而在广大社交圈内如鱼得水，成为了一个广交、善交、可交的社交红人。

　　宇文所安就说他是唐代最善于社交的诗人。诗在盛唐，是一种非常特殊而神通的交际工具，诗歌关系在某种意义上就是人际关系。我们也主要是从王维的诗里，考察他的社会交往与人际关系。陈铁民《王维集校注》[①] 计，王维今存诗376首，诗题涉及到人名的约182首，与人交往的诗多达171余首，一题二人名者11首，人名重复者23人，实际涉及133人。从题目就可以看出，

---

　　① 陈铁民:《王维集校注·前言》，中华书局1997年版，第15页。

王维交往的对象，可谓形形色色，他不仅平交王侯，与王公大臣关系密切，也与中下级官吏非常和睦，还与文人雅士、禅师僧侣等过往甚密。

在对王维的长歌互答、序文送行与携手同游等诗歌考察后，我们发现，王维很注重交往，也很有人缘，在社交里左右逢源，凡事贵人多助。而广泛的社交活动与良好的人际关系，也给了王维很多发展机遇，改变了王维的命运。笔者曾戏言，王维的命不好而运很好。人有四难，王维占得三个：幼年丧父，中年丧妻，膝下无子。而他的运好，每每逢凶化吉，遇难呈祥，几次大难皆泰然无事。

考察王维的社会交往与人际关系，让我们与王维走得更近了，也更深入到他的精神与情感的世界里了。而他的那些记录与反映其人际关系的诗文，也就成为了我们研究王维思想与活动的非常有认识价值与审美意义的文献资料。

第一节　诸王待之如师友

王维具有极高的艺术天赋，诗书画乐，无所不精，且风流儒雅，气质高贵，真可谓不可无一而不能有二。不仅诸王待之如师友，他也成为高官大臣的密友或至交。《旧唐书·王维传》说："维以诗名盛于开元、天宝间，昆仲宦游两都，凡诸王驸马豪右贵势之门，无不拂席迎之。宁王、薛王待之如师友。维尤长五言诗。书画特臻其妙，笔踪措思，参于造化，而创意经图，即有所缺，如山水平远，云峰石色，绝迹天机，非绘者之所能及也。"[1]

---

[1]〔后晋〕刘昫等：《旧唐书·王维传》，中华书局1975年版，第5052页。

《新唐书·王维传》亦说："维工草隶，善画。名盛于开元、天宝间。豪英贵人，虚左以迎。宁、薛诸王，待若师友。画思入神。至山水平远，云势石色。绘工以为天机所到，学者不及也。"[①]薛用弱《集异记》卷二载："王维右丞，年未弱冠，文章得名。性闲音律，妙能琵琶，游历诸贵之间，尤为岐王之所眷重。"王公贵族多癖好艺术也精通艺术，而王维是个艺术超人，十五六岁的王维游宦京城，就以高超的艺术征服了诸王驸马豪右贵势之门。《旧唐书》里说岐王"好学工书，雅爱文章之士，士无贵贱，皆尽礼接待"。因此，岐王也尤其赏爱王维。王维不仅成为岐王府里的常客，还常随岐王去访问高官，赶赴宴会，甚至随岐王去休假。王维作于二十岁时的《从岐王过杨氏别业应教》，就是写其随岐王游览杨氏别业的。其中"兴阑啼鸟换，坐久落花多"句写得兴味无穷。鸟声变换，夜鸟啼累而鸣声几换；落花积多，四周又新积一层花瓣。鸟累而换声，花久而凋落，夜深而兴尽。后四句写夜归的情景：岐王扈从车马迤逦纷纭，一路银烛通明，笙歌簇拥，"严城"句说时在凌晨，城门尚未开启。王维还随岐王宴于卫家山池，有《从岐王夜宴卫家山池应教》为证；随岐王去九成宫避暑，有《敕借岐王九成宫避暑应教》为证。非常难得的是，王维的这些诗写得从容不迫，不亢不卑，用胡应麟的话说就是"气极雍容而不弱"，看不到一丁半点的"清客相"，更不是以阿谀为能事的献媚。岐王李范，年长王维十五岁，其位极人臣，而礼待王维如师友，让我们真切感受到王维真正享有"平交王

---

① 〔宋〕欧阳修、宋祁撰：《新唐书·王维传》，中华书局1975年版，第5765页。

侯"的待遇。

唐人薛用弱《集异记》中有一则"郁轮袍"的故事，说的是岐王精心策划，让王维用音乐去贿赂公主。公主见王维"妙年洁白，风姿都美"，已有不少好感，待到他一曲琵琶演奏过后，"公主大奇之"。于是，岐王乘机对公主说："此生非止音律，至于词学，无出其右。"而在"公主尤异之"时，岐王让王维乘势献上他带来的诗卷。公主阅后大惊，而对王维说："此皆儿所诵习，常谓古人佳作，乃子之为乎？"因令王维更衣，升之客右。王维"风流蕴藉，语言谐戏，大为诸贵之钦瞩。"因此，公主承诺王维说："子诚取解，当为子力致焉。"《集异记》里的这则故事，后见于《唐才子传》《唐诗纪事》等文献。胡适评论说："这个时代的君主提倡文学，文学遂成了利禄的途径。"他认为，借公主势力得登第，"此说是否可信，我们不敢断定。但当时确有这种风气"。①日本学者入谷仙介在《王维研究》中对这故事也很感兴趣，其著作中全文引用，且细加分析说："暂且不考虑它的真伪，我以为不论对了解当时的科举状况，还是了解青年王维的风貌，都有丰富的暗示意味。"他又推测说："王维在这样的圈子里无疑能够充分展示自己的文艺天赋，关于这点虽然没有可信的资料……却在某种意义上传达出诸王爱重王维风姿的信息。有没有发生过为使公主推荐而未雨绸缪的事这点另当别论，这段逸事里的王维，的确是一位有着音乐天赋的可爱的天才美少年，用自己的才能赢得了显贵者的眷顾。这个形象广为世人所知，是这则逸事的创作

---

① 胡适：《白话文学史》，东方出版社1996年版，第202页。

前提，否则故事凭空悬想是难以创制的。"① 这样的分析也不无道理，并不像当下学者将唐人的故事完全等同于历史事实，而竟至于纷纷考证故事中的"公主"是谁。

不管怎么说，"郁轮袍"的故事也不完全是空穴来风，编者主观意图也是为了美化王维，故事绘声绘色，迷倒古今无数读者。还有一则美丽的故事，更神化了王维，也是用来说明王维与宁王的关系非同一般。唐人孟棨《本事诗·情感》曰：

> 宅左有卖饼者妻，纤白明媚。王一见注目，厚遗其夫取之，宠惜逾等。环岁，因问之："汝复忆饼师否？"默然不对。王召饼师，使见之，其妻注视，双泪垂颊，若不胜情。时王座客十余人，皆当时文士，无不凄异。王命赋诗，王右丞维诗先成："莫以今时宠，宁忘昔日恩。看花满眼泪，不共楚王言。"②

王维诗先成，竟使"座客无敢继者"，于是宁王将其女"乃归饼师"。这简直是在神化王维，仅凭一歌诗，竟让霸人美妻的专横跋扈者良心发现，从善如此而"归"其人。宁王何许人？宁王李宪，乃唐玄宗李隆基的兄长，其早年曾被立为太子，后来睿宗在传位问题上久不能决时，他"敢以死请"，让位给其弟李隆基，并"累日涕泣固让，言甚切至"。故宁王死后谥"让"，追赠"让皇帝"。因为宁王也是个爱艺术胜过爱江山的人，因此也就

---

① 〔日〕入谷仙介：《王维研究》，中华书局2005年版，第7、9、17页。
② 〔唐〕孟棨等撰，李学颖标点：《本事诗·情感第一》，上海古籍出版社1991年版，第8页。

能够容忍王维如此放肆讥刺，也就容易接受王维的批评而改恶从善。这就是故事编撰的情节逻辑。

这些唐人笔记里关于王维的故事，都说王维是如何深受诸王眷顾，都说王维与诸王之间的关系是如何亲近，王维被出济州，据说也是因为玄宗皇帝的妒忌，不让他与自己的兄弟们走得太近了。

王维"平交王侯"，所交往的对象中应该还包括当朝执政的高官。这些执政高官，其实也有非李姓的或"王"或"公"的爵封。非常难得的是，张九龄、裴耀卿与李林甫，这三个宰相与王维亦都有交往。而于三相中，王维与张九龄的关系最密切。张九龄，爵封始兴公，一代文宗，以诗文享誉盛唐，乃盛唐清丽山水诗之先驱。他也自恃文才出众，公开蔑视那些没有文化而空有吏才的人，看不起那些稍逊文墨的高级官员如李林甫、牛仙客之流。736年，张九龄公开反对玄宗提拔牛仙客的尚书任命，直言对曰："尚书一职，多用旧相，或者用历任内外高职且德高望重之人。"玄宗欲赐食邑给牛仙客，九龄又说："唐遵汉法，太宗定下的制度，边将可赏钱财，不能封地。"玄宗很生气地说："你轻视牛仙客，是因他的寒士出身吧！难道你生来就有门阀？"九龄叩头谢罪说："臣生于荒野之处，陛下错爱，以文学用臣。牛仙客升任胥吏，不读诗书。韩信不过是淮阴一壮士，尚羞与周勃灌婴同列。陛下若必用牛仙客，臣以与他同列为耻。"这话里含有威胁的意思：我哪怕不做宰相了，有他没我，有我没他。张九龄对那些封疆大吏都不放在眼里，却对王维眷顾有加，将王维视为"知己"，而有"知己如相忆，南湖一片风"（《答王维》）之句。王维在张相身边工作时，常有机会参加一些顶级豪宴，或应高官之请而去其别墅品茗论诗,其以微官身份跻身高层权贵,真有"平交"王侯之慨也。

王维的朋友里,有"公侯"之爵的,还有如唐太祖李虎七世孙、郑国公李遵,四朝宰相韦安石之子、郇国公韦陟,名相严挺之之子、被追赠尚书左仆射的郑国公严武等。此三"公",与王维亦皆莫逆之交,我们放在下文里再说。

王维不仅与王公大臣关系密切,与中下级官吏也非常和睦,其诗的题目上标出"给事""侍郎""太守""都督""员外"的几逾百首,送别诗如《送李睢阳》《送魏郡李太守赴任》《送熊九赴任安阳》《送缙云苗太守》《送李太守附上洛》《送平淡然判官》《送韦评事》《送宇文三赴河西充行军司马》《送张判官赴河西》《送刘司直赴安西》等。

王维何以能够"平交王侯",这是个需要综合考察的问题。而王维在平交王侯的过程中,不亢不卑,从容潇洒,没有因为能够高攀而张狂失态,也没有为了高攀而摧眉折腰,在不少的场合里,甚至给我们的感觉是,并非王维高攀王侯,而是王侯巴结王维的。

第二节 一生不倦于僧交

王维一生耽禅,因为其名重一时,大雅人格,僧侣不仅愿意与他交往,且希望借他的名来弘扬佛法,来提升自己。因此,在王维的交往群体中,僧侣是一个重要群体。与僧侣交游,成为王维一生交游的重要内容。《旧唐书·王维传》说他"在京师日饭十数名僧,以玄谈为乐。斋中无所有,唯茶铛、药臼、经案、绳床而已。退朝之后,焚香独坐,以禅诵为事"。史籍真实地记录了王维晚年生活的基本内容，以与僧游为乐。

王维遍交高僧，兼修诸法，他与禅宗僧侣的交往，主要也就是心仪，不主一宗，没有特别的宗派认同，更少有门户之见。他一生所交游的僧人为数甚多，记于其诗文之中的就有道光禅师、道一禅师、操禅师、燕子龛禅师、璇上人、昙壁上人、瑗公上人及神会等，他与普寂、义福、元崇及《楞伽师资记》作者净觉、惠澄等，也曾有过程度不同的关系。王维作于开元二十七年（729）的《大荐福寺大德道光禅师塔铭序》里坦诚自云："维十年座下，俯伏受教。"王维早年曾师从华严宗，他所俯伏的道光和尚，乃华严宗僧人。他也常去香积寺听法，接受的是净土宗，其《西方变画赞并序》说："愿以西方为导首，往生极乐性自在"，对净土宗也倾心归向。开元二十八年（740）秋冬之交，王维知南选途中，拜访神会于南阳临湍驿，二人"语经数日"。"渐教"与"顿悟"虽非一教门，而王维心领神会，与其原先接受的法要无缝对接而深相契合。神会对王维深为认许与敬重，欲借其一代文宗之名而争强夺势，恳请王维为六祖惠能作碑铭。天宝五载（746），王维写成《能禅师碑并序》，兑现了神会之请托而为南宗立言。碑文中说到神会"先师所明，有类献珠之愿；世人未识，犹多抱玉之悲"。王维对南宗不是只有好感，也还有同情。乾元元年（758），肃宗为北宗领袖神秀、普寂题写塔额，王维又受北宗僧人之请而为北宗代笔，代向肃宗致谢而作《为舜阇黎谢御题大通大照和尚塔额表》，这也不能说王维就皈依了北宗，虽然王维与北宗禅僧往来还比较多些，直到晚年还与北宗禅师频繁交往。

王维一生与僧人过往甚密，一方面是他勤去寺庙，遍访名寺，顶礼德僧，"以玄谈为乐"。其诗中以佛寺为题的诗就有《游化感寺》《游悟真寺》《登辨觉寺》《夏日过青龙寺谒操禅师》《青龙寺昙璧上人兄院集》《过香积寺》《过感化寺昙兴上人山院》《过福禅师兰若》等。王维遇到禅寺就像李白来到太白山一样，无比的亲切与兴奋，禅寺里除了那种特殊怡人的气场氛围，还有就是那里的高僧法侣有不少是他的朋友。《过香积寺》曰：

> 不知香积寺，数里入云峰。古木无人径，深山何处钟。泉声咽危石，日色冷青松。薄暮空潭曲，安禅制毒龙。

写寺之诗，不从本寺落笔，且全诗无一字写寺，但写古木参天，但写钟声缭绕，然而却让人感到这里的古寺之幽古，突出了山寺远离尘世、俗人难近的圣洁。诗的最后二句，"用以收局，不失释氏面目"（《唐诗选脉会通评林》）。毒龙，佛禅里喻为杂念俗欲。诗人到这里来打坐，入静入定，身心安然宁寂而绝邪念妄想，挣脱了世俗欲望束缚，也就是降服了人欲之毒龙。王维将他何以常来寺庙的真正原因和盘托出了。他的《过感化寺昙兴上人山院》曰：

> 暮持筇竹杖，相待虎溪头。催客闻山响，归房逐水流。野花丛发好，谷鸟一声幽。夜坐空林寂，松风直似秋。

香积寺在长安，感化寺在蓝田。得知王维要来，感化寺高僧昙兴上人持杖在寺外恭候。故而诗的首联二句用"虎溪"典。虎溪，在庐山东林寺前。《莲社高贤传》载：东晋时高僧慧远居东林寺,送客不过虎溪,若过虎溪便闻虎啸。一日慧远送陶渊明与陆修静,不觉走过了虎溪,因闻虎啸,方幡然止步,三人大笑而别。陈贻焮先生评曰:"这首诗的作法很别致。本是作者过山院访人,却转从被访者方面落墨:先写上人日暮策杖溪头相待;复写客散后上人归房途中所见之美色;末写上人夜坐时山寺的萧森气象。诗中用虎溪三笑的典故甚切。"①

另一方面,王维经常在家里接待各地来访的高僧,他就有几首在家饭僧的诗,譬如其《饭覆釜山僧》诗云:

晚知清净理,日与人群疏。将候远山僧,先期扫弊庐。果从云峰里,顾我蓬蒿居。藉草饭松屑,焚香看道书。燃灯昼欲尽,鸣磬夜方初。一悟寂为乐,此生闲有余。思归何必深,身世犹空虚。

饭僧成为王维晚年生活的一个重要组成部分,而此诗中所写他今日所饭之僧,乃远道而来的高僧,因此就特别殷勤与隆重。开头的四句是自写,写自己饭僧前的忙碌。中间六句,写自"云峰里"走来的不同凡俗的高僧们。覆釜山的这些高僧们的物质需求极低,修佛则异常虔诚,佛事也异常专注,从早到晚而直至深夜,全都沉浸于诵经念佛观道书里。最后四句写禅悟。诗人在与高僧们的交流中,享受空门、山林的幽寂之乐,参证了"凡所有相,皆是虚妄"(《金刚般若波罗蜜经》)的禅宗要义,彻悟到真正的乐事乃寂灭与涅槃,明心见性,即事而真,达到了一种超现

---

① 陈贻焮:《王维诗选》,人民文学出版社1983年版,第82页。

实的"湛然常寂"的境界。王维以诗来探讨佛禅生灭，类似谢灵运的诗拖出了个玄言尾巴，因为他太想将自己的禅悟禅悦直白地传达给世人。

王维还有不少居士朋友，他与胡居士、萧居士、魏居士等关系密切，他们的交往也都以禅法自娱，以诗文互赠。与僧侣以及居士的广泛交流、深入切磋，对王维产生了深刻影响。特别是他与神会的交游，"顿悟见性"的南宗思想，不仅使王维的宗教信仰发生了重大转变，也使他的美学思想乃至审美方式发生了重要变化。南宗主张见性成佛而不立文字的义理，让他获得了精神上的高度自由，建立了以感性心理自由为指归的审美人格；以妙有之心去感受自然，体悟自己心灵深处的奥秘，从而变宗教禅为美学禅，生成了他澄心观照而澄明空寂的审美态度；直观直觉，忘适之适，不辨诗禅，助长其诗形成了以空灵为美、以含蓄见长的特征，形成了其诗空明谧静而又灵动圆满的风格。其诗中山水亦超越了有限形质而进入无限的时空，具现出关于人生、自然的哲理大意境。

第三节　几个重要诗友

王维本质上是个诗人，从他与诗人交往的诗中更能够看出他的人生价值取向。在当时的诗坛上，王维是个重要角色，是诗歌沙龙的中心人物，当时几乎所有重要诗人都与他有所交往，如张九龄、裴迪、孟浩然、储光羲、王昌龄、高适、岑参、崔颢、李颀、丘为、张谭、綦毋潜、祖咏、卢象、钱起、祖自虚、王缙、崔兴宗、杜甫、殷遥、黎昕、严武、苑咸、贾至、慕容承等。非

第四章 王维的人际关系

常蹊跷的是，王维与李白竟然没有任何交往。王维的朋友也是李白的朋友，与李白交往的诗人也与王维交往，譬如孟浩然、王昌龄、高适、岑参、杜甫等。但是，任何记载里都找不到王维李白交往或同在一个场合的信息，他们各自的诗中无一字提及对方，他们共同的朋友的诗中也从未提及王维与李白之间有什么关系。王维与李白，几乎同年生死，同为盛唐顶级诗人，同有广泛而十足的知名度与影响力。特别是，李白自天宝元年秋进京，到天宝三载春出京，时间不足二年。此时王维官左补阙，一直在京，真个是低头不见抬头见的，然而二人竟然没打过一个照面。这也成为了让人百思不解的谜。这是什么原因呢？真不是有人随便说说的是李白看不起王维。真要是用"看不起"来解释的话，应该是王维看不起李白才是。我们倒有个并不成熟的看法，或者说还是个没有根据的臆测，王维一生极少与道士有什么来往，他与李白无交，可能是因为李白是个道士，李白自幼即信道求仙，有过与东岩子隐于岷山而潜心学道的经历，是个有着两次正式受箓入道仪式的道士，用他自己的话说就是"身在方士格"（《草创大还赠柳官迪》）也。

我们将王维的这许多的诗交朋友，分为三类：一类是纯诗交，如孟浩然等；第二类是政府同僚诗交，如张九龄、苑咸等；第三类是密友诗交，如储光羲、裴迪等。

先说第一类诗友，王维与孟浩然的诗交。

孟浩然是李白的"故人"，这是李白诗里说的，"故人西辞黄鹤楼"，"吾爱孟夫子"。最早将孟浩然塑造为"隐士"形象的，是他的同时代人王士源，其《孟浩然集序》开篇即曰："孟浩然，襄阳人也。骨貌淑清，风神散朗，救患释纷以立义，灌园艺圃以

论王维

全高。交游之中,通脱倾盖,机警无匿。学不故儒,务掇菁藻;文不按古,匠心独妙。五言诗天下称其尽善。"①其序不足四百字,在总体简介之后,接下来便写了三个故事。故事一,秘省赋诗;故事二,违约朝宗之引谒;故事三,与王昌龄"得相欢宴"而"食鲜疾动",死于非命。其故事一里说到了王孟的关系:

> (孟)闲游秘省,秋月新霁,诸英联诗,次当浩然,句曰:"微云淡河汉,疏雨滴梧桐。"举座嗟其清绝,咸以之辍笔,不复为缀。丞相范阳张九龄、侍御史京兆王维、尚书侍郎河东裴朏、范阳卢僎、大理评事河东裴揔、华阴太守荥阳郑倩之、太守河东独孤册,率与浩然为忘形之交。②

孟浩然秘省联诗,诗压群英,张九龄与王维等六七个人,对其佩服不已,而与他"为忘形之交"。这显然大有神化浩然之嫌。宇文所安就对这个故事的真实性表示过怀疑,直截了当地说:"王士源描述了一件轶事,说明孟浩然在京城时,曾以一联诗博得王维和张九龄的赞赏,但他却不说明孟浩然此时为何会在那里。王士源需要一个典范的隐士,于是孟浩然被塑造得适合这一模式。"③王士源为什么要抬出张九龄与王维来呢?应该是因为此二人在当时诗坛有着崇高的地位,且张九龄位极人臣。然而,从王士源对孟浩然盛赞的那些文字看,孟浩然与李白的性格相近而与

---

① 〔唐〕孟浩然:《宋本孟浩然诗集》(影印本),国家图书馆出版社2017年版,第147页。
② 同上。
③ 〔美〕宇文所安著,贾晋华译:《盛唐诗》,三联书店2004年版,第90页。

第四章 王维的人际关系

王维的性格相远。

孟浩然与王维的关系到底如何呢？除了这段文字记录外，我们就只能看他们的诗交了。孟浩然存诗中只有一首给王维的诗，即《留别王维》，写于其年逾不惑时，孟"来游京师，应进士不第，还襄阳"（《旧唐书·孟浩然传》）。而留别王维的诗中情绪低落，空自叹归，而近乎绝望地说：

寂寂竟何待，朝朝空自归。欲寻芳草去，惜与故人违。当路谁相假，知音世所稀。只应守寂寞，还掩故园扉。

诗写得很沉痛，笼罩着一层失败的阴霾，因仕途失意而汗颜辞别，充满了愤怨乃至羞辱，似有离世之恸，让人联想到"凄凄惨惨戚戚"的形象。诗中"当路谁相假，知音世所稀"句，宋人臆解曰："右丞见其胜己，不能荐于天子，因坎坷而终。"（葛立方《韵语阳秋》卷十四）如果此论确能成立的话，岂不是孟浩然在诗中连王维也骂到了吗？这怎么能够说他们是一种"忘形之交"的关系呢？

王维的酬赠诗《送孟六归襄阳》，似也写得很是勉强，完全是一种出乎礼节的应酬。全诗如下：

杜门不欲出，久与世情疏。以此为长策，劝君归旧庐。醉歌田舍酒，笑读古人书。好是一生事，无劳献《子虚》。

诗就写一个"劝"字，奉劝孟浩然要想开，别再四处碰壁，不如从长计议，归耕安穷，诗酒田园。如果二人真是"忘形之交"的关系，王维诗就不应该是这么个写法了，就不能是这么个直接泼人冷水的"劝慰"了。我们在诗中根本看不到哪怕是一丁点的出于照顾面子的挽留之意，更没有觉得他在与孟分别之后有什么缺憾。这真不像出自王维手笔。王维有送别诗七十余首，其迎来送往的诗，一般都写得缠绵悱恻，婉转凄切。王维最喜用"悬想"而为被送之人设身处地考虑，具有震慑人心的情感魅力。比如送丘为落第返乡，诗曰"知尔不能荐，羞为献纳臣"(《送丘为落第归江东》)，其中既深表同情，又为不能援手而自惭自责。又譬如送綦毋潜，綦毋潜也是落第返乡，其诗写得委婉尽致，"反复曲折，使落第人绝无怨尤"(《唐诗别裁》)。綦毋潜长王维七八岁，此诗作于开元九年（721），王维才21岁，诗的结尾"吾谋适不用，勿谓知音稀"(《送綦毋潜落第还乡》)二句，译成白话的意思就是：你的才华恰好未被主考官赏识，那是因为没有遇到赏识你的知音。诗人血性义气，为友人的落第而深感惋惜与同情，也暗含有对不能任人唯贤的社会政治的批判。开元十四年綦毋潜进士及第，才名盛于当时，诗风接近王维。天宝元年（742）綦毋潜弃官还归江东。王维《送綦毋秘书弃官还江东》诗，开篇就说："明时久不达，弃置与君同。"这样的激愤之语，在王维诗中是极其难见的，因为朋友弃官还乡，也连带想到自身现状，同是天涯沦落人，含有对贤才遭弃之政治现实的不满，甚至是愤慨与诅咒。最后"余亦从此去，归耕为老农"二句，意谓：你走我也走了，辞官归耕做老农。诗里所表达的不仅仅是惜别之情，还含有无奈、内疚、自责、惋惜。綦毋潜临行前，王维又赠诗《别綦毋潜》，其中"盛得江左风，弥工建安体"二句，盛赞其诗学才华，前句写其人风流倜傥，后句说其诗学崇尚。最后"荷蓧几时还，尘缨待君洗"二句，意谓：你此行何时抵达故乡，蒙尘京师的帽带也正好要洗涤了。读王维的这些送别朋友的诗，总感到他有一种别样痛苦，仿佛是在忏悔什么，又仿佛是在洗刷自己，而让人从他的这种隐约其中的自责和缺憾里，感到他对朋友的真诚。为什么送孟浩然他却这样的敷衍呢？王维知南选而过襄阳，此时孟浩然已离世，王维便占五绝《哭孟浩然》曰："故人不可见，汉水日东流。借问襄阳老，江山空蔡洲。"泛泛而空叹，但感于沧桑变故，万事皆空。连韩国的王维专家柳晟俊都说："此为陈腔滥调之作，未动真情，读之不易感人。"[①]王维存诗中有哭诗十余首（包括挽诗），如《哭殷遥》《哭祖六自虚》等，没有哪一首不是呼天抢地而令人肝肠寸断的。

我们这样的比较分析，只是想说明，王维与孟浩然只是一般性的诗交，一般性的诗友关系，非"忘形之交"。宇文所安说："王维和孟浩然的诗在表面上的相似，使得一些批评家和选诗家将他们联系在一起。可是，在他们对隐逸和风景描写的共同兴趣后面，却隐藏着气质和诗歌个性的根本区别。"[②]气质与个性，决定了他们诗歌在本质上不同，也决定了他们不可能成为"忘形之交"。

第二类是同僚之间的诗交。

王维与同僚间的酬答比较多，最值得说的是他与苑咸的交际。苑咸，贵为李林甫之"代为题尺"者，时任中书舍人，兼郎中，正五品，兼管中书省事务，参与机密，起草诏书。王维与苑

---

① 〔韩〕柳晟俊：《王维诗比较研究》，京华出版社1999年版，第45页。
② 〔美〕宇文所安著，贾晋华译：《盛唐诗》，三联书店2004年版，第93页。

咸,是相互欣赏的关系。这在他们互相的赠诗中就可以看得出来。王维赠诗《苑舍人能书梵字兼达梵音皆曲尽其妙戏为之赠》,从题目上就看得出,苑咸也是个多才多艺的文职官员,尤精书通梵而皆"曲尽其妙",诗中夸咸苑"楚词共许胜扬马,梵字何人辨鲁鱼"。而苑咸《酬王维并序》的序中夸王维"当代诗匠,又精禅理,枉采知音,行于雅作",诗中盛赞王维"为文已变当时体,入用还推间气贤"。以有记录文字看,苑咸是同时代诗人中最早给予王维诗歌以崇高评价的,称王维为"当代诗匠",最先说其"为文已变当时体"。苑咸的这首酬王维诗,最后写道:"应同罗汉无名欲,故作冯唐老岁年。"意思是,你老兄也真是如同罗汉没有什么名利之欲,难不成是要像冯唐到老没有升迁。苑咸其实在暗示王维,主动说在其升迁问题上愿出援手。王维《重酬苑郎中》诗,也附小序,王维在诗里与序中自嘲,且句句含有"解"意说:你说我冯唐我就是冯唐,我至老也不想有什么升迁的奢望了。能够在君王身边混到个言官,我已非常知足了,时常唯恐没能尽职报恩而深感惭愧。至于说职位不能升迁,是我自己的能力问题,不能抱怨朝廷而怨天尤人。非常感谢阁下对我的同情与送官美意,恕我不能老脸厚皮而做出扫雪相门的事来。王维的重酬诗,格调高雅而洒脱,表述委婉而周密,"中间意绪转折太多,约略一篇文字数百言尽于五十六字中,此等诗最高品也"(顾可久《唐王右丞诗集注说》)。读其诗而思其人,堂堂正正,不卑不亢,更无意于投机取巧,奔竞钻营,不会做出为谋一官半职而不断诗文干谒。送上门来的好事,王维也完全可顺得其引而拿得官来,但是他却不领此送"官"者的情而婉言拒引。这在唐诗中是极其罕见的。王维与苑咸之间的酬答诗,是研究王维思想、人品及其当下状态的可靠资料。二者的朋友关系，建筑在互为欣赏的基础上，各自十分欣赏对方的技艺，也充分肯定对方的成就，而不吝盛赞之词。看得出，二者关系不错，不仅是同僚，而且是"故旧"与"同舍"，似乎还是常来常往的文友。因此，诗之出言也比较轻松，甚至在相互打趣。王维虽非当朝红人，而为一流名人则是肯定的。如果他也能够学会钻营，而其职位自不会于五六年的时间里只能是平行调动的。王维是个很讲原则的人，选良为朋，择廉为伴，处事交游而不私弊夹杂其间，所谓"君子之交"也。

日本友人晁衡，也是王维的同僚诗友。晁衡原名阿倍仲麻吕，开元五年（717）随日本遣唐使来中国留学，留居神州三十七年，在玄宗朝任秘书监，即秘书省长官，从三品，掌邦国经籍、艺文图籍之事。天宝十二载（753），玄宗准晁衡回国探亲。临行前，玄宗、包佶等人都作诗赠别，王维有《送秘书晁监还日本国》相赠，晁衡亦回赠有《衔命还国作》。因为友谊深厚，王维难得用五排十二句来写，诗前还附有一段长序，长达七百余言，骈文写就，这在王维诗中更是绝难见到的。序诗互补，强化了诗的表现力，充分地表现了他与日本友人之间至真至诚的深情厚谊。王维的这首诗，采用的是他最擅长的"悬想"写法，感人至深，被中唐的姚合选为《极玄集》的首篇。

第三类是诗友加密友。

王维诗友中，最要拿出来说的是他的几个挚友，主要是他的小字辈，是对王维执弟子礼的那几个。

储光羲是开元十四年（726）的进士，与崔国辅、綦毋潜同榜，比王维晚了四五年，也只比王维小五六岁，却对王维谦称门生,其诗酬王维云"门生故来往,知欲命浮筋"(《答王十三维》)。储光羲在《同王十三哭殷遥》称王维"故人王夫子"。储光羲田园诗可谓盛唐第一人,其诗上承陶渊明,下开范成大,堪称古代三大田园诗人之一。苏辙之孙苏籀说其诗"高处似陶渊明,平处似王摩诘"(《栾城遗言》);明人胡应麟说"储光羲闲婉真至,农家者流,往往出王、孟上"(《诗薮》)。在整个唐代的五言古诗里,王夫之最为服膺与推崇的便是王维和储光羲。储光羲在当时也已诗名颇盛,殷璠《河岳英灵传》称其五言古诗:"格高调逸,趣远情深,削尽常言,挟风雅之迹,得浩然之气。"① 王维也非常爱重储光羲,其《待储光羲不至》诗写他久等储光羲不至而一天忐忑不安的情景。储光羲应邀要来王维家作客,王维大早就做好了一切准备工作而迎候在堂前,忽起忽坐,焦躁不安,一有动静即迎出户外,然左等右等仍不见客至,真有种猫不是狗不是的落寞。然而,王维却在坐立不安中白等了一天,等来的是"晚钟",等来的是"疏雨"。晚钟声声,敲打出诗人的惆怅;疏雨霏霏,打湿了诗人的热情。自知朋友今天肯定不会光顾,王维依然空守于堂前而深陷于枉自多情的等待中。王维就是这样待朋友的,其存诗写朋友关系的几占半数,诗中对朋友的真诚,千载之下,犹感人至深也。储光羲《同王十三维偶然作十首》(其四)诗中自写其为人道:"见人乃恭敬,曾不问贤愚。虽若不能言,中心亦难诬。"储光羲《蓝上茅茨期王维补阙》:"酒熟思才子,溪头望玉珂。"家中自制老酒陈酿已

---

① 〔唐〕殷璠:《河岳英灵传》,傅璇琮主编《唐人选唐诗》,陕西人民教育出版社1996年版,第178页。

经储存好久,专等王维来畅饮却望穿秋水而不见至。王维与储光羲的关系确实非同一般。与白居易同时的诗人顾况在《监察御史储公集序》曰:"嗣息曰溶,亦凤毛骏骨。恐坠先志,溯洄千里,泣拜告余曰:'我先人与王右丞,伯仲之欢也。相国缙云,尝以序冠编次。会缙云之谪,亡焉。'"大概意思是,储光羲嗣子储溶,曾乞顾况为其父遗集作序,说是其先人与王维有"伯仲之欢"云云。

钱起,则是"大历十才子"之首,高仲武《中兴间气集》中说:"文宗右丞,许以高格。右丞没后,员外为雄。"又说他:"迥然独立,莫之与群。"钱起与王维乃忘年之交,他的诗中也曾记录有受到王维盛情款待的情景,《酬王维春夜竹亭赠别》诗云:"山月随客来,主人兴不浅。今宵竹林下,谁觉花源远。惆怅曙莺啼,孤云还绝巘。"宾主之间谈话没完没了,甚是投合,不知不觉间已经夜去曙来,第二天早晨,钱起告辞,王维还为他送行,二人又有诗歌赠答。

张諲则以王维为兄,也与李颀友善。李颀对张諲有"诗堪记室妒风流,画与将军作勍敌"(《咏张五山水》)的盛评。王维盛赞张諲的书画:"屏风误点惑孙郎,团扇草书轻内史"(《故人张諲工诗善易卜兼能丹青草隶顷以诗见赠聊获酬之》)。王维的《戏赠张五弟諲三首》以"效陶"写法,三首诗均采用人我对比的写法,逐层递进,主要集中写其对五弟"清川兴悠悠,空林对偃蹇"生活方式的歆羡与赞美,而决意清静远尘,动息遗身,与鸟兽同群,与云霞作伴,"望此去人世,渡水向吾庐。岁晏同携手,只应君与予"。

王维最欣赏,也交往最多的诗人,应该是裴迪。裴迪官至蜀州刺史及尚书省郎，也是河东人，比王维小十六七岁，王裴之交长达二十余年，成为文坛佳话。王维《赠裴迪》中说他们是："日日泉水头，常忆同携手。携手本同心，复叹忽分襟。"二人甚为契合，过从甚密。王维认为裴迪与他有着相同的心性兴趣以及发现自然美、理解自然趣味的灵性，说他"天机清妙"，最得山水之"深趣"（《山中与裴秀才迪书》）。在王维的存诗中，与裴迪赠答与同咏的诗最多，多达三十余首；《全唐诗》里裴迪所存诗二十八首，全都是与王维的赠答同咏之作。王维的《辋川闲居赠裴秀才迪》诗里，刻画出二隐士的闲适情态，"复值接舆醉，狂歌五柳前"。意思是，他自己已是归隐的陶潜，裴迪则如醉酒的楚狂。王维与裴迪，是一种欣赏与被欣赏的关系，是精神知音，也是无话不谈的挚友。王维《酌酒与裴迪》诗云：

　　酌酒与君君自宽，人情翻覆似波澜。白首相知犹按剑，朱门先达笑弹冠。草色全经细雨湿，花枝欲动春风寒。世事浮云何足问，不如高卧且加餐。

　　这是一首谈人际关系的诗。看来是裴迪遇到了什么不爽的事，无法排遣，而恭谨请益。王维则置酒相劝，开诚布公，推心置腹。全篇除了颈联外，句句是劝慰语，不外是要裴迪自宽，不要往心里去。世态炎凉，人心险恶，不如高卧加餐。王维"老于世故"的经验之谈，是因其一生沉浮宦海，阅人无数，人情翻覆看得够多，世态炎凉也感受深刻，而其人生经历形成了他的处世哲学与处事智慧。虽然是洞彻世态之论，毕竟有厌弃尘世之思。董乃斌先生在对此诗的品评中说："你可以责怪王维思想消极，但你不能否认他所揭示的世情很真实，而且这世情并不限于古代，是不是呢？"[①]诗以说理为主，多为理语，这在王维诗中比较少见，然其直言相告知友，与其《酬张少府》大不相同，"君问穷通理，渔歌入浦深"，不答而答，化实为虚，托喻甚深。

王维经常邀请裴迪来他的辋川别业豫游。《旧唐书·王维传》曰："（维）得宋之问蓝田别墅，在辋口。辋水周于舍下，别涨竹洲花坞。与道友裴迪浮舟往来，弹琴赋诗，啸咏终日。尝聚其田园所为诗，号《辋川集》。"[②]裴迪常在王维别业，就像王维年轻时常在岐王别业里一样。王维《辋川集·序》云："余别业在辋川山谷，其游止有孟城坳、华子冈、文杏馆、斤竹岭、鹿柴、木兰柴、茱萸沜、宫槐陌、临湖亭、南垞、欹湖、柳浪、栾家濑、金屑泉、白石滩、北垞、竹里馆、辛夷坞、漆园、椒园等，与裴迪闲暇，各赋绝句云尔。"《辋川集》二十首五言绝句，分别写辋川的二十个景点，一诗一景象，王维与裴迪各成二十首，集中表现了他们的浪漫情怀、人文意趣及审美理想，也表现出诗人的思想意识、文化信仰与人生品位，成为山水诗的经典绝唱，创造了影响深远的一景一咏的组写模式。纪昀说："五绝分章，模山范水，如画家有尺幅小景，其格倡自辋川。"（《纪昀批苏诗》）这种形式后来风行于世，影响深远，诗人竞相模仿，唐人钱起、姚合、皇甫冉、顾况、韩愈与宋之苏氏兄

---

① 董乃斌编选：《王维集》，凤凰出版社2006年版，第220页。
② 〔后晋〕刘昫等：《旧唐书·王维传》，中华书局1975年版，第5051页。

弟等，都有值得一提的嗣响之作。王维还常与裴迪一同外出走访朋友，王维有《春日与裴迪过新昌里访吕逸人不遇》，裴迪也有同咏《春日与王右丞过新昌里访吕逸人不遇》。他们同去访友却不遇，没有一点懊恼，反倒兴高采烈，兴致勃勃，因为诗人所要得到的东西得到了，访人者与被访者都是淡泊名利的人，他们性情相投，互相欣赏。

宇文所安认为"盛唐诗由一种我们称之为'京城诗'的现象主宰"，而"王维同时处于京城诗及其变体的顶峰"。那时的"京城诗很少被看成是一门独立的'艺术'，而主要被当作一种社交实践"，"京城诗代表了将诗歌看成社交活动的观念"，[1]诗歌则被作为诗人在京城获得赏知的工具。王维一生诗交无数，诗歌交往就是人际交往，诗歌关系亦为人际关系。王维身边围绕着一批盛唐诗的精英，虽然他们还没有结社创会的意识与要求，却"在京城社会的大范围里，这些诗人由于诗歌活动的联系，形成了一个较为密切的群体"[2]，也即是文学史上所谓盛唐山水田园诗派吧。

第四节　不离不弃的至交

这个部分，我们集中说说王维陷贼之后的情况。首先要说的还是裴迪。

王维被安禄山的将领张通儒俘虏，从长安押解至东都洛阳，

---

[1] 〔美〕宇文所安著，贾晋华译：《盛唐诗》，三联书店2004年版，第63页。
[2] 同上书，第4—5页。

拘于菩提寺中。裴迪当时未居官，冒死来探王维，并将其潜作之诗带了出来，而让肃宗"闻于行在"。因此，《旧唐书·王维传》里说，就是这首"万户伤心生野烟，百官何日再朝天"的绝句，救了王维一命。如果真是这样的话，裴迪之功大甚矣。诗题为《凝碧诗》，全称为《菩提寺禁，裴迪来相看，说逆贼等凝碧池上作音乐，供奉人等举声便一时泪下，私成口号，诵示裴迪》。二十八个字的短诗，三十九个字的长题，且为"私成口号"，这让人感到裴迪似在诗上有所"修饰"。题目中"裴迪"两次"出场"，想必是裴迪以此来突出自己的"在场性"，强化"潜为诗"的真实性与可信度。而题中"逆贼"二字也特别夺人眼球，特别能够表明王维的忠贞节义。我们宁可相信题目是裴迪做了点手脚的，显示了王维的挚友救助王维的情义与智慧。作为文臣弱儒的王维冒死而潜为诗以言志，而作为朋友的裴迪则豁出命来帮朋友，一个"忠节盖世"，一个则"义贯白日"，王裴之交，"垂名竹帛"[①]矣。

陷贼期间，王维与韦斌关押在一起，承蒙韦斌悉心照料而捡得一条命。韦斌与王维乃"车笠"之交，其父韦安石，乃武后、中宗、睿宗三朝宰相。韦斌与兄韦陟齐名，然性格则与其兄迥异。他虽然出生显贵，才大官高，而举止言行端庄持重，禀性耿直，刚直厚道，史称其"容止严厉，有大臣体"，即很有大臣风范。王维在乾元元年所撰《大唐故临汝郡太守赠秘书监京兆韦公神道碑铭》中提到，安史之乱中他与韦斌同陷贼，而在其自残、生命垂危关头，得到韦斌的悉心照顾。碑铭文最后说："维

[①] 移用，语出王维《与工部李侍郎书》。

稚弱之契，晚年弥笃。"意思是，我与他自幼就意气投合，而越到晚年关系越好。韦斌死后，得到朝廷的表彰与追认，世人也很赞赏他的德义。因此，王维说为其撰写碑铭，是因为"吾实知之能言者"。这句话收束，极有意味，他们属于同病相怜，惺惺相惜。

韦氏兄弟中，韦陟与王维的关系似更亲，交往也更多。韦陟略长王维几岁，"与弟斌俱秀敏异常童"，自小就有文名，十岁即授职温王府东阁祭酒、朝散大夫。王维独闯京都而寄人篱下时，他们就已经成为好友。《旧唐书·韦陟传》载："开元初，丁父忧，居丧过礼。自此杜门不出八年，与弟斌相劝励，探讨典坟，不舍昼夜，文华当代，俱有盛名。于时才名之士王维、崔颢、卢象等，常与陟唱和游处。广平宋公见陟叹曰：'盛德遗范，尽在是矣。'"广平宋公乃开元贤相宋璟，非常欣赏韦陟丁忧八年不出，还欣赏他不滥交，但与才名之士王维等人游处。韦陟才艺出众，其人极其高傲简慢，却视王维为相知，且几十年间与王维关系甚密。《旧唐书·韦陟传》说："张九龄一代辞宗，为中书令，引陟为中书舍人，与孙逖、梁涉对掌文诰，时人以为美谈。"[①] 韦陟曾为张九龄引为中书舍人，正五品上，与孙逖、梁涉"并司书命"。王维所以能为张九龄擢为右拾遗，正八品，许是仗其引荐之力。天宝五载（746），李林甫构陷刑部尚书韦斌，韦斌被贬巴陵太守，陟则"以亲累"，出为襄阳太守。王维以《奉寄韦太守陟》奉赠。诗以"荒城自萧索，万里山河空"开篇，极写韦陟去后自己的怅惘与失落。陟出为襄阳太守，而襄阳亦非边地，王维知南

---

① 〔后晋〕刘昫等：《旧唐书·韦陟传》，中华书局1975年版，第2958页。

选时经过此地，有"襄阳好风日，留醉与山翁"的流连忘返。但是，如今好友分别，诗人一时难以接受这个事实，因而有"万里山河空"的伤心落寞，将韦陟所去之地，写得肃杀而荒凉，其诗所有景致物象皆着秋之"萧索"色。因韦陟贬出京城，王维而有"故人不可见，寂寞平陵东"的怅恨。

王维在高层官员中的人缘极好，他因为陷贼问题而入狱，出狱时，李遵竟然派豪车来迎请。李遵，何许人？皇族宗子，唐太祖李虎七世孙，是平定安史之乱的功臣，封郑国公，翌年加特进，授工部尚书，正二品。他不仅没有嫌弃王维，相反却以最隆重的礼仪来迎请他，祝贺他否极泰来。王维的《与工部李侍郎书》记载曰：

　　一昨出后，伏承令从官将军车骑至陋巷见命，恨不得随使者诣舍下谒。才非张载，枉傅玄以车相迎；德谢侯生，辱信陵虚左见待。古人有此，今也未闻，所以竦踊惕息，通夕不寐。维自结发，即枉眷顾，侍郎素风，维知之矣。宿昔贵公子，常下交布衣，尽礼髦士，绝甘分少，致醴以饭，汲汲于当世之士，常如不及，故夙著问望，为孟尝平原之俦。

扈从皇帝定逆的宗室大臣李侍郎，竟给王维如此礼遇，这让王维大为感动，将李遵比作傅玄、信陵，说他简直就是当代的孟尝、平原。于王维此书中也可见，二人乃结发之交，且王维一直受到李遵的眷顾。书中"侍郎素风，维知之矣"，亦可这么推解"维之为人，遵亦知之矣"。我们虽然不能说，王维出狱，李遵等人亦在幕后助力，但是，可以肯定的是，如此不避嫌疑而爱重王维的，确非一般朋友关系。从其表述看，王维与李遵乃莫逆之交，他们自初成年时就非常交好，笃交少说也有三十余年矣。李遵不仅没有因为王维陷贼而疏远他，似乎对他还特别的同情与尊重，一则可见李遵的人品，再则也可见王维的人品让人深信不疑，这即是二者交谊深厚的基础。比起王维来，李白就没有那么幸运，从永王"东巡"的李白，因永王兵败而入狱。时高适因平乱有功而官御史中丞，李白便投书《送张秀才谒高中丞》。这个昔日与其同游梁宋的老兄，竟取作壁上观的态度。看来李白交友还远不如王维，没有那种"生死之交"的朋友。

严武与王维亦有深交。由于王维的名气、地位与人缘，加之其闭关闲居的生活态度，不断有同僚来访，接待访友便成为他晚年活动重要内容。他的《晚春严少尹与诸公见过》是写严武等同僚来访的诗。严武官至吏部尚书，封郑国公，算得上是王公大臣了。唐时京兆尹，从三品；少尹，从四品下。王维虽然此时也是个从四品官，然因为陷贼之惊而万念俱灰，不仅躲人，也躲官职。"松菊荒三径，图书共五车"，写其兀自闭门，寒舍僻静，很少有人来访，只有几卷旧书，加上几丛修竹，难得而有严武"看竹到贫家"，且对其百般安慰，故而诗人最后写道"自怜黄发暮，一倍惜年华"，意谓谢谢严生关爱，而当自怜晚景。不久，严武又来看王维，还带着官任中书舍人的朋友一起来，结果不巧，王维不在家。于是，王维有《酬严少尹徐舍人见过不遇》诗。从题目上可见，同来的这个徐舍人，是指徐浩，刚从襄州刺史任上召回，拜中书舍人，正五品上，属于中高级官员。王维在诗里打招呼说：衙门公事，少有闲日，让你们扑了个空，非有意回避。真不好意思，很是怠慢，没能款待贵客，你们在寒舍喝了杯茶水就打道回府了。王维没有虚情假意地赔多少不是，说明他们的关系很不一般。严武任职河南尹后，也常来探视王维家。河南尹，从三品，兼有地方行政长官和中央高级官员的双重身份。上元二年初春，严武来京办事，顺便又来看王维，好像还在王维家住了一宿。王维时年六十一岁，以《河南严尹弟见宿弊庐访别人赋十韵》诗相赠。诗中云："贫交世情外，才子古人中。冠上方安豸，车边已画熊。"因为严武官任河南尹，诗说其乘画熊车。又因为严武还兼任御史中丞，以即服獬豸冠。王维夸严武有古人之风，不忘贫贱之交，虽然已为高官，仍然不忘旧情而来看望他。诗的最后写道："为学轻先辈，何能访老翁。欲知今日后，不乐为车公。"此四句似可想见二人执手泣别的情景。王维伤感不已，洒泪话别：当下之学者大凡看不起先辈，谁还来看我这老头子呢。今日分别之后，我必将因为不能见到阁下而郁郁不乐啊。

  非常不容易的是，王维陷贼后，那些高官硕儒的朋友们不仅对他没有冷眼相看，反而更加体恤他，愈发同情他。这倒不是因为世态已非"人情翻覆似波澜"之炎凉，而实在是因为王维的人格魅力，因为王维的品行与才情。或者说，王维靠他的人格与真情征服了他的朋友们。古希腊著名的哲学家苏格拉底说过："告诉我谁是你的朋友，我就知道你是什么样的人，这往往比你自己说你是什么样的人更可靠。"

  在对王维的社会交往与人际关系的整理与考察后，我们得出了这么三点认识，其一是王维广交，其二是王维善交，其三是王维可交。最重要的是纠正了我们对他的偏见，而对其人有了一个更加完整也更加真实的认识。而已有研究夸大了他虚静渊默的一面，强化了其诗渊泊空寂的境界，王维成了闭关深潜的隐士，成了冷漠无情的禅师,成了不食人间烟火的世外高人。其实,王维乐观开朗、热情豪爽、和易乐群也珍重情义。考察其人际关系,让我们走近了王维,结识了一个真人王维而走进了他的情感世界。诗与人互为因果,知其人而读其诗,我们就不会误读曲解了。

第五章 王维的家国情怀

在中国人的精神谱系里，国家与家庭、社会与个人，都是密不可分的整体。家是国的基础，国是家的延伸。国家具有与民族"融凝为一"的特点，甚至与当时的政治、宗教合一同流。儒家的家国观念，饱含了情与理、亲与敬、礼与法、经与史等丰富的议题，也形成了"忠孝同本"的意识形态和"行孝尽忠"的社会伦理。而儒家思想里，孟子比孔子还要主张强国思想，所谓"天下之本在国，国之本在家，家之本在身"（《孟子·离娄章句上》）。这种由个人而家庭、由家庭而社会、由社会而国家、由国家而天下的社会价值逻辑，亦即修身、齐家、治国、平天下的价值取向，成为爱国主义精神产生的伦理基础。这种个人对家庭和国家共同体的认同与热爱的家国情怀，其核心内涵是修己安人，行孝尽忠，其价值理想则是建功立业而以身报国。

王维的家国情怀，亦即他对于社会价值共同体的高度认同，表现出对国家与民族的深爱与担当，表现出"有国大体"的强烈责任感，而他的这种忠孝同本而家国同构的思想意识，形成了他"上报圣恩，下酬慈爱"的感恩图报的人生理想。他在修齐治平精神的感召下，以个人修养为中心，以家庭伦理和仁爱伦理为基础，事事以德善为先，处处以家国为重，追求"忘己爱苍生"的人格理想。安史之乱后，王维更是正心修意，守默自律，格外心忧天下、关怀民生，什么事情都从国家利益来考量，将个人情感与爱国情感融为一体，将个体价值的实现与国家民族的命运联结在一起，以出世之心而作入世之事，用乐天知足的态度与自然默契相安，表现出一种仁人爱物的生命自觉，一种道德完善的精神向度。

王维的诗文中，虽然看不到什么辅弼之心与匡济之志，甚至也没有致君尧舜、海县清一的豪言，但是细读深味，还是能够感受到他的思想深度与家国情怀的，即便是那些"人闲桂花落"的小品山水诗里，也蕴涵了他以家国为怀的思想境界与价值取向。

第一节 "归美"的思维逻辑

家国情怀或家国精神，源于中国人的生命观，源自祖先与家族的崇拜，源自民族的血脉文化，是一种大爱大义而激生大担当的情感。由私而公，由家而国，由己而人，从孝亲敬老、兴家乐业的义务而走向济世救民、匡扶天下的担当，成为中国人特有的社会价值逻辑，也成为传统文化所倡导的价值理念。"家国情怀"将人之个体对于社会价值共同体的高度认同，上升到对国家与民族的深爱与担当。这种"由家而国"的"公共"的政治秩序和社会规范，激生出对自己脚下那片土地的深爱，激生出尽孝尽忠的社会责任担当，促使人们形成了爱家、爱乡、爱国情感交织的民族心理，也成为古典诗歌千年不变的永恒主题。

因此，王维的诗为什么这么写，为什么写成这样，可以说是为时代精神所鼓舞,是其家国情怀的激发。他的诗文中,反映的是海晏河清的政治气象,描绘的是歌舞升平的社会面貌,表现的是宁靖静穆的生态环境与和谐的社会关系,充满了诗人对他那个时代的深爱,洋溢着强烈的活在盛世当下的民族骄傲感与家国自豪感。王维的《为相国王公紫芝木瓜赞》作于乾元二年(759)春,这是一篇写祥瑞征兆的文章,以绚丽物象而喻盛世气象,凝结着对盛世文明的想象与憧憬。开篇即说:"孝悌之至,通于神明,天为之降和,地为之嘉植。"此赞的思路,由臣之"孝"举,而引起紫芝、木瓜之神奇的嘉应,进而"归美于今上",达到颂君主之圣德而弘扬孝道之文旨。应该说也有归美于国家与民族的意思。其"孝悌之至,通于神明"句,直引自《孝经》。《孝经》曰:"孝悌之至,通于神明,光于四海,无所不通。"意谓真正能把孝敬父母、友爱兄弟之道做到尽善尽美,就会感动天地神明,也会光耀四海,没有一个地方不为之而感化。《孝经》传为孔子作,儒家经典,十三经之一。《孝经》首次将"忠孝"联系起来,认为忠是孝的扩展。唐玄宗作为一国之君,亲自为儒家经典《孝经》作注,以孝德来教化天下。在此赞中王维自问自答曰:"紫芝三秀,则生于梁。木瓜一实,其大盈筐。嘉应荐至,其故何祥?"也就是说,自然界怎么会出现这样的奇观呢?"盖至诚所感!"亦即回应开篇"孝悌之至"也。这种祥瑞现象,是某种精神的感化,是一种天意的昭示,也是国家太平的反映。王维的诗文,自觉对应天意,把山川风物与花月云露的自然现象往好处想,往天意征兆上对应,这是王维的社会盛世的逻辑,也是他的政治理想。

其实,这种符瑞观是古人天人观念的一种反映,与天人合一哲学、盛世理想相关,而这种祥瑞诗文的创作,也大盛于初盛唐,陈子昂就多有赞颂大周的诗文,譬如其《大周受命颂》里就有凤鸟南来、赤雀数百、庆云彤丽、器声雷动的图景,李白杜甫也有身逢圣代、君臣遇合之征象的书写。如史书《开天传信记》里记载"天下大治"景象也有"其瑞叠应"①的笔墨。诚如恩格斯《反杜林论》所说:"一切存在的基本形式是时间和空间,时间以外的存在和空间以外的存在,同样是非常荒诞的事情。"②诗歌的发生,有其自身的历史时空,只有将其放到特定的时空中加以演绎,才能走近诗人的真实情感,还原诗歌发生的历史面貌,从而有比较切实合理的美学阐释。因为历史的时空不同,同样是批判现实主义的诗歌,杜甫与白居易的作品就不尽相同。白居易侧重于对社会腐败现象的抨击,杜甫侧重于对社会灾难的记录。白居易的《新乐府》《秦中吟》等170余首讽喻诗多揭批贪官污吏的荒淫腐朽,其中名篇如《轻肥》《五弦》《歌舞》《买花》《上阳白发人》《卖炭翁》《新丰折臂翁》等,让"权豪贵近者相目而变色矣""执政柄者扼腕矣""握军要者切齿矣"(《与元九书》)。白居易对自己的这部分诗也自视甚高,连杜甫都不放在眼里,说杜甫诗中"朱门酒肉臭,路有冻死骨"之类的诗,"亦不过三四十首",说"杜尚如此,况不逮杜者乎"(《与元九书》)。而杜甫诗中多写战乱给社会造成的创伤,给百姓带来的苦难,如"三吏""三别",还有《兵车行》《丽人行》等。杜甫比王维虽然只小十一岁,却属于两代人,他们所处的时代和环境大相径庭。杜

---

① 〔唐〕郑綮:《开天传信记》,丁如明辑校《开元天宝遗事十种》,上海古籍出版社1985年版,第50页。
② 〔德〕恩格斯:《反杜林论》,人民出版社1970年版,第49页。

甫创作的高峰期，跟李白一样都是在他们44岁之后。杜甫44岁时安史之乱起，其"致君尧舜上，再使风俗淳"的崇高理想彻底破灭，而吟出"但使残年饱吃饭"（《病后遇过王倚饮赠歌》）的他，也开始了颠沛流离的生活，写出了名垂青史的《自京赴奉先县咏怀五百字》。杜甫很幸运，那些感时悯乱、忧国忧民之作为他挣了分。王维生在开元全盛期，且身居高位，他不仅自己没有"少陵野老吞声哭"（《哀江头》）的悲哀体验，也没有"千村万落生荆杞"（《兵车行》）的遭遇与见闻，写不出可以"加分"的思想性很强的反映民生疾苦的诗来的。他的《赠刘蓝田》诗曰：

篱中犬迎吠，出屋候柴扉。岁晏输井税，山村人夜归。晚田始家食，余布成我衣。讵肯无公事，烦君问是非。

诗写村人交税夜归的情景，黄培芳曰："前六句极写村人之淳朴安乐，所以美其政也。"（《唐贤三昧集笺注》）顾可久注本里则说："急征繁苦之意，见于言外。"也就是说，这位顾姓明代学者看到其诗中有批评杂税繁重的意思。诗写的是乡民交完税后衣食无忧的满足感，写的是村民将"输井税"作为应尽义务的自觉性，诗人以此为"赠"，赠给地方刘姓长官，是对其"无为而治"政绩的赞美，以此来激励地方官员勤政爱民，应该说，这也反映了王维的政绩感，他心系苍生，体恤百姓，不是社会民生的写实性直录，其《赠房卢氏琯》也是这么构思的，开篇就以"达人无不可，忘己爱苍生"来赞美儒家仁政，立言超妙而诗意浑厚。著名学者杨绛说过，当你身居高位时，看到的都是浮华春梦；当你身处卑微，才有机缘看到世态真相。人间百态，各有所难，每个人只看到自己眼中的世界，看不到全貌。这段话说得还是蛮有道理的。不等于说身居高位者看到的都是"浮华春梦"，但是你如果是个身处卑微者，看到的则会多是"世态真相"。身处环境不同，所看到的事物不同，看问题的角度也不同，其对形势的判断、对现实的认识以及行事处世的方式，自然就会大不相同，即便是对同一事物的看法与感受也肯定是不同的。一个时代的经济基础直接影响到那个时代的上层建筑，一个诗人的生存环境又直接影响到他对整个社会的基本判断，诗人的精神生活离不开他的物质环境。只有把作家和作品放置于特定的时空中加以考察，才能理解诗人为什么写这些、为什么这样写。也就是说，如果杜甫生活在盛唐盛世，生活在王维的环境里，杜甫也会像王维那样写。杜甫也有过短暂的身处中央政府言官的生活，他有一首与王维写于同时的同题诗歌《奉和贾至舍人早朝大明宫》：

五夜漏声催晓箭，九重春色醉仙桃。旌旗日暖龙蛇动，宫殿风微燕雀高。朝罢香烟携满袖，诗成珠玉在挥毫。欲知世掌丝纶美，池上于今有凤毛。

王维《和贾至舍人早朝大明宫之作》：

绛帻鸡人送晓筹，尚衣方进翠云裘。九天阊阖开宫殿，万国衣冠拜冕旒。日色才临仙掌动，香烟欲傍衮龙浮。朝罢须裁五色诏，佩声归向凤池头。

中书舍人贾至踌躇满志，早朝后写成《早朝大明宫》，此诗"倾动朝士,朝士争起而和之"(《韵语阳秋》)。和诗中除了比较著名的杜甫与王维的诗外,还有岑参的诗。杜甫时官为左拾遗,属门下省。岑参时官为右补阙,属中书省。王维时为太子中允。胡震亨《唐音癸签》曰:"早朝四诗,名手汇此一题,觉右丞擅场,嘉州称亚,独老杜为滞钝无色。"他认为三人中王维的诗最好,岑参次之,杜甫最差。历代评价亦多持这个看法。胡氏这样解释说:"富贵题出语自关福相,于此可占诸人终身穷达,又不当以诗论者。"意思是老杜乃终身穷途潦倒之人,说不出富贵话来。故而,此诗寒碜,富贵庄严气象不足。古人说王维的这首和诗"如日月五星,光华灿烂"(《唐诗观澜集》);还说"它皆不及,盖气象阔大,音律雄浑,句法典重,用字清新,无所不备故也"(《批点唐音》)。应该说,像王维这样表现盛唐高华气象、威赫声势的诗,难有与之比匹者。此诗"九天阊阖开宫殿,万国衣冠拜冕旒"的名联,气象高华,盛丽至极,写大唐的早朝场面,帝国的君王威仪。巍峨的宫殿大门层层叠叠,如九重天门而迤逦打开;毕恭毕敬的万国使节,诚惶诚恐而拜倒丹墀。这幅"大明宫早朝图",表现出来的那种光明璀璨而仪态万千的气象,虽非盛世之作,却还是反映了一个国家的盛大国力,一个时代的蓬勃精神,乃至一个民族的高度自信。王维从心底里为盛世时代而骄傲,也为生活在这样的国度里而欢欣鼓舞,油然而生的是一种强烈的家国情怀。

　　生在盛世的王维,"极目无氛垢",笔下无恶俗,反映的多是"雨后山川光正发,云端花柳意无穷"(《奉和圣制雨中春望》)的海晏河清的政治气象,应该说是反映了歌舞升平、家国和谐的社会主流,反映了他那个时代诗歌的正能量与主旋律,符合盛唐政治审美的基本特征与社会审美心理,自然也与他"归美"的思维逻辑有关，是他对家国的认知，是其家国情怀的表现。诚然，王维诗多写山水田园，而这些山水田园诗，将盛唐气象描写得诗意十足，真正表现出盛世社会所特有的富足安恬，这是一种特有的宁静与和谐。读王维的诗，如果不考虑其发生的具体语言环境，缺乏对具体的物质文化氛围的体验，就感受不到他为时代与民族所激发出来的崇尚家国大义的浓浓之情与拳拳之心。也就是说，他的家国情怀，根植于民族文化血脉与时代精神之中。

第二节　衔命奋身辞天阙

王维有着比较强烈的家国情怀，他不仅鼓励人以国家为重，热情投入到保家卫国的战争中去，自己也奋不顾身，曾几次临危受命出使边塞，这些情怀在他的边塞诗中有着真实的反映与突出的表现。

王维的《使至塞上》是他的边塞诗代表作，是盛唐边塞诗的代表作，也是中国古代边塞诗的代表作，热情歌颂了以身许国的守边将士们的爱国主义与英雄主义精神，洋溢着以祖国强盛为骄傲的豪气，也表现出诗人不负使命问边凉州英豪而健迈的精神面貌。

施补华《岘傭说诗》说王维的《观猎》"起处须有崚嶒之势"，还举了王维《送梓州李使君》与《送赵都督赴代州得青字》诗的例子。① 其实，王维诗的起处多很讲究，《文苑英华》所

---

① 〔清〕施补华：《岘傭说诗》，丁福保辑《清诗话》，上海古籍出版社1978年版，第973页。

录《使至塞上》是这么开篇:"衔命辞天阙,单车欲问边。"而从开篇上来考量,"衔命辞天阙"自然要大好于"单车欲问边"了。以"单车欲问边"开篇,属于一般性交代,起句平淡,没有什么特别深意,让人感到情事急迫,行色匆匆,仓促赶路。尤其是,开篇突出了一个"单"字,将这个"单"字前置而统领全篇,让人联想到形单影只、单车独行之类的词汇,不像是一国之使去执行特别使命,倒像是被贬臣子灰溜溜出行,有种落魄、无奈与颓唐感,让诗蒙上了一层孤独抑郁的灰色调。诗中的"属国"意象,则让人自然联系到苏武,有漂泊天涯的悲凉和孤寂感。这么开篇,与王维的诗风不合。

而以"衔命辞天阙"开篇,开篇即打出天朝的天子牌,接下来才交代去哪儿。我谨奉皇命辞别皇城帝宫,轻装简行而去边塞凉州出使。"单"字因为后置,而可理解为"轻车简行",可理解为"独当一面",亦表现其不讲排场的工作作风,雷厉风行的办事效率。虽是奉皇命而出使,也不用前拥后簇,一如普通出行,不仅表现出诗人轻快而雀跃的心情,也更能凸显诗人意气风发的精神状态与气宇轩昂的使者形象,更能够反映诗人的家国情怀。王维衔命出使,虽不能说是君主特别信任或朝廷特别倚重,至少是"尽一时之选"者。而作为被派往边塞的王维,有一种特别的荣耀与骄傲,即便是畏途险阻也情绪高昂,这也生动表露出王维的家国情怀。什么个人恩仇,一己得失,长途辛苦,全都统统不在计较中了。王维"衔命"出使,是在大唐全盛时,是在唐军大获全胜的大好形势鼓舞下,那大漠就不是一味的荒凉了,那"征蓬""归雁"也就不会让人心生荒凉和落寞了。于雄浑而无垠的大漠之上,一炷烽烟挺拔而直上青天;横亘于远方的长河之上,落日浑圆而眷恋相依。沙漠为面，长河为线，落日则是点，形成了点、线、面巧夺天工的奇绝组合，构成了最原始的，也是最纯粹的几何画面。诗人置身大漠，举目黄沙，长河蜿蜒，浩瀚无边，碧天黄沙之间，烽烟升腾如竖，拔地而起①；而于荒凉旷远塞外，长河横亘曲漫，落日圆润崇高，静穆沉凝，给人以一点暖色，让人为之大振。而诗的收尾则更妙，暗用三个典。"萧关逢候骑，都护在燕然"二句含三典②，信手拈来，宛如己出，自然仿写，极大地扩大了诗的容量，改变了诗的表现形态，引起读者对虞世南、何逊诗的联想与类比，巧妙地赞美了这些为报效国家而血洒疆场的唐军将士，而以汉之窦宪转喻唐都护之功，认为此战大获全胜而声威远震具有"刻石勒功"的意义，折射出浑厚恢宏的盛大之气与太平之象，也让人从中看到诗人的自豪感与喜悦情，感受到诗人的家国情怀。

  盛唐诗人几乎没有一个不对边塞有所神往的，几乎没有一个不作边塞诗，然而，真正去过边塞的，也没有几个人，更不要说出使问边大漠了。因此，作为盛唐诗人，王维是很幸运的，也是很幸福的，他曾经"衔命辞天阙"去边塞，他也非常自豪有为国出使的经历。强烈的家国情怀，还让他鼓励年轻人沙场厮杀，边疆立功。他的五律《送张判官赴河西》诗云：

---

  ① 《坤雅》："古之烟火，用狼烟，取其直而聚，虽风吹之不斜。"清人赵殿成说："亲见其景者，始知'直'字之佳。"
  ② 典一，虞世南《拟饮马长城窟》开篇："前逢锦车使，都护在楼兰。"典二，何逊《见征人分别诗》曰："凄凄日暮时，亲宾俱伫立。征人拔剑起，儿女牵衣泣。候骑出萧关，追兵赴马邑。且当横行去，谁论裹尸人。"典三，《后汉书·窦宪传》曰，窦宪大破单于军，"遂登燕然山，去塞三千余里，刻石勒功，纪汉威德，令班固作铭"。

第五章 王维的家国情怀

单车曾出塞，报国敢邀勋？见逐张征虏，今思霍冠军。沙平连白雪，蓬卷入黄云。慷慨倚长剑，高歌一送君。

这是一首送别诗，构思很特别，思想性很强，思想教育的意味也很强。这也是王维诗中表现最自信也最显自然人性的一首诗，他在开篇就非常豪迈地提起"单车曾出塞"的经历，简直就是诗人家国情怀的一种自我标榜。出塞问边，成为王维心中永远抹不去的记忆，也成为他人生中很是辉煌的一页，成为他引以为傲的经历与资本。诗曰"报国敢邀勋"，报国，是一种崇高的责任，是一种不讲回报的担当与奉献，而怎么能够因此而邀功请赏呢？虽然诗里说不是邀功，但也有点自炫的口吻。从诗的这种写法看，仿佛是赠给一个后生小辈的。中间二联，既是自写，又是写对方，诗人结合自身赴边出塞的经历现身说法，把赴边之举描绘得具有很强的诱惑力，他认为对于壮志凌云而准备赴边的张判官来说，出塞赴边简直就是千载难逢的立功报国的机会。诗人激励对方慷慨赴边，杀敌报国。"慷慨倚长剑，高歌一送君"二句，情辞何其豪迈激越，形象何其轩昂飒爽，真可谓豪气鼓荡，雄风扑面。

王维有一批送别诗，是很能够反映其家国情怀的，如《送平澹然判官》《送刘司直赴安西》《送赵都督赴代州得青字》《送宇文三赴河西充行军司马》《送韦评事》《送张判官赴河西》以及《送魏郡李太守赴任》《送陆员外》等，这些诗基本上作于诗人问边归来而官居长安时，也即在王维四十到五十岁之间。诗以送别为触发，诗中多边地意象，多塞外场面的描写，甚至有其中年时期问边河西的记忆反刍，每一首诗都涉及国事、形势、战争、胜

负等"政治"与"家国"问题,成为我们考察和认识王维家国情怀的珍贵材料。其五古《送陆员外》曰:

> 郎署有伊人,居然古人风。天子顾河北,诏书隶征东。拜手辞上官,缓步出南宫。九河平原外,七国蓟门中。阴风悲枯桑,古塞多飞蓬。万里不见虏,萧条胡地空。无为费中国,更欲邀奇功。迟迟前相送,握手嗟异同。行当封侯归,肯访南山翁?

送人奔赴边塞,然王维心忧家国,愁对战事,故而"迟迟前相送,握手嗟异同",借送别为名而发表对时局的看法。其中"阴风悲枯桑,古塞多飞蓬"之类的描写,设身处地,虚实结合,以景见情,渲染了送别的现场气氛,强化了慷慨壮行的意义。"无为费中国,更欲邀奇功"的议论,矛头直指祸国殃民的不义战争的发动者。我们不能说王维在当时已看出了安禄山的图谋不轨,但他对这场战争本质的认识,对战争挑衅者政治目的的看法,确实有其深刻而高远处。诗的收尾二句,似含调款之揶揄,意思是说,阁下此行,封侯而归来时,还肯来访问我吗?而他的《送韦评事》诗曰:

> 欲逐将军取右贤,沙场走马向居延。遥知汉使萧关外,愁见孤城落日边。

诗用汉将卫青战匈奴右贤王典故,看到同僚即赴沙场,义无反顾,一往无前,真恨不得与其同行而俘敌立功。王维的《送元二使安西》诗,"后之咏别者千言万语殆不能出其意之外"(李东阳《麓堂诗话》)。而霍松林先生解曰:"这首送别诗情深味厚而略无衰飒气象,体现了盛唐诗的时代特征。"① 其实王维的这些送别诗皆写得"情深味厚而略无衰飒气象"。

> 无为费中国,更欲邀奇功。(《送陆员外》)
> 忘身辞凤阙,报国取龙庭。(《送赵都督赴代州得青字》)
> 慷慨倚长剑,高歌一送君。(《送张判官赴河西》)
> 当令外国惧,不敢觅和亲。(《送刘司直赴安西》)
> 须令外国使,知饮月支头。(《送平澹然判官》)
> 当令犬戎国,朝聘学昆邪。(《送宇文三赴河西充行军司马》)
> 尽系名王颈,归来献天子。(《从军行》)

从题目上看,王维所送别的这些离人,多为中下层官员。干戈未息,家国不安,而同僚出征,每每让王维心动不已,故而凡有所送,皆执手话别,直言相告,叮嘱再三,且都往家国战事上说,表明自己的观点,勉励同僚以国家为重,奋不顾身,杀敌疆场,勇立奇功。这些诗写得慷慨雄浑,激越劲霸,充分体现了以搏杀疆场而赢得功名的价值取向,表现出为国家而战、为功名而战的自豪感和自信心,也表现出一个成熟政治家所特有的政治远见与政治风度。

---

① 霍松林:《历代好诗铨评》,中国社会科学出版社2000年版,第224页。

王维的这些送别诗，也可读作边塞诗，高歌相送，慷慨勉励，诗必言国事，诗不离建功，很有家国情怀，很有思想深度，兴象饱满而气骨高峻，气吞万里如虎，充满了英雄主义与乐观主义精神，也表现出极度自信的盛唐人风貌。这些诗里不乏有借送别名义而写其政见的，包括对大唐帝国穷兵黩武、妄开边衅的忧患和谴责，反映了特定历史条件下的阶级、民族的真实情绪和历史意志，也折光了时代气象与社会面影，表现出诗人强烈的社会责任感、历史使命感和效命疆场的荣誉感，也是我们获取王维爱国报国的家国情怀的生动资料。

第三节 "有国大体"的践行

王维家国情怀的形成，主要是由于儒家三纲五常、道德伦理的思想滋养，与其佛老庄禅的修养也密切相关。特别是在经历了陷贼之伤痛后，王维的家国情怀似也表现得更加突出，皆以国事为重，皆从国家利益考虑，处处想着如何报效国家，时时考虑如何感恩社会，似也比较多地关注民生疾苦，在布仁施义上表现出超乎寻常的热情，仁人爱物而乐善好施。

安史之乱后，朝廷对王维，似亦更加信任，更加赏识，更加重用，不断地为他加官进爵。王维拜官太子中允，上《谢除太子中允表》，先是自我批评，自称罪人，说自己单凭陷贼这一点，就不配"仰厕群臣"，不宜再在官任职。说是"朝容罪人食禄，必招屈法之嫌"，"且政化之源，刑赏为急。陷身凶虏，尚沐官荣，陈力兴王，将何宠异？……顷者身方待罪，国未书刑，若慕龙象之俦，是避魑魅之地，所以钳口，不敢萌心。今圣泽含弘，天波昭洗,朝容罪人食禄,必招屈法之嫌"。王维认为,朝廷拜官而让他享受相当待遇是非常不合适的,势必会影响国家形象,影响赏罚之法的尊严。他诚恳地希望朝廷收回成命,不要因为让他"尚沐官荣"而赏罚失准,而"必招屈法之嫌",而有悖"政化"之风。他把家国兴亡视为己任,思考问题的所有出发点,都是从维护国家利益,维护唐廷权威出发的。

不久,皇帝又让王维"充集贤殿学士"。唐玄宗开元十三年(725)始置集贤殿书院学士,以授宰相及其他侍从文官,集贤殿学士乃核心文臣,高级智囊,非"待诏翰林"也。王维即上《谢集贤学士表》,开篇又说这个任命不合适,说是"谓之集贤,非贤莫集,固当宣其五德,列在四科,逖听众推,方纡圣鉴"。意思是说,既然是集贤,我则非贤。他认为,应该坚持标准,严格考察,倾听诸方面意见后再予以任命。言下之意是,任命我,有失考虑也。所谓"五德":智、信、仁、勇、严;所谓"四科":一曰德行高妙,志节清白;二曰学通行修,经中博士;三曰明习法令,足以决疑,能案章复问;四曰刚毅多略,遭事不惑,明足决断。王维在此所上表里展开说自己不够"集贤"的资格,也不敢充任"集贤殿学士"。他自谦说:"臣抽毫作赋,非古诗之流;挟策读书,无专经之业。"他最后还是恳望朝廷收回成命而另选贤才。

而在《责躬荐弟表》里,王维更是将自己说得一无是处,希望朝廷用贤任能。表曰:"臣又闻用不才之士,才臣不来;赏无功之人,功臣不劝。有国大体,为政本源。"这意思分明是说,朝廷用人不当,像我这样的"不才之士"都能为用,这不是坏了国家的规矩吗?王维然后将自己的不足归纳为五个方面,即"五短",将自己骂得个狗血喷头。他认为,从知人善任上考虑,其弟比他行,希望去已职而让他的老弟来朝任官。王维似是出于公心,"内举不避亲"也。

王维从国家利益、从朝廷角度来考虑问题,这种与国家民族休戚与共的思想与行举,缘于他的家国情怀,缘于他修齐治平的政治担当。诚如他在《与魏居士书》所说:"君子以布仁施义,活国济人为适意。"所谓君子,就是要有家国情怀,就是要以慈爱之心关怀众生为快乐。《荀子·修身》曰:"内省而外物轻矣。"到了王维的这种境界,物质的东西都已微不足道,他也尽最大的爱心而实践其"布仁施义,活国济人"的人生适意。王维说他无力助上中兴,竟然向皇帝上表,要献出其最为钟爱的辋川山庄,用作清源佛寺,保佑大唐风调雨顺,海晏河清,为天下群生祈福。其《请施庄为寺表》里说他却将别业献给国家,实现其"效微尘于天地,固先国而后家"的意愿,完成其"上报圣恩,下酬慈爱"的人生理想。如果说他施献别业还主要是"上报圣恩"的话,那么他施献职田则侧重于"下酬慈爱"。正如他在《请回前任一司职田粟施贫人粥状》里所云:

> 臣比见道路之上,冻馁之人,朝尚呻吟,暮填沟壑。陛下圣慈怜愍,煮公粥施之,顷年以来,多有全济,至仁之德,感动上天,故得年谷颇登,逆贼皆灭,报施之应,福祐昭然。臣前任中书舍人、给事中,两任职田,并合交纳,近奉恩敕,不许并请,望将一司职田,回与施粥之所。于国家不减数粒,在穷窘或得再生。庶以上福圣躬,永弘

宝祚。仍望令刘晏分付所由讫，具数奏闻。如圣恩允许，请降墨敕。

从表题与内容看，这是王维的第二次呈表请献了，也就是说，第一次请献失败，皇帝未准允。王维总结第一次上表失败的原因是，并施"两任职田"，皇帝"不许并请"。王维曾任中书舍人和给事中二职，按照唐朝的禄制，此二职均为五品上，五品官赐六顷职田。王维上表要将两处职田一并请施，而为皇上所"不许"，于是，便请施一处司职田。王维再次上表，执意请施，仅献一处职田，恳求朝廷允请。王维为何执意要作职田之献呢？这是因为"臣比见道路之上，冻馁之人，朝尚呻吟，暮填沟壑"。平素喜行慈善之道的王维，心系灾民疾苦，恳切"望将一司职田，回与施粥之所"，亦即欲周济穷苦，作布施粥饭之用。而第二次单献成功，则终于实现了王维利济苍生的愿心。虽然其中也许杂有自我救赎的成分，但却表现出王维忧国忧民的悲悯精神，表现出他心怀天下、为国分忧的家国情怀。梁实秋都感动不已地说："千载而下，读后犹感仁者之用心。"

王维的忧国忧民，还真不是停留于口头上的。王维忧国之深，忧民之切，也真不是一般人能够做到的。梁启超《呵旁观者文》里说："知责任者，大丈夫之始也；行责任者，大丈夫之终也。"[1]王维不仅是个"知责任者"，他更是个"行责任者"。他不仅有知责任者之始，更有行责任者之终，是个真正的以认识责任和勇于担当为始终的"大丈夫"。

---

[1] 梁启超：《为学与做人》，古吴轩出版社2016年版，第53页。

第四节　事亲色养而"乃眷家肥"

　　家国情怀的逻辑起点是"家","家"是中国文明构成的总体性范畴。以天下为己任的报国观念,来自于人生开始的"家"。"家"是建构社会制度和伦理的基石,儒家文明对社会伦理、政治以及经济关系的建构,始终是从"家"出发,形塑家国一体的秩序体系,构成了"忠孝同本"的社会伦理和意识形态。"家"也是影响社会与政治构成和变动的主体,而同国以及信仰、伦理、社会等纽带连接。而"孝"则是维系"家"观念的情感基础。《论语·学而》:"孝悌也者,其为仁之本与。"《孝经》:"夫孝,德之本也。"在儒家伦理体系中占有根本性奠基地位的"孝",也就成了维系宗法家族关系的强大的精神纽带。中国古代的家国情怀,建立在人的自然情感基础之上,从父慈子孝、兄友弟恭到心怀天下、报效国家,把以血缘关系为纽带的天然亲情推己及人并由家及国,拓展和上升为关心社会、积极济世的责任意识和伦理要求,而治国安民则是对血缘亲情的放大。史料载曰,王维是个有名的大孝子,从做人的最根本处孝顺父母、敬爱兄弟做起,将行"孝"而尽"忠"自然结合在一起。

　　《旧唐书》特别说到王维"事母崔氏以孝闻",其"居母丧,柴毁骨立,殆不胜丧"。丁忧时的王维已到知天命年,三年的守制丁忧,他饱受丧母悲痛的折磨,沉浸于"殆不胜丧"的极度哀伤之中,而以至于"柴毁骨立"不能自持。从王维对其母的感情里,可见其至孝的天性。因为其父早亡,王维十五岁便离家去京城寻找生计,愧于不能事母尽孝。他作于早年的《送崔三往密州觐省》,其实写的就是这种愧疚感,诗曰:"南陌去悠悠,东郊不少留。同怀扇枕恋,独解倚门愁。"诗用"扇枕恋"典,古人"事亲色养,夏则扇枕席,冬则以身温被"(《晋书·王延传》),自己也希望能够像古人那样事奉母亲,以消释母亲盼子回家的"倚门"之愁。王维《观别者》曰:

青青杨柳陌,陌上别离人。爱子游燕赵,高堂有老亲。不行无可养,行去百忧新。切切委兄弟,依依向四邻。都门帐饮毕,从此谢宾亲。挥泪逐前侣,含凄动征轮。车从望不见,时时起行尘。余亦辞家久,看之泪满巾。

吴乔《围炉诗话》卷三曰:"王右丞五古,尽善尽美矣。《观别者》云:'不行无可养,行去百忧新。切切委兄弟,依依向四邻。'当置《三百篇》中与《蓼莪》比美。"《诗经·小雅·蓼莪》所抒发的是不能孝养父母的痛极之情,对后世影响深远。周振甫《诗词例话》里则说其中以景写情处可比"瞻望弗及,泣涕如雨"(《诗经·邶风·燕燕》)。这也是与《诗经》比的,《燕燕》被王士禛推举为"万古送别之祖",临歧惜别,情深意长,令人怅然欲涕。提到《诗经》的这些篇章,就想到哀而不伤、一唱三叹、温柔敦厚等一类的词语,故而,《唐诗归》里评《观别者》说"非深情人不暇如此题"。王维作为一个旁观者,见贫士临行恋母情状,竟然动情以至于泪满衣襟,心善而言慈,定然是因为感同身受的结果。"不行无所养,行去百忧新","行"抑或是"不行"很矛盾,处于二难之中,也正是王维之自写,以不孝自责也。因此,古人说王维"说他人,其切乃尔,己怀可知,《阳关》所以绝句"（唐汝询《汇编唐诗十集》）。

王维孝敬母亲崔氏，为了让其母潜心修佛，专门购置辋川别业修作佛堂。其《请施庄为寺表》中曰："臣亡母博陵县君崔氏，师事大照禅师三十余岁。褐衣蔬食，持戒安禅。乐住山林，志求寂静。臣遂于蓝田县筑山居一所。草堂精舍，竹林果园，并是亡亲宴坐之余，经行之所。"《旧唐书·王维传》说王维"闺门友悌，多士推之"。从王维诗中看，他无意于仕宦，如果不是考虑到寡母在堂、兄妹尚幼的话，他早就弃世隐居去了。《偶然作六首》其三曰：

　　日夕见太行，沉吟未能去。问君何以然？世网婴我故。小妹日长成，兄弟未有娶。家贫禄既薄，储蓄非有素。几回欲奋飞，踟蹰复相顾。

诗中说得明明白白，他所以不能潇洒而"奋飞"，是因为"家"的原因，长兄为父的责任感，诸多家计义务如"世网"羁绊着他。

诗人由于强烈的家庭责任感，滋生出一种负罪意识，转化为一种深刻的不安，一种进退两难的犹豫，一种力不从心而苦苦支撑的忏悔，这也是王维一直以来最微妙的隐痛。

王维与其大弟王缙的关系特别密切，二人既为骨肉，又是挚友，还是诗侣。王缙自小跟随王维出来闯荡京师。王维陷贼构罪，王缙不惜自降以赎保。王缙外放，王维以辞职为交换来力推。王维兄弟二人都是赫赫有名的大才子，史有"朝廷左相笔，天下右丞诗"的说法。王维的《别弟缙后登青龙寺望蓝田山》写于758年冬后，因王缙外放任蜀州刺史。此时王维已到老境，为爱弟送行，特别伤感。诗云：

> 陌上新别离，苍茫四郊晦。登高不见君，故山复云外。远树蔽行人，长天隐秋塞。心悲宦游子，何处飞征盖？

诗写别弟后深重的落寞与失望，全诗蒙上了悲凉而怅惘的"晦"色。深秋迟暮，陌上别离，行者远去，苍茫一片。诗人复登高极目，远树长天，重为蔽隐。别情与云山俱远，离忧与山水同深。"心悲宦游子，何处飞征盖"，明明知道其弟之所去，还是用"何处"以动问。今日一别，何日再聚，从此二人之间天高地远。诗人似乎自感时日不多，而遭遇此骨肉分离，则大有离世之大恸矣。虽然诗中没有写到执手垂泪的现场，然那生离死别的哀伤可以想见。

王维上《责躬荐弟表》，为其弟请命，乞望尽削己官而让弟归京。皇帝不仅很快就满足了王维的请愿，还给予王维"乃眷家肥，无忘国事"的高度评价，《肃宗皇帝答诏》曰：

> 敕：幸求献替，久择勋贤，具察咸推，令弟有裕。既膺赞相之任，俯观规谏之能。建礼朝升，鹓行并列；承明晚下，雁序同归。乃眷家肥，无忘国事。所谢知。

意思是说，满足你的请求，让你弟弟回京任职，你们兄弟早晚有伴，一起上朝下朝。《礼记·礼运》曰："四体既正，肤革充盈，人之肥也。父子笃，兄弟睦，夫妇和，家之肥也。"肃宗皇帝认为王维极重兄弟情谊，有自贬之愿，不仅是一种难得的家国情怀，还是一种很值得倡导的孝悌之道。以血缘关系为基础的宗法制度，对中国的社会结构和意识形态产生了很大影响，由家而国、家国一体，与之相适应的思想观念和社会规范，符合统治阶级以孝来教化天下的政治理想。王维荐弟上表不久，其弟便得以还京任职，所谓"孝悌之至，通于神明"也。上元二年五月，王维上表致谢，其《谢弟缙新授左散骑常侍状》："不材之木，附蕚联芳；断行之雁，飞鸣接翼。自天之命，特出宸衷；涂地之心，难酬圣造。"王维之"乃眷家肥"，建筑在"无忘国事"之上，他的这种处世行事，充分体现了儒家修身、齐家、治国、平天下的精神，也生动反映了他儒释道思想交融而生成的人生价值取向与家国情怀。

王维具有很强的家国情怀，源自于他"家国同构"的思想意识，源自于他对"忠孝同本"而"行孝尽忠"的社会伦理的认同，而他则以个人道德修养为中心，以仁爱伦理为基础，以报效家国为目标，事事以德善为先，处处以家国为重，实践其"有国大体"的兼济理想和家国精神。然而，因为他处世低调，追求淡泊，处逆如顺，不擅高调豪言来标榜，在人生追求上进退容与，以出世之心而作入世之事，以老庄之风度而作佛禅之体验，以乐天知足的态度与自然默契相安，而于精神上去欲返真，忘怀虚物，心随物动而陶乐天籁。其诗中亦多写无欲无争、无知无为的生活场景，多具清心寡欲、见素抱朴的生活哲理，让人感到他与世无争，不求仕进的消极，再加上经历代文人曲解，给他蒙上了厚重的厌世出世的外包装，而让人误认为一个只顾自己而不顾家国的世外高人。

第六章　王维的悲悯意识

悲悯意识，是一种在美学书籍里找不到现成定义的美学范畴，是和悲剧相近又不同的审美范畴，既不完全等同于悲剧，又具有悲剧性的意味，是一种悲剧性的悲哀与怜悯。

悲悯，与同情怜悯有相似的地方。但是，悲悯不是同情怜悯。悲悯，有恻隐之心的意思。但是，悲悯不是恻隐之心。悲悯，是一种很复杂的情感，是一种观念，是一种情怀，是一种可贵的思想情愫，甚至是一种审美情感。

王维的悲悯意识的形成与发生，主要起缘于庄、禅的敬畏生命、慈悲恻隐思想，也根柢于儒家仁人爱物的精神。孔子说君子有三畏，最畏是天命。这也是古人对自然力不可把握也不可抗拒的畏惧。这种"畏"，特别是畏天，是对人生、对生命、对自然的哲学思考的核心内容。这种思考，让中国士人比较多地具有悲悯意识。

王维天生就有悲天悯人、忧时悯己的性格特点，甚至具有替古人落泪的悲悯自觉。而激生其悲悯意识的原因则来自于多方面，有自然生存的压力，有人生价值观与理想目标的现实要求，也有社会道德对其个人的影响，还有敏感于生老病死的人生无奈等。因为他"道德洁癖"的缘故，具有西方宗教的原罪自觉，其悲悯意识里含有强烈的自谴自责的情感体验，他的悲悯意识与恻隐之心自然也就更加的强烈了。

诗重悯情，也多美在悲悯，悲悯美是一种属于中国古典文学的美的形态，《诗经·小雅·采薇》："我心伤悲，莫知我哀。"这种悲怆沉郁的悲悯情感，来自生命意识对于自然与社会的感发，也符合中国儒家诗教的价值理性。王维的诗里，总让人感到有一种悲悯的内核，很有悯情味，甚至可以说其诗就是以悯情胜，而形成了很典型的"哀而不伤"与"温柔敦厚"的悲悯美的形态，亦即王维式的悲悯与悲悯美，不是凄怨愀怆、凄风苦雨的那种。因此，他的这些诗，看似洞透、沉静，似是安时处顺的洒脱，超然事外的淡然，其中却潜流着让读者人性发颤的悲悯与感伤。然而，遗憾的是，他的这种悲悯意识中却少有融合入世变民瘼的内容。

第一节　同体之大悲心

泰戈尔说："爱是理解的别名。"悲悯，亦含有"理解"的意蕴，它源自主体对于感受对象的一种心灵深处的理解和关注，是一种生命关怀性质的情感体验。中国文化重生贵和，实际上就是从人对自然的体验方面来阐述人与自然关系的，来解释悲悯现象的。

王维在他的《白鼋涡》诗里，提出了"仁德"观，而这种"仁德"观滋生了诗人敬畏天地、敬畏生灵、敬畏生命之心，直接反映了王维的悲悯情怀，其诗曰：

　　南山之瀑水兮，激石滈瀑似雷惊，人相对兮不闻语声。

翻涡跳沫兮苍苔湿，藓老且厚，春草为之不生。兽不敢惊动，鸟不敢飞鸣。白鼋涡涛戏濑兮，委身以纵横。主人之仁兮，不网不钓，得遂性以生成。

《白鼋涡》写于诗人隐居终南时，诗原自注："杂言走笔。"这是一首极好的生态诗，诗的开始即写一种极其优越的生态环境，所有的一切皆出于这不生不灭的生态里，所有的生物皆循规蹈矩而不敢妄动，"春草为之不生。兽不敢惊动，鸟不敢飞鸣"，非不敢也，是不为也，不做违反自然的活动，表现互不干扰、各得其所的生态意趣，表现出人与自然和谐相处的物我两适的状态，真可谓"天地位焉，万物育焉"（《礼记·中庸》）。诗中"白鼋涡涛戏濑兮，委身以纵横"二句，陈铁民先生注曰："句谓白鼋委身涡涛之中，俯仰自如，无拘无束。"其实，这是诗人借白鼋以自写，写其远离浮华而我适自然的自由状态与惬意心情，如白鼋之戏濑，即是庄禅那委顺自然、适意人生的态度与境界。而这种状态消解了个我的物种优越感，忘怀自我，成为一种把自己混同万物的体验。"与天和谐，谓之天乐"（《庄子·天道》），诗人追求"天乐"之乐，而这是人与自然极其和谐之乐。王维将这种和乐，建筑在"仁"的基础之上。所以和谐，是以生命为重，不仅重人类之自身，也重自然界生物万类的生命。

此诗卒章显其志曰："主人之仁兮，不网不钓，得遂性以生成。"这可视为儒家之仁学内涵的形象笺注。所谓"遂性"，即顺其本性。《庄子·在宥》曰："以遂群生。"成玄英疏曰："遂，顺也。"王维认为，"得遂性以生成"的前提是"不网不钓"；而"不网不钓"的前提是"主人之仁兮"。以仁为本，仁者爱人，怜爱万物,这是儒家"仁人爱物"的"仁"学观,是中国文化的伦理本位的立场,也是王维睹物生情,自然而然地生成的悲悯之情。孔子所谓的"畏天命",从根本上说就是要求人类在与自然的交往中尊重自然、亲近自然、回报自然。"子钓而不纲,弋不射宿"(《论语·述而》),钓鱼而不用大网捕,射鸟而不射巢中之鸟。孔子要求世人谨奉周礼的规定,对动物也要有仁爱之心。《礼记·王制》:"天子诸侯无事,则岁三田……无事而不田,曰不敬;田不以礼,曰暴天物。天子不合围,诸侯不掩群。天子杀则下大绥,诸侯杀则下小绥,大夫杀则止佐车。佐车止则百姓田猎。獭祭鱼,然后虞人入泽梁。豺祭兽,然后田猎。鸠化为鹰,然后设罻罗。草木零落,然后入山林。昆虫未蛰,不以火田。不麛,不卵,不杀胎,不妖夭,不覆巢。"天子诸侯的田猎,有极其严格的规定,不可不依礼行事而群捕滥杀,不杀幼兽,不取鸟卵,不杀怀胎的母兽,不杀未成年的鸟兽,不毁坏巢穴。孟子曰:"斧斤以时入山林,材木不可胜用也。"(《孟子·梁惠王上》)荀子也说:"圣王之制也:草木荣华滋硕之时,则斧斤不入山林,不夭其生,不绝其长也。鼋鼍鱼鳖鳅鳣孕别之时,罔罟毒药不入泽,不夭其生,不绝其长也。"(《荀子·王制篇》)中国古代哲人讲究仁义施及鸟兽虫鱼,按时而合理地利用自然,以保持生态平衡的主张,这是古人的生态伦理,也是圣人的道德标准。

"主人之仁兮",即在乎怜悯生物万类,保护生态环境,方可有"得遂性以生成"的生活方式和生存状态,到达"天人合一"的至高和洽之境界。白鼋涡中的白鼋因无人钓捕而有"委身以纵横"的天乐。中国文化重生而贵和,实际上就是从生命体验方面来阐述人与自然的关系,来解释人的悲悯意识。"主人之仁兮，不网不钓，得遂性以生成。"王维的好生之德是：不仅不网，而且不钓。这种超越古之圣人的关爱生命的理念，是佛家"同体大悲"的悲愿深心。敬畏生命，不要随意虐待和伤害生命，与所有生灵和谐相处，万物与我并生。王维诗中所表现出来的生态伦理观，对谐调现代社会人与自然的关系，克服现代文明的负面影响，消除过度追求物质贪欲的挥霍性和恣意性，遏制当下竭泽而渔、杀鸡取卵的开发行为，具有很好的疗救意义。

王维的《戏赠张五弟諲三首》，其"戏"字很有意味，很机智地表明了王维的仁德立场与悲悯态度。此诗题下自注："时在常乐东园，走笔成。"诗其三曰：

设置守毚兔，垂钓伺游鳞。此是安口腹，非关慕隐沦。吾生好清净，蔬食去情尘。今子方豪荡，思为鼎食人。我家南山下，动息自遗身。入鸟不相乱，见兽皆相亲。云霞成伴侣，虚白侍衣巾。何事须夫子，邀予谷口真。

《唐才子传》卷二传张諲曰："永嘉人。初隐少室山下，闭门修肄，志甚勤苦，不及声利。后应举，官至刑部员外郎。明《易》象，善草隶，兼画山水。诗格高古。与李颀友善，事王维为兄，皆为诗酒丹青之契……天宝中，谢官，归故山偃仰，不复来人间矣。"[①]张諲亦是个高人，精诗擅画善书，且通《易经》，是王维诗派的重要人物。王维此赠诗，作于张諲未出仕前。虽然是

[①] 〔元〕辛文房撰，周绍良笺证：《唐才子传笺证》，中华书局2010年版，第308页。

"戏赠",却是很认真的。王维所持态度很认真。意思是我不跟你玩儿啦,我离你远点,因为你"设置守毚兔,垂钓伺游鳞"。这种钓鳞捕兔的事可不应是隐者做的,有伤"隐沦"。杀生者有失仁慈,好杀之人,瞋恨心重,业障亦重,障碍明心见性,修禅难得禅定,所以佛法把不杀生列为一切戒条里第一条戒。而王维自曰"吾生好清净"。佛教《俱舍论》卷十六:"远离一切恶行烦恼垢故,名为清净。"佛教认为,远离恶行的过失,远离烦恼的污染,心清净则一切清净,就是真正的清净。清净,是佛教和道教都极为重视的个人修为境界。王维赠诗第三首的中心意思是,虽然我们都有隐逸之志,然却存"异操",我们还是离得远点吧。换言之,即便是好朋友,我也不能容忍你"守兔""垂钓"而没有"隐操"。而这三首诗,前二首与第三首,也是比较写的。赵殿成在《王右丞集笺注》里这样评点说:"前二篇,美张能隐居乐道,物我两忘,与己合志。后一篇,嗤张之钓弋山中,只图口腹,与己异操。"[①]此评切中肯綮,上升到"志""操"上来说。因此,他认为"题曰戏赠,良有以也"。也就是说,这"戏"里别有深意。

中国古代哲人们早就表现出对生态危机的忧虑,如用"暴殄天物"(《尚书》)、"网张四面"和"竭泽而渔"(《吕氏春秋》)等话语批评滥杀无辜、穷其奢欲而破坏生态的行为。王维十分看重万物的原生态的自性,重视情境的生态特点,其体验自然的方式不声张,不惊扰,更不会粗暴地破坏生态平静,而以混同于山水的状态获得山水的愉悦,与万物生态建立了一种精神关系,仿

---

① 〔唐〕王维撰,〔清〕赵殿成笺注:《王右丞集笺注》,上海古籍出版社1984年版,第26页。

佛自己也成为了自然界的一员,与鸟兽林泉同类,与天地万物相通,诗人在物我同一的和谐境界中找到了自然本真状态的自我。王维的仁人爱物所生成的悲悯情怀,让他与好朋友之间都有了隔阂,或者说是作出远离的决定。王维诗"我家南山下"之后八句,引用了好几个典故,共同来描画其理想的隐境。《庄子·山木》说:"(孔子)辞其交游,去其弟子,逃于大泽,衣裘褐,食杼栗,入兽不乱群,入鸟不乱行。鸟兽不恶,而况人乎!"孔子困于陈蔡间,七日不火食,经太公任劝导,而远避于大泽中,与鸟兽善处,以至于其入鸟群而鸟不惊,入兽群而兽不乱。人融入动物的群体中,人与动物和平相处到互相信任这样一种状态。庄子的"与麋鹿共处","与天和谐,谓之天乐"(《庄子·天道》),都表现了人与自然的和谐之乐,"天人合一"的至高和洽之境界。人与万物和平共处,无争无碍,融为一体,既有世界万物皆空所化的生命本质,又有大德曰生的生命常态,还有与物齐一的精神和谐,具体表现为仁人爱物、慈悲为怀的悲悯情怀。

《庄子·天运篇》里说,"顺之以天理,应之以自然",方可有"四时迭起,万物群循"的和谐,万物遵循其生态自然运作的法则,自然而形成生态自然美。自然万物同生共运,浑然一体,生成道法天地、物物人我之间的自然生态平衡关系。这种生态观亦是古人的敬畏观,古人的悲悯意识。外国人也是敬畏生命的,"有思想的人体验到必须像敬畏自己的生命意志一样敬畏所有生命意志。他在自己的生命中体验到其他生命"[①]。天地与我同

---

① 〔法〕阿尔贝特·施韦泽著,陈泽环译:《敬畏生命》,上海社会科学院出版社1995年版,第9页。

根，万物与我同体，人与万物相互尊重不相伤害，仁人爱物，更遑论杀生了。敬畏生命，与一切存在于天地之内的生物发生了联系，就能够与宇宙建立一种精神关系，我们就可能具有同享其他生命幸福的能力。王维应该是这方面的先觉者，也是较早的实践者，因此，他也是最具有同享其他生命幸福能力的幸福者。王维的悲悯意识，反映了他的道德水准与生态伦理思想，也体现出其生活目的与生活方式。

慈悲心是德性，悲悯情怀应该也是一种德行。所谓"无缘大慈，同体大悲"是也。王维以仁人爱物来培养自己的大慈悲心，以超功利的审美体验来理解自然万物，将自然界看作是审美快感的最终来源，从而达到人与自然和谐统一的至高无上的审美境界。

第二节 何以替古人落泪

王维天生就多悲悯之情，年轻时专取历史题材里富有悲剧性的史料来读写，写了一批"历史题材"的诗，表现出特有的为古人担忧、替古人落泪的悲悯自觉。王维为什么会专找那些悲剧性的史料来读？为什么具有替古人落泪的悲情？他这样写又有什么寄托呢？研究这些诗，很有意思，也能看出王维是个怎样的人。

王维的《李陵咏》，诗下自注写于"十九岁"。诗云：

> 汉家李将军，三代将门子。结发有奇策，少年成壮士。长驱塞上儿，深入单于垒。旌旗列相向，箫鼓悲何已！日暮沙漠陲，战声烟尘里。将令骄虏灭，岂独名王侍？既失大军援，遂婴穹庐耻。少小蒙汉恩，何堪坐思此！深衷欲有报，

第六章 王维的悲悯意识

投躯未能死。引领望子卿,非君谁相理?

赵殿成《王右丞集笺注》将此诗编在卷六"哀伤"类里。李陵是个悲剧人物,一生充满国仇家恨的矛盾,对他的评价一直存在争议。李陵在文学上具有特殊的地位,因为其"文多凄怆,怨者之流",而在《诗品》里被列入上品,然其组诗《苏武李陵赠答诗》的真实性则饱受争议。司马迁也是悲剧性的,司马迁为李陵辩解,触怒汉武帝而惨遭宫刑,因为他说李陵不死而降,是希望等机会以报汉。王维诗从李陵"三代将门子"的出身落笔,着重描写他对敌作战的勇敢精神,表现他对汉室的忠心,对他的不幸结局深表同情。小小年纪的王维借此历史题材为李陵翻案,可见他自小就深明忠义,正直血性,其恻隐之心与悲悯情绪感人至深。

除了《李陵咏》外,王维还有《老将行》《燕支行》《夷门歌》等一批极富悲剧美感的作品,这类"历史题材"的诗,可以与杜甫《垂老别》和白居易《新丰折臂翁》等现实主义作品并读,悲而且壮,哀而见雄,具有深刻的批判精神,具有强烈的感鬼泣神的崇高美,表现了诗人感天动地的悲悯情怀。王维的《老将行》诗云:

少年十五二十时,步行夺取胡马骑。射杀山中白额虎,肯数邺下黄须儿!一身转战三千里,一剑曾当百万师。汉兵奋迅如霹雳,虏骑崩腾畏蒺藜。卫青不败由天幸,李广无功缘数奇。自从弃置便衰朽,世事蹉跎成白首。昔时飞箭无全目,今日垂杨生左肘。路旁时卖故侯瓜,门前学种先生柳。

苍茫古木连穷巷，寥落寒山对虚牖。誓令疏勒出飞泉，不似颍川空使酒。贺兰山下阵如云，羽檄交驰日夕闻。节使三河募年少，诏书五道出将军。试拂铁衣如雪色，聊持宝剑动星文。愿得燕弓射大将，耻令越甲鸣吾军。莫嫌旧日云中守，犹堪一战立功勋。

诗共三十句，分成三个部分写"老将"的"不遇"之慨。老将一生东征西战，功勋卓著，晚境却非常可悲，以躬耕叫卖为生。然于国难当前时，仍以国事为重，仍以苍生为怀，不惧老迈不计个人得失而请缨再战，这个勇悍悲壮的形象让我们饮泣扼腕。《老将行》是出悲剧，诗中老将是个悲剧性人物，极其感人，极具人格魅力，诗人通过老将不幸遭遇的描写，揭露赏罚不公、良恶不辨的社会现实，深刻地揭示出社会生活中的某些重要的本质方面。老将的高尚节操和家国情怀，固然让我们心魄震颤，而诗人深厚的悲悯之情，也让我们肃然起敬。

王维《燕支行》，题下原注"时年二十一"，即作于开元九年（721）。一说疑作于开元二十五年（737），甚至说是"在王维两次赴边之后，但确切年份则无考"[①]。如果说此诗作于居河西期间或之后，此诗也就具有了"写实"意味，或者说属于"现实题材"了，我们不这样看。其诗曰：

　　汉家天将才且雄，来时谒帝明光宫。万乘亲推双阙下，千官出饯五陵东。誓辞甲第金门里，身作长城玉塞中。卫霍

---

① 王辉斌：《王维新考论》，黄山书社2008年版，第266页。

才堪一骑将，朝廷不数贰师功。赵魏燕韩多劲卒，关西侠少何咆勃。报仇只是闻尝胆，饮酒不曾妨刮骨。画戟雕戈白日寒，连旗大旆黄尘没。叠鼓遥翻瀚海波，鸣笳乱动天山月。麒麟锦带佩吴钩，飒沓青骊跃紫骝。拔剑已断天骄臂，归鞍共饮月支头。汉兵大呼一当百，虏骑相看哭且愁。教战虽令赴汤火，终知上将先伐谋。

此诗与《老将行》，同为"大学力"之作，堪为塑造人物的盛唐边塞诗之双璧，皆为响遏行云的英雄主义壮歌。诗为七言歌行体，共二十四句，按照三度换韵，可分为三个部分，场面如蒙太奇展现，描写了将军出征、行军作战、获胜凯旋的全过程，诗中洋溢着英雄主义的豪情，也反射出璀璨的理想主义光芒，而我们则从最后收束的两句里，看到了作者的悲悯情怀。"教战虽令赴汤火，终知上将先伐谋"二句结尾，出人意料，妙不可言，原来诗中之耀武扬威，杀得"虏骑相看哭且愁"，意不在穷兵黩武，而是劝谏当朝不要单纯依仗武力，而以"伐谋"为先，这是一种"曲终奏雅"的赋的写法。"边庭流血成海水，武皇开边意未已"（杜甫《兵车行》），自唐高宗以后，吐蕃日益强大，成为唐朝来自西方的严重威胁。武后时期，东突厥复兴于漠北，契丹崛起于东北，又造成唐朝北方形势的紧张。据史载，唐帝国建国时的755年，全国人口5291万，军队60万，其中禁军12万，边军49万，外有随时应募兵数十万。开元十年（722），光是戍边兵员就达60余万。王维的诗意在止武，如赋的"劝百讽一"，我们于其中读出了他体恤将士、关爱苍生的悲悯善心。

王维还有一首《夷门歌》，也是历史题材的翻作，陈铁民注

本将其列入"未编年诗"里,我们细加玩味,以为此诗作于王维青少年时期。诗曰:

> 七雄雄雌犹未分,攻城杀将何纷纷。秦兵益围邯郸急,魏王不救平原君。公子为嬴停驷马,执辔愈恭意愈下。亥为屠肆鼓刀人,嬴乃夷门抱关者。非但慷慨献良谋,意气兼将身命酬。向风刎颈送公子,七十老翁何所求!

《夷门歌》取材于《史记·魏公子列传》,即信陵君窃符救赵的历史故事。故事新编,融入了新的历史内容,诗共十二句,四句一换韵,按韵自成段落,写战国时隐者义士侯嬴献策救赵,壮烈慷慨捐躯,热烈歌颂见义勇为的豪侠精神,也是"力量型"的古风,顾可久评曰:"太史公本传宛转千余言,而此叙事数语,极简要明尽。又嘉公子无忌之重客,亥嬴之任侠,溢于言外。结尤斩绝有力量,妙甚。"① 诗的最后四句赞侯生的慷慨意气,侯嬴为意气所激而自刎以谢信陵君之知遇,并非有求于信陵君也,将诗情推向高峰后,其乐曲在激越的旋律中戛然而止,而却给人"慷慨不可止"之余味,同时让人感受到诗人为悲剧人物的悲壮所激生的悲悯情感。

王维的《陇头吟》也是个悲剧性的题材,陈铁民先生则曰:"疑作于居河西期间。"(《王维集校注》)我们以为,诗应作于王维青少年时期,并非现实直写,而是《老将行》的另一种版本,与《老将行》同样的写得悲怆郁愤。《陇头吟》诗曰:

---

① 陈铁民:《王维集校注》,中华书局1997年版,第581页。

第六章 王维的悲悯意识

> 长安少年游侠客,夜上戍楼看太白。陇头明月迥临关,陇上行人夜吹笛。关西老将不胜愁,驻马听之双泪流。身经大小百余战,麾下偏裨万户侯。苏武才为典属国,节旄空尽海西头。

方东树《昭昧詹言》卷十二认为《陇头吟》"起势翩然,'关西'句转收,浑脱沉转,有远势,有厚气,此短篇之极则"。此诗的艺术性极高,虽是寥寥短章,其结构开张阔肆,纵横捭阖,而生宕跌之波澜,诚为"浑涵汪茫千汇万壮"(翁方纲语)之大境界也。诗中景象事态,既是自然时空的叠加摆布,又完全服膺于诗人的心理时空。"陇头明月迥临关"的"关"与"月"联系,如王昌龄"秦时明月汉时关",彻底摆脱了区域、人事、物理的拘泥,而有古今一时、尺幅千里之效应。诗中"长安少年""陇上行人"与"关西老将"三类人物,"戍楼看星""月夜吹笛"与"驻马流泪"三种场景,均系于哀怨之笛声,极其巧妙叠加而形成鲜明对照,互为映衬,让人思而得之:今日的长安少年,安知不是明日的关西老将;而今日的关西老将,则安知不是昨日的长安少年。诗将一位欲从戎立功的少侠与一位久经征战的老将比照而展开主题,描写功高而得不到封赏的老将的满腔悲愤与感慨。诗中"驻马听之双泪流",是关西老将在流泪,也是诗人在流泪,让读者也忍泪不禁。诗用苏武典,颇含深意。《汉书·苏武传》说苏武"杖汉节牧羊,卧起操持,节旄尽落"。苏武如此尽忠于朝廷,报效于国家,回来以后,也不过只做了个典属国那样的小官。"少年看太白星,欲以立边功自命也。然老将百战不侯,苏武只邀薄赏,边功岂易立哉!"① 诗人取用这个典故收尾,婉曲内蕴,耐人寻味,守边将士悲剧性的遭遇愈加凄怆,诗人的悲悯之情也愈加动人。

  这几首历史故事新编的诗,均体现了崇高美感的美学取向,表现出王维非凡的塑造和刻画的功力,开创了盛唐边塞诗人物塑造的先河,二十岁左右的王维,于技术上即如此得心应手而老到娴熟,非天纵之才而不可解释。而我们最感兴趣的还是,王维为什么取用这样的题材,而又为什么辞气沉雄而情怀慷慨地写出这些悲剧来呢?青少年时期的王维替古人落泪的悲悯之情,还见于其青少年时期创作的几篇女性历史题材诗里,如《息夫人》《西施咏》《羽林骑闺人》《班婕妤三首》等,诗中的主人公或思妇或怨妇,皆写孤独失意,凄苦哀怨。《息夫人》题下自注:"时年二十。"

    莫以今时宠,能忘旧日恩。看花满眼泪,不共楚王言。

  诗又题为"息夫人怨"。息夫人,春秋时息侯夫人息妫。据《左传·庄公十四年》记载,息夫人貌美,楚文王袭杀息侯,灭了息国,占息妫为己有。息妫入楚,生下堵敖和成王,然终日默默,绝不言笑。文王不解,息妫答曰:"吾一妇人而事二夫,纵弗能死,其又奚言?"《息夫人》诗起笔倒置,突兀发声,然含吐不露,迂回"婉道",委而有节,其所咏之旨,见于味外言外,符合"诗人敦厚之教"也。故而,张谦宜《絸斋诗谈》卷五

---

① 〔清〕沈德潜:《唐诗别裁》,上海古籍出版社1979年版,第174页。

评曰:"体贴出怨妇本情,又不露出宁王之本情,真得《三百篇》法。止二十字,却有味外味,诗之最高者。"①此诗巧妙而恰切地以息夫人的史事设喻,来描写卖饼人的妻子不忘旧爱。诗人对这个历史人物的赞美之情溢于言外,我们最感兴趣的还是诗人的恻隐之心与悲悯之情,塑造了一个饱受屈辱而以沉默反抗的悲剧形象,应该不只是讽喻,或者说怜悯大于讽喻,意在表现其悲切深郁之怜悯情怀。

别林斯基在分析拜伦诗中忧郁情绪时说:"任何一个伟大诗人之所以伟大,都是因为他的痛苦和幸福的根柢深入到了社会和历史的土壤中去,要想猜破拜伦那样无限伟大诗人的忧郁诗行的谜底,首先必须猜破他所表现的那个时代的秘密。"②研究一个诗人的诗作,要从其诗行里"猜破他所表现的那个时代的秘密"。然而,我们似乎在王维在这个时期集中写的一批"悲情"诗里,很难找到时代的原因。王维为什么使用这些历史题材,为什么这么写,与其生活的那个时代不相符合,与其当下的生活际遇和思想逻辑也不相符合。王维写作这些所谓的悲悯诗时,正是少年得志而红极京城时,没有什么不快不顺的事,没有什么怀才不遇的苦恼与尴尬。而其所处时代,也正是大唐极盛时,政通人和,国富民安,如果杜甫生逢其时,也一定会大加赞美,他在《忆昔》诗里对那个时代就有过赞美。从诗歌发生的原理看,王维在这个时间段里对这些悲剧性的"历史题材"特别感兴趣,应该是他

---

① 〔清〕张谦宜:《茧斋诗谈》,陈伯海主编《唐诗汇评》(上),浙江教育出版社1995年版,第338页。

② 〔俄〕别林斯基:《别林斯基选集》第二卷,上海译文出版社1980年版,第484页。

为特定生活内容所触发,刺激了诗人的感官,触碰到他的哪根神经,而才会作此选择的。然而,事实却并非如此,我们无法从时代秘密上来"猜破",而硬要有所求证。我们以为,其读史有感,而用诗写成"读后",就像我们当下读书写个读后、看戏写个影评那样的正常,而其"替古人落泪",则是他的人性自觉,是其悯情所致也。虽然也不可否认,"因为他的痛苦和幸福的根柢深入到了社会和历史的土壤中去"。不过,我们依然反对,《老将行》等作品的主人公身上寄托了王维仕途上怀才不遇的失意,虽然其诗在客观上甚至也有了批评现实、讽喻当今的意思,让人感到这些诗里有影射,有寓意,有微言大义。

那么,王维为什么一时专写这类历史题材,为什么对那些悲剧性的历史人物特别有好感?我们以为,主要源自其悲悯意识,或许是现实触碰到他的哪根悲悯神经,这却是一时"猜"不出来的秘密。

第三节　人伦离合的感恸

《诗经·小雅·小弁》曰:"心之忧矣,云如何之?"刘熙载《艺概·诗概》说:"此诗人之忧过人也。"中国诗论非常看好忧患所造成的悲悯美,将"凄怆""愀怆""意悲而远"的美学形态视为上品。王维似有一种"过人"之"忧",而因为他的"过人"之"忧",也成全了他的诗。所谓"情主于痛伤,而辞穷乎爱惜"(《文心雕龙·哀吊》)也。

王维虽生性好静,然其也耐不了独处时的深刻寂寞。其独处时,心也静不下来,对生老病死特别敏感,人生的孤单,生命的悲剧，死亡的恐惧，这些人生无奈的感伤，也使他时多关爱自身的悲悯，让他单靠山水田园而不足以疗救也。在经历了安史之乱的大劫难后，晚年的王维更是苦行斋心，笃信佛教，潜心于佛教修持，遁入空门来救赎自己。他在《叹白发》诗中说："宿昔朱颜成暮齿，须臾白发变垂髫。一生几许伤心事，不向空门何处销。"他的皈依佛教，他的隐逸，很大程度上是在抚慰自己受伤的心灵。佛家认为，"涅者不生，槃者不灭"。人生充满痛苦，只有视万有世界为"空"，才能真正摆脱痛苦。要解脱痛苦，必须熄灭一切欲望，达到"涅槃"的境界，寂灭一切烦恼，圆满一切清静功德，方能实现人生的最高境界。因此，清心寡欲，寻求空灵，便成为佛家信徒所追求的一种至高的精神境界。王维的诗中常见"学无生"的言说，无生，无生无灭，不生不死。他的《秋夜独坐》诗曰：

独坐悲双鬓，空堂欲二更。雨中山果落，灯下草虫鸣。白发终难变，黄金不可成。欲知除老病，唯有学无生。

诗中写景二句"雨中山果落，灯下草虫鸣"，历来深受赞赏。钱穆先生在谈"中国文学中比兴之妙趣"时，专门拈此二句发挥说："此十字所谓诗情画意，深入禅理者。其实此十字之真神，正为有一作者之冥心妙悟，将其个人完全投入此环境中而融化合一，而达于一种无我之境界。然虽无我，而终有此一我以默为之主。于是遂见天地全是一片化机，于此化机中又是一片生机，而此诗人则完全融入此一片化机一片生机中，而若不见有其个别之存在。"① 于淋漓秋雨的淅沥中,听到夹杂有熟透野果的落地声;于灯下听到的草丛虫鸣里,感到秋意已在渐深。静夜禅坐,万籁俱寂,心念澄寂空明,视听感觉也特别敏锐,诗人的沉思,从人生转到草木昆虫,而生成隐隐的伤逝之痛,感到日渐老迈,感到生命的流逝,感到这种流逝而生成的凄凉与无奈,不免悲悯从中而来。万物有生必有灭,人与万物都是短暂的。人与万物都是这样在岁月无情的流逝中走向终极。诗的后四句,是其勘破的结论。前二句,否定神仙方术,认定炼丹服药祈求长生的虚妄;后二句提倡向佛耽禅,认为佛教无生,才能从根本上消除人生的悲哀,解脱生老病死的痛苦。《唐律消夏录》曰:"上半首沉痛迫切,下半首直截了当。胸中有此一首诗,那得更有余事?须知右丞一生闲适之乐,皆从此'悲'字得力也。"②

一切诗歌都具有独白的性质,诗就是诗人灵魂的独白,灵魂的对话,是诗人孤独的时候自己对自己的表白。王维的寄客意识很强烈,诗人的忧患意识与悲悯情感也要比一般人来得强烈,他时常以诗来作人类终极关怀之思考,以化解生存和死亡、有限和无限的尖锐对立的紧张状态。其诗《秋夜独坐怀内弟崔兴宗》曰:

> 夜静群动息,蟋蛄声悠悠。庭槐北风响,日夕方高秋。思子整羽翮,及时当云浮。吾生将白首,岁晏思沧洲。高足在旦暮,肯为南亩俦!

---

① 钱穆:《中国文学论丛》,三联书店2002年版,第45页。
② 〔清〕顾安:《唐律消夏录》,陈伯海主编《唐诗汇评》(上),浙江教育出版社1995年版,第322页。

第六章 王维的悲悯意识

秋夜独坐，孤独凄清，猛然怀起内弟来，他又在静寂独寞中享受孤独。这种孤独感时常袭击王维，不是因为心里受挫而遗世孤独，而是对生命有限性的焦虑感，我将白首，而知己不能常在一起，生成了一种莫名的感伤。王维有几首写给崔兴宗的诗，三十几岁闲居长安时，内弟出游，在分手时王维曰："已恨亲皆远，谁怜友复稀。"（《送崔兴宗》）中年时内弟又出游，分手时王维又曰："送君从此去，转觉故人稀。"他害怕故人走后孤寂独寞，而作"江汉风流地，游人何岁归"（《送崔九兴宗游蜀》）的眺望。这除了说明二人难分难舍的感情外，也看出王维特重感情、害怕孤独、易于感伤的情感特点。

王维的孤独感是很重的，他的很多诗，实际就是在孤独寂寞中的生命独语。而这样的情感则往往由人伦离合所引发。王维其弟外放出任蜀州刺史，兄弟分别，场景更是凄凉，其《别弟缙后登青龙寺望蓝田山》诗中大有离世之感恸，仿佛是生离死别的哀伤。其好友韦陟离开长安去洛阳任职，为其送行的王维心情非常不好。其《送韦大夫东京留守》的最后六句写道："给事黄门省，秋光正沉沉。壮心与身退，老病随年侵。君子从相访，重玄其可寻。"大意是：我虽仍在门下省担任给事中，但已日薄西山而没有多少出息，昔年雄心已逐渐泯灭，且又年迈多病，你走后我们再也不能亲密接触，更不要说去求道访游了。这个结尾，无限伤感，让人不忍卒读。其《和陈监四郎秋雨中思从弟据》中将这种悲情表现得很沉痛。此为五排，共十六句，前八句写情境，后八句则直抒胸臆："忽有愁霖唱，更陈多露言。平原思令弟，康乐谢贤昆。逸兴方三接，衰颜强七奔。相如今老病，归守茂陵园。"王维排列了几个典故，全是在写自己的此在心情与状态。晚年的王维，愈发地不堪忍受孤独。

王维自幼熟读儒家经籍，亦自幼接受佛禅浸染，而以其一生的为人处世考察，不能不算个慈悲为怀而渴望"渡世济人"的善者。然而，不知什么原因，其诗中却很少见有体念苍生、关注民瘼的题材。王维《胡居士卧病遗米因赠》，从题目看，是王维拿米去救济生病了的胡居士。

诗从"居士素通达"起，才开始叙事，说明来意，此前全是禅语，以禅语为诗，以佛藏佛典入诗，论禅谈佛，应该说是专门写给禅学精深者看的，表现的是"空无观"和"清净自性"的佛性观，亦即万有皆空，人的感受也是虚假的存在，一切实相都没有实体，只有通过清净自性的方法才能克服人生的苦痛烦恼，才能真正地解脱。"有无断常见，生灭幻梦受。即病即实相，趋空定狂走。无有一法真，无有一法垢。居士素通达，随宜善抖擞。"为病中的胡居士说禅，让他消除因病而造成的精神负担，还是很切题的。另外还有《与胡居士皆病寄此诗兼示学人二首》，写法与此诗同，皆多禅语，用禅语讲道理，整篇诗如同偈语。这类为说理而说理的禅诗，王维诗集中也就是十余首，这应该就是那种被人批评为"卑者似僧"的诗，已经走离了诗美学的本体。然其诗中多数的还是"高者似禅"的诗，无禅语而满纸禅意，禅融其中，不露一丝声色，而读来意味无穷，他的《冬晚对雪忆胡居士家》即如此。诗曰：

寒更传晓箭，清镜览衰颜。隔牖风惊竹，开门雪满山。洒空深巷静，积素广庭闲。借问袁安舍，翛然尚闭关。

这是一首写雪的杰作，其中雪景堪为千古绝笔，潘德舆《养一斋诗话》卷二评曰:"大抵能诗者无不知此妙。"读此诗,读者的注意力全在对诗中写雪妙笔的欣赏上,而忽略了理解作者的此在心情。其实,诗中所有写雪之笔墨,都浸渍着一种悯情,都是写一种牵挂。诗人无心赏雪,见雪怀人,写雪正是为了怀人。末二句自然生成,卒章破题,照应"忆"字。"借问袁安舍,翛然尚闭关"二句,用袁安典,读者也一下子明白了,王维在大雪天为什么没怀其他人而怀胡居士。《后汉书·袁安传》李贤注引晋周斐《汝南先贤传》:时大雪积地丈余,洛阳令身出案行,见人家皆除雪出,有乞食者。至袁安门,无有行路,谓安已死,令人除雪入户,见安僵卧。问何以不出。安曰:"大雪人皆饿,不宜干人。"令以为贤,举为孝廉。王维以胡居士比袁安。王维曾多次赠诗慰藉的那个胡居士,原来也是个安贫乐道而道德高尚的信佛之人。天雪大寒,胡居士会不会也如袁安舍呢?雪景再美也无心赏雪,而恻隐心动。雪景越是写得美,越显出诗人的悯情之深。

王维是一个情感世界非常丰富细腻、心灵异常敏感的诗人,人伦离合,人世变故,非常易于让其感动,而其诗在安时处顺而超然事外的外表里,却隐藏着深深的悲凉与淡淡的感伤,具有很强的悲悯味儿,饱含有人类对自身生命思考而引发的独寞与感伤,以悯情制胜也。

第四节 灵魂审问的自虐

鲁迅先生十分推崇人性自我批判的精神,他把陀思妥耶夫斯基尊称为"人的灵魂的伟大的审问者"。我们以"人的灵魂的伟大的审问者"移誉王维，应该是不过分的。中国人的自审，最苛刻的恐怕就是所谓的"三省吾身"了。中国人往往极少有原罪感，因此也绝少忏悔意识，因此也缺乏在内心法庭审判自己的能力。王维是个难得的具有忏悔精神的士子，在中国历史上不多见的真正有忏悔自觉的正人君子。而他对人生悲剧，或是悲剧人生的反思、追问与审判，也就成为了他悲悯意识的重要内容。

"安史之乱"后，王维的大部分时间都消磨在他的别业里，自我闭关，很怕与外界接触，朋友也就局限在不多的几个人里。这种封闭和半封闭性的环境和状态，反过来又助长了他自我否定的心理倾向。朝廷赦其罪，以保官的方式为其昭雪，同事依然如故地尊敬他，社会上也没有什么人看不起他，然而，他就是自己看不起自己，自己不放过自己，自己鞭挞自己，审问自己的灵魂。沉重的负罪感以及由此而生成的"自卑情结"压弯了他的脊梁，甚至也是让他提前揖别人世的重要原因之一。

晚年的王维，纠缠于对往事的追索、检讨、内省、负疚、反悔、懊恼之中，明明他没做什么错事，没有什么可以让人说三道四的地方，而他自己却整日喋喋不休地说自己的不是。这与他的性格、涵养以及品格有关，也与其极深的悲悯意识有关。王维在《与工部李侍郎书》里，赞美李遵"晚岁时危，益见臣节"高尚的德行与雅志，其书最后说"维虽老贱，沉迹无状，岂不知有忠义之士乎？亦常延颈企踵，响风慕义无穷也"。意思是说：我也懂忠义，也知廉耻，也是个向往风范、渴求德义的人。王维时常在这些书信或碑赞里，自觉不自觉地对照自己，把自己放进去比照和批判。他"食君之禄，死君之难"的节义观，强化了他内心深处的罪恶感，他在《谢除太子中允表》里深刻忏悔，说出了不

第六章 王维的悲悯意识

少的不宜再在朝廷任职的大道理，情辞十分恳切地希望朝廷收回成命。此谢表的表述辗转曲婉，其中心意思就是：维是罪人，情虽可察，然罪不容诛，无颜再"仰厕群臣"之中，恳望皇上圆其"出家修道"的夙愿而许他报恩赎罪。作为十分重视忠诚与名节的士大夫，王维非常计较自己在陷贼中的表现，非常计较"食君之禄"的自己而没能"死君之难"的政治表现，即使有"当逆胡干纪，上皇出宫，臣进不得从行，退不能自杀"的可察之情由。王维在所上之表里，毫不留情地批判自己，给自己上纲上线，想方设法来说服皇帝，十分诚恳地要求朝廷收回成命。

这种含有自辩的自责，在王维诗文中反复出现。在经历安史之乱后，王维被一种犯罪意识苦苦折磨着，不断地在自我审判中寻找与灵魂的对话。朝廷越是不计较，王维越是深感不安，他几乎所有的上表，或是代人上表，或者是为人作赞立碑，总要趁机洗刷自己，痛批自己，耿耿于怀地清算自己，而且越批越严苛越猛烈。上元元年（760）春，王维上《责躬荐弟表》，"伏乞尽削臣官，放归田里，赐弟散职，令在朝廷"。就是说他情愿削职为民，而让其在蜀州任刺史的弟弟归京任职。此表还是老一套的写法，即前半部分先是自批，如"祥林嫂"喋喋不休地说自己陷贼之不可饶恕，说自己原本就是"久窃天官，每惭尸素"，而"顷又没于逆贼，不能杀身，负国偷生"。然后还是老话重提，反复说希望朝廷让他退隐，说是"昔在贼地，泣血自思，一日得见圣朝，即愿出家修道；及奉明主，伏恋仁恩，贪冒官荣，荏苒岁月，不知止足，尚忝簪裾，始愿屡违，私心自咎"。后半部分比较其弟来说自己的不是。"臣又闻用不才之士，才臣不来；赏无功之人，功臣不劝，有国大体，为政本源，非敢议论他人，窃以兄弟自比。"经此一转,即开始具体地说自己的不是,以"五短"来自我数落,说自己在"忠""政""义""才""德"五个方面都不行,都不如其弟。他反反复复地说自己的不是,每每要深刻地检查,狠斗私心一闪念,每一次检查过后,似乎心安了些,又似乎心里反而更加的不安。他的自我圆满,他灵魂向上的自觉,似太过分,过分得让人无法解释,也不可思议。

阅读王维的这些作品,让人感到有种灵魂被撕裂的痛感,诗人在经受着常人难以忍受的自我道德审判的精神酷刑。王维在陷贼的问题上不理亏,在道义上也完全说得过去,甚至可以说他的表现还值得赞美。然而,他却自觉地痛苦承担,自觉地去忏悔,急迫地去追问,他甘心情愿地忍受焦灼、困惑、迷茫、反悔乃至幻灭交织着的悲悯情感折磨。丸山茂在《王维的自我意识》篇里说:"王维的自我意识,不像纳鲁索斯、何晏那样外在的'自我陶醉'。即使被沉醉于感伤的'另一个自我'陶醉,也不会被现实中的自我陶醉。不凝视'另一个自我'就会感到不安的'习性',使王维在面对作为官僚的自己时,他的自我意识,莫说'陶醉',甚至会演变成类似于自我嫌恶、逃避现实似的感情之中。在未成熟的少年期,年纪轻轻就不得不陷身于都城污浊之中的'肉身的王维',也许拥有向'在俗的摩诘'升华的这种精神上的'自我防卫机能'是必要的。"① 这段评价极高,意思是说王维与生俱来就有的一种悲悯精神,天生就拥有一种防微杜渐而洁身自好的"自我防卫机能",用医学上的话说,就是他天生就有一种"抗

---

① 〔日〕丸山茂著,张剑译:《唐代文化与诗人之心》,中华书局 2014 年版,第 258 页。

体",是一种"基因"。王维的灵魂深度在于此,王维的生命真实在于此,王维的人格魅力和诗歌魅力也在于此。

袁枚评价杜甫作品时说:"人必先有芬芳悱恻之怀,而后有沉郁顿挫之作。"① 难道我们不认为王维也有"芬芳悱恻之怀"吗?虽然他不是"沉郁顿挫"之作,他的诗以清逸绮秀的外表却流淌着感人至深的悲悯情愫。与杜甫比,王维有王维的精神高度,王维有王维的道德境界,王维有王维的思想方式,王维有王维的诗歌表现,因此,我们应该从更广阔的社会层面与思想背景下来认识其人其诗,而不是局限于其诗中消极避世的一面,甚至戴着有色眼镜看他,无端放大他的消极面,而作鸡蛋里挑骨头的苛求。王维的诗里,确实很少反映民生疾苦,似也很少有批判现实的题材,但是,我们不能说王维就没有体爱苍生的思想感情,只是他不屑也极少以客观写实来表现忧国忧民的悲悯意识。

---

① 〔清〕袁枚著,顾学颉校点:《随园诗话》卷十四,人民文学出版社1982年版,第498页。

第七章 王维的美学观念

唐代是个诗性的时代，是个各种艺术皆臻完美的时代，也是个艺术观念极其丰富的时代。比较而言，这个时代重感性，重表现，理性思辨比较薄弱，没有出现《文心雕龙》与《诗品》类的皇皇巨著，就连一般性的诗话似也没有，王昌龄的《诗格》与王维的《山水诀》，据说也是宋人托名的。

蒋寅先生说："一个时代的诗歌观念，总与诗人关注的问题及由此形成的感受——表现方式有关。当特定的生活内容成为诗人关注的焦点时，它就会最大程度地刺激诗人的感官，形成特定的诗性经验，并由诗人的感觉模式转化成特定的艺术表象，构成具有内在同一性的艺术表现方式。"[1]其实，诗美观念的表述方式与时代有关，也与诗人的行为方式与诗性经验有关。

美学观念，即美学思想，是人类历史上对美、审美、创造美进行理论思考所形成的思想观念的总称，亦是人的世界观、价值观的组成部分。王维是个艺术超人，其诗、书、画、乐皆臻完美，堪为顶级，却没有一部诗美学的专论。我们对其美学观念的

---

[1] 蒋寅：《古典诗学的现代诠释》（增订本），中华书局2009年版，第253页。

认知，也不过就是从其诗中感悟、淬炼、提纯出来的。这些美学观念，或曰美学思想，很玄乎、很抽象也很朦胧地存在于其诗文中，然确是实实在在地存在着的。换言之，王维的艺术观念，于其诗中只是一种自觉不自觉的意识、感觉或趣尚，而正是这种自觉不自觉的美学理念，形成了他"特定的诗性经验，并由诗人的感觉模式转化成特定的艺术表象，构成具有内在同一性的艺术表现方式"。

王维虽然没有诗歌理论专著，也没有专门的诗美论述，遑论系统的美学理论。但是，王维诗文中蕴涵了丰富的美学思想，而且这种美学思想也已相当成熟。我们概括出"自然美学观""生命美学观""象外美学观"与"情境美学观"之"四观"，或许并不全面，而却是王维诗文中重要的美学观念，或者说是其美学观念的主要方面，应该说这是在当时诗坛起到积极影响的美学观念，也必然能够对后世诗歌乃至中国整个艺术发生越来越深刻的影响。

第一节 自然美学观

王维深爱山水，是深入骨髓的爱，不可救药的爱。这种热爱，助长了他走向自然的自觉与深度。林语堂在《吾国与吾民》中说："中国人具有特殊爱好自然的性情，赋予诗以继续不断的生命。这种情绪充溢于心灵而流露于文字。"[①] 王维在对山水田园的亲近中深刻感受到人与自然为一的生命精神与审美意义，从而在

---

① 林语堂：《吾国与吾民·文学生活》，长江文艺出版社2009年版，第219页。

诗歌中表现出个体生命与宇宙生命的蔼然交流的浑化，使自然山水在审美呈现中成为自然美的艺术形态。王维没有关于自然美学观的论说，而他的诗则是一种最好的言说。王维《清溪》诗曰：

言入黄花川，每逐清溪水。随山将万转，趣途无百里。声喧乱石中，色静深松里。漾漾泛菱荇，澄澄映葭苇。我心素已闲，清川澹如此。请留磐石上，垂钓将已矣。

王维心淡如青川，人闲如青山，人即山水，山水即人，这就是"独与天地精神往来而不敖倪于万物"（《庄子·天下篇》）哲学思想的诗性诠释。王维的自然美学观受老庄的影响，在"不敖倪于万物"的和睦中，而"独与天地精神往来"，即以不凌、不悖、不逆的平等态度而与山水交融。明代画家董其昌曾说，诗以山川为境，山川亦以诗为境。王维心随物动，顺山万转，逐水百里，彻底自放于大自然之中，以山水之性情为性情，与天地同流，与万物归一，人景物我，环境、心境、诗境高度和谐统一。王维与自然的关系以及其体验方式是：天如何人亦如何，山水如何我亦如何，亦即"道不违自然，乃得其性。法自然者，在方而法方，在圆而法圆，于自然无所为也"（王弼《老子注》）。

王维一旦进入山水，山水便是故人，他自己也便成为了山水，即便是一般人不感兴趣也看不出什么美来的平常山水，他也大有如遇知音的亲切和激动，生命处于还乡的兴奋之中。诗人沉浸于山水中，把感性的自然山水作为情感的对象，又能超越山水外物而达到精神上的"天籁"与"天乐"，俱道适往，着手成春，即随物赋形而顺应自然。著名美籍华人学者叶维廉先生认为：王维的山水诗，物之为物的本然本样，所有景物几近自现，几乎没有作者主观知性的介入。叶先生认为，"王维的诗，景物自然兴发与演出，作者不以主观的情绪或知性的逻辑介入去扰乱眼前景物内在生命的生长与变化的姿态"，他非常欣赏王维让山水自然"原始的新鲜感和物性原原本本地呈现，让它们'物各自然'地共存于万象中，诗人溶汇物象，作凝神地注视、认可、接受甚至化入物象，使它们毫无阻碍地跃现"①。他比较分析然后说，"中国的山水诗人要以自然自身构作的方式构作自然，以自然自身呈现的方式呈现自然"，因此，他以为"对物象作凝神的注视，不是从诗人的观点看，而是'以物观物'，不渗与知性的侵扰"，他举例王维的《鹿柴》《鸟鸣涧》《辛夷坞》三首诗说"这种凝注无疑是极似神秘主义所称的出神状态"，王维的自然美学观，就是"以自然自身呈现的方式呈现自然"。②这是王维自觉践行的自然美学观念。王维在对于大自然的体验中，强调自然而非人事，使庄子的"无为"思想生活化也美学化，生成了一种以宽厚情怀拥抱自然万物的生命状态，形成了生命大智慧对于外物的朗照式反观，身心完全潜入和融入自然。庄子的自然主义观认为："圣人者，原天地之美而达万物之理。是故圣人无为，大圣不作，观于天地之谓也。"（《庄子·知北游》）所谓"无为"，用李约瑟的话说，就是"不做违反自然的活动"，"亦即不固执地要违反事物的本性，不强使物质材料完成它们所不合适的功能"。③所谓"不

---

① 〔美〕叶维廉：《中国诗学》，三联书店1992年版，第89页。
② 同上书，第97页。
③ 李约瑟：《中国科学技术史》第二卷，上海古籍出版社1990年版，第76页。

作"，以叶维廉的意思就是不加改变，不扭曲自然，而"以自然自身呈现的方式呈现自然"。以王维的观点，就是"赖多山水趣"（《晓行巴峡》）。王维是要在与自然的亲近中培养与自然的真感情而识得天地之心，就是要懂得自然的规律而顺其自然，就是要合于自然而以自然之美为美。王维的诗中，以自然为美，以自然美为美，物各自然，美各其美，美在自美。"我心素已闲，清川澹如此。"诗人潜身山水，心淡如水，人静如水，自然是人的自然，人是自然的人。诗人在与山水的交流中，忘记了自我，摆脱了物累，弃绝了凡尘，摒除了俗念，真正地息机静虑，充分享受美、享受自然、享受闲适与宁靖的惬意，获得了物我融和的自由解脱，自性本真而澄明朗现。伊兹特·庞德指出："最佳的诗不仅处理自然形象，而且处理崇高的思想，精神的暗示和朦胧的关系。大自然的真理—大部分隐藏在细微得看不见的过程之中，在过于宏大的和谐之中，在振动、结合和亲切关系之中。"[①] 这似乎就是对王维山水诗"处理艺术"的概括，王维最擅长朗现自然而表现"精神的暗示和朦胧的关系"，而让人自己从中去感受那些隐藏于细微中的"真理"。亦就是叶维廉所说的："由于山水从万象中的兴现足以表现天理……便无需多费辩词。"[②] 他的《竹里馆》诗曰：

独坐幽篁里，弹琴复长啸。深林人不知，明月来相照。

[①]〔美〕伊兹特·庞德著，黄运特译：《庞德诗选——比萨诗章》，漓江出版社1998年版，第246页。

[②]〔美〕叶维廉：《中国诗学》，三联书店1992年版，第95页。

此诗简化了对所有因果关系的交代，只有幽篁与明月，着意突出自然的幽寂和休闲的适意。幽竹深处，独享静谧，只有明月的多情访问，没有任何外界纷扰，弹琴也好，长啸也好，全凭心性所至。弹琴不是自我炫耀的作秀，长啸也不是矫揉造作式的表演，一切自然而必然，一切悠然而旷然，顺其自然而深入自然，人之主体在与自然之客体的契合中而生成了一种闲适自得的生命状态。诗中以"深林人不知"与"明月来相照"对举，更是意味深长，即表明"我"已为人所不知而独为日月知之，到得此等境界，人已非人，物我同性，全然融入了自然，进入一种与自然同体、与大化同在的境界。胡应麟《诗薮》内编卷六评论说："右丞《辋川》诸作，却是自出机杼，名言两忘，色相俱泯。"他又说："'千山鸟飞绝'二十字，骨力豪上，句格天成，然律以《辋川》诸作，便觉太闹。"[①] 柳宗元的《江雪》虽然写的是静，只是表面的静，静得什么人都没有了，连鸟迹都绝了，天地间只有他一个人，只有"独钓寒江雪"的一叶孤舟，只有一个蓑笠翁，然而，却让人感到满纸的孤怨躁愤，感到诗人强硬而执拗的不能静，其心动性躁在他的独钓江雪中自然突兀出来。总感到他在苦苦地等待什么，有求于什么，不像王维什么都放下了，无心以待。王维的《辋川》诸作，写的是自然界的蓬勃生机，写的是人与自然之间的和谐，写的是物我之间的默契，真可谓不落言筌，不涉色相，诗中山水呈现出来的已不是自然外在的色相，而是观照者内在的真如佛性之美。诗人顺应自然而融入自然里，一任自然，一无机心，读后感到幽清闲和，静心息气。其《辋川集·栾家濑》

---

① 〔明〕胡应麟：《诗薮》，上海古籍出版社1979年版，第119—120页。

诗曰:"飒飒秋雨中,浅浅石溜泻。跳波自相溅,白鹭惊复下。"诗写风声雨声水流声,写受惊而起落的白鹭,四句都是写动,动感十足,然而却弥漫着一种淡雅、澄澈、恬静的气氛。他的《辋川集·辛夷坞》,静到极致,静到无我,一任自然,不生不灭,不垢不净,不增不减,超越了开落和生死。不见人事俗尘,但见花开花落,以无目的之心而遇合大自然的无目的。即以花开花落的自然,寓意无为的天道自然,只有花开花落,没有谁来关心花开花落,也没有谁来妨碍花开花落,突出了花开花落的机缘性,自然里没有人,什么人都没有,连诗人自己都化入自然里了,自然也没有作为。

宗白华论曰:"以宇宙人生的具体为对象,赏玩它的色相、秩序、节奏、和谐,借以窥见自我的最深心灵的反映:化实景而为虚境,创形象以为象征,使人类最高的心灵具体化、肉身化,这就是'艺术境界'。"[①] 王维的自然美学观,要求诗人在大自然面前,虚我以应物,除去一切来自世俗浮华的遮蔽,而朗然澄澈如天地之鉴,万物得以历历朗现。王维常常是独自一人悄悄地潜入山水之中,以类似禅宗修习的观照方式而实现对于山水自然的深邃精致的生命体验,诗人息虑凝思,澄怀忘机,虚无忘我以应物,明心见性而映照万物。郭象说:"物各有性,性各有极。"王维最大可能地尊重自然,以类似参禅悟道的观照和思辨方式,很好地解决了审美活动中对现实人生的超脱和贴近的辩证关系,而使诗人的五官感觉和思维"返祖"式的超灵敏,实现了对山水自然的深观远照,打破一切阻碍感知和表达的语言维度与界限,主

---

① 宗白华:《宗白华全集》第二卷,安徽教育出版社1994年版,第358页。

观与客观互为混淆，物理的与心理的、有生命的与无生命的、幻想的与现实，都有着一种实体意义上的神秘互渗关系，呈现超时空、通感和全息意指的混沌状态，亦即"意静神王，佳句纵横，若不可遏，宛如神助"（皎然《诗式·取境》）。

刘勰《文心雕龙·隐秀》曰："雕削取巧，虽美非秀矣。"因此，他认为要"自然会妙"。王维诗中有不少这种"自然会妙"的描写，如"夜坐空林寂，松风直似秋"（《过感化寺昙兴上人山院》）；"朝梵林未曙，夜禅山更寂"（《蓝田山石门精舍》）；"山中习静观朝槿，松下清斋折露葵"（《积雨辋川庄作》）。诗人空心潜入，体悟自然界花开云起的自然律动，进入了与自然本质对应的物我不分的诗禅之境。"兴来每独往，胜事空自知"，然后是"行到水穷处，坐看云起时"（《终南别业》）；或者"静言深溪里，长啸高山头"，于是"曾是厌蒙密，旷然消人忧"（《自大散以往深林密竹磴道盘曲四五十里至黄牛岭见黄花川》）。诗人无心淡泊，随缘行止，表现出顺应自然的高度自觉，也表现出享受自然生命所共有的幸福的能力，因此，他在与自然混为一体时，便也能够深谙自然之真趣，感觉到了"野花丛发"的"好"的愉悦，感觉到了"谷鸟一声"的"幽"的惬意，感觉到了"飞鸟逐前侣"的温馨和自由，感觉到了"纷纷开且落"的静穆和淡泊，也感觉到了"欲上人衣来"的情调和闲趣。

王维的这种"自然美学观"，在对于自然的审美体验，以静穆的观照而感受宇宙万物与自己生命本真一致性的生态体验，以素朴无为的自然人性而洽应山水的自然天性，在直接体验和领略大自然美的本身的同时，密切了人与自然的关系，加速了物我共构共融秩序建立的进程,表现出对于自然的顺应和混同的生态智慧,也使王维以最佳状态进入到自然美的最优层次,深入到自然造化的核心,体感到自然山水的真谛神理。因而,王维的审美体验达到了宗教体验或哲学体验的层次,其诗以物各自然的生态呈现,展示出极为深邃清远的优美意境,表现了无限自由的天地精神,无论从哲学还是审美的角度,都达到了澄明空灵的一派天道自然的生态形质,其诗亦堪称自然美的典范。

葛晓音《山水田园诗派研究》里指出,"王孟诗派将观赏和感觉相结合,以会景生兴,'即景造意'为基本特点,诗兴由景物触发,景物大体上保持其本来面目。诗人虽然也凭主观感受取舍,或通过想象美化,但以客观描绘为主",而"杜甫强调心理感觉,便使景物有了较大的主观随意性"。[①]所谓"即景造意"就是不破坏山水的自然美,不矫饰造作,"景物大体上保持其本来面目",而以景入境,正说出了王维诗自然美的特点,说出了王维自然美学观的特色。王维在与自然精神往来的过程中,自然万物化为他的一片心境,与其所呈示的最高艺术精神在本质上获得了深刻的一致性。当他与各得其所、自由兴作的自然万物相亲密接触的时候,便能以己之"性空"之真,契合万物生灭变化之幻,心中天真烂漫,一片化机。王维把大自然作为一种精妙语言而精妙运用,以自然静美的展现而表现形上超越,不落言筌,不露筋骨,以最简约的形式而容纳最华丰的诗意内涵,诗的喻旨宏深,充满了微妙的暗示,形成了其诗穷幽极玄的诗美形态,体现了其特有的自然美学观。

---

① 葛晓音:《山水田园诗派研究》,辽宁大学出版社1993年版,第317页。

第二节 性气美学观

王维的性气美学观,是唯心主义的美学观,具有人格主义美学的特色。

《坛经》曰:"性含万法是大,万法尽是自性。"佛禅强调"三界唯心",认为"万法归于自性"而"自心顿现真如本性"。这种美学观有别于传统的"心物感应"的"物感"观,《礼记·乐记》曰:"乐者,音之所由生也。其本在人心之感于物。"《文心雕龙·物色》曰:"诗人感物,联类不穷。流连万象之际,沉吟视听之区。写气图貌,既随物以宛转;属采附声,亦与心而徘徊。"王维性气美学观属于"心感",虽然也是"气之动物",却侧重于心气性灵,更重于物的能动性,重神遇兴会的非逻辑性的精神活动,突出审美唯"心"的特点。王维的《为相国王公紫芝木瓜赞并序》曰:

> 人心本于元气,元气被于造物,心善者气应,气应者物美,故呈祥于鱼鸟,或发挥于草木,示神明之阴骘,与天地之嘉会。

他认为,人心善恶与造物相通,这可于鱼鸟草木中得到呈示与应验。人心本于元气,元气乃万物之本。这里讲的是心、气及物之间呈现的关系,讲的是"意象"生成的原理,也暗合庄子的"气"说,庄子曰:"无听之以耳而听之以心,无听之以心而听之以气。"庄子认为,耳听止于声,心听止于感,最高的境界是用

"气"听，因为"气也者，虚以待物者也"（《庄子·再宥》）。心感气应，以人合天，立善遗爱，保真得道，强调审美活动中纯化无染的性气与境界。序中引入"元气"的概念，道教将世界本体看作元化，万物变化与天道盈缩乃元气之牢笼也。"气"在中国哲学和美学中是贯穿始终、多元衍生的元范畴。"气论"是中国哲学的重要部分。

王维在《绣如意轮像赞》的序里，还提出了"审象于净心"的美学观念。这也就是认为，审美者在审美过程中须有虚空明净而杂念全无的审美心境。心境的虚空明净，是审美观照的前提。而要成为一个真正的审美者，首先需要的就是"净心"，就必须净化心灵，排除各种世俗欲求，亦即"空心"与"斋心"乃至"涤除玄览"的"坐忘"，亦同于陆机的"虚己应物"说。这种"净心"说，特别重视审美中的性气参与，也只有在除去是非得失的思虑而精神感知高度宁静与自由的情况下，亦即物我两忘时，方可成为一个真正的审美者，才能获得纤细入微的体察，而体悟宇宙万物的内在本质和生命律动，从而进入理想的审美境界。王维的这种美学观，基于中国古代的心物对应论、心物关系论，强调了心性在审美中的决定性作用，肯定了审美过程中对于客体的依赖。然而，物不自美，诗人之兴，感物而作，侧重于审美主体的境随心转。从审美的本质来看，审美是一种以人的心理感受为中介的精神创造活动。中唐高仲武的《中兴间气集》，以王维美学为圭臬，他在序中曰："诗人之所作本乎心，心有所感而形于言。言合典谟，则列于风雅。"[①] 心感而诗美，是一

---

① 傅璇琮主编：《唐人选唐诗新编》，陕西人民教育出版社1996年版，第456页。

种能动性的相互关系，在美的生成性中审美主体具有极强的心理能动性，然而美之客体属性也对主体的情感触发具有相对的制约性。

王维的性气观，充分体现了中国美学人格主义特色，体现了中国美学的主体精神特点。宗白华先生在《美学散步》中说："中国自六朝以来，艺术的理想境界却是'澄怀观道'，在拈花微笑里领悟色相中微妙至深的禅境。"①宗先生以禅说艺，其所说的艺术极境也即禅境，是以"心性"审美而形成的艺术妙境。这种诗美学的理论重心性感悟，将庄禅精神强调到极致。东晋刘宋年间的著名画家宗炳谈艺曰："圣人含道映物，贤者澄怀味象"。（《画山水序》）含道与澄怀，乃两种观照与创作方法。所谓"含道"，即以"道"心观物，圣人体合空道而合以天心；所谓"澄怀"，即以"心"观物，贤者以空化执而万物归心。王维以老庄的自然精神为主体而兼取佛禅儒教，以玄心虚怀而与天地精神相往来，十分重视自然山水的触发，强调感觉对现象世界的依赖，然而更重澄怀虚心对自然山水的玄览，把来自山水自然的映象，重新组合而形成"心造的幻影"的艺术范型。王维在面对山水自然之美时，实现了宗教体验向审美体验的转化，其"澄怀观道""虚心味象"的美学观，生成了审美的积极主观能动性，自然山水呈现出与诗人玄心美感所冥合为一的艺术化境，成为诗人灵性的具象化物质。

王维诗中反复出现"空"，在其不到400首存诗里出现"空"字80余次。这显然与其般若空观密切关系。空，"空诸所有"，

---

① 宗白华：《美学散步》，上海人民出版社1981年版，第64页。

这是一种心无所执、明心见性的终极智慧。其实，这也是诗人的一种美学宣言，是生命美学的核心内涵，亦即其"审象于净心"的美学思想。净心，即空心，即澄怀，即守默，即自性空观，即审美过程中的精神专一与贯注。在审美活动中，审美主体之心不仅直观自然，同时也必须内视自身，审美即心对自然客体的刹那照面，是生命于审美对象上的刹那即现。王维的心性美学观，非常重视审美活动中"心性"的介入和心物同构冥一的主观性，重视和强调理念的感性显现。"眼空今无染，心空安可迷"（《青龙寺昙壁上人兄院集》），眼空乃至心空，让王维视为审美的最高境界，因为眼与心而俱"空"，即以审美之慧目观照天人，旁罗变动，在对山水观照时，消解了纯逻辑的概念活动，绝去圣智，无念为宗。通过禅定，使心澄静，人到极静而"六根互相为用"（《楞严经》卷四），处于无生无灭的虚空状态，生命精神与外在对象亦浑化无迹而为一种境界，达到物我冥合的"无我"之境。心空则外物湛明，兴象深微；眼空则物随心转，境由心生。于是便有了兴会神到的机缘，生成了意境再造的机制，而出现了艺术上的"境"。王维的心性美学，将庄禅教义转换美学观，强调诗人心性与万物众生的应有关系，强调生命主体在审美中的主导作用，强调纯粹审美与审美的纯粹性。

诗与禅最重要的相似点，即都是生命的体验，是个体性的亲在体验。诗人习养心性，息虑凝思，澄怀忘机，虚无忘我以应物，以生成一种明心见性，映照万物的感觉。王维的心性美学观，似乎尤其重视审美主体的心性基质，重视美感生成的生命个体，他的《山中与裴秀才迪书》里提出的"天机清妙"说，就是从审美主体的角度来诠释性气美学观的。这篇书信体散文全文仅

第七章 王维的美学观念

二百余言：

> 近腊月下，景气和畅，故山殊可过，足下方温经，猥不敢相烦，辄便独往山中，憩感配寺，与山僧饭讫而去。比涉玄灞，清月映郭，夜登华子冈，辋水沦涟，与月上下。寒山远火，明灭林外，深巷寒犬，吠声如豹，村墟夜舂，复与疏钟相间。此时独坐，僮仆静默，多思曩昔，携手赋诗，步仄径，临清流也。当待春中，草木蔓发，春山可望，轻鲦出水，白鸥矫翼，露湿青皋，麦陇朝雊，斯之不远，倘能从我游乎？非子天机清妙者，岂能以此不急之务相邀！然是中有深趣矣，无忽。因驮黄檗人往，不一，山中人王维白。

这篇书信体散文情辞俱美，表达的是邀请裴迪同享美景的意思，欲说还休而欲休不甘的情感流程，饶有趣味。明知邀人出游而要影响其温经，为何却考虑再三还是发出了邀请？为何众多朋友不邀而独邀裴迪？就是因为裴迪乃"天机清妙"者也。于王维看来，不是所有的人都能够欣赏辋川美的。只有"天机清妙"如裴迪那样的人，方可识得是中之"真趣"也。用"天机清妙"来评价裴迪的审美素质，这是极高评价，极少有人能够享受王维的这个评价。宋代董逌《广川画跋·书王摩诘山水后》说王维的画"绝迹天机，非绘者所能及"，认为当时的名家之画只不过是"聚石为山，分画为水"而已，"无生动气象"。[①] 此论是从王维画的

[①] 〔宋〕董逌：《广川画跋》，中华书局1985年版，第51页。

角度评价他"天机清妙"的。赵殿成《王右丞集笺注·序》里说:"右丞崛起开元、天宝之间,才华炳焕,笼罩一时,而又天机清妙,与物无竞,举人事之升沉得失,不以胶滞其中,故其为诗,真趣洋溢,脱弃凡近。"所谓"不以胶滞其中",亦即"不胶滞于万物",是一种不粘不滞的"不二"境界,也就是"不住相"。佛教"不胶滞于万物"成为王维的人生态度,也成为其诗歌创作的灵性与技巧,形成了王维诗歌的审美特征与艺术风貌。王维以"天机清妙"来赞美他人,人家也用"天机清妙"来评论王维。所谓"天机清妙",其实就是强调人的一种美感天赋,是一种特殊的艺术素养。没有这种清妙的"天机",就不能"与物无竞",就不能"不以胶滞其中",就不可能看到人家看不到的美,就不可能享受到人家享受不到的情趣,也就不能有"真趣洋溢,脱弃凡近"的诗。美学是人与自然的自由、诗意的交流,就是超越自然存在的对生命的终极追问。只有美感的存在才有感性世界的美的存在。神秘的冬夜,烂漫的春日,山林水月,轻鲦倏鸥,其中"深趣"无限,具有玩赏不尽的美的意蕴。而这种美以其特有的感性美的形式,而作"一种向情感和思想发出的呼吁"(黑格尔语)。这种呼吁,也只有"天机清妙"者才可能听见,也才可能有积极参与和踊跃投入。王维呼唤裴迪的本身,就是肯定了自然山水本身的静美,美在自然山水的本身。然而,王维只呼唤裴迪而不唤其他人,也就是十分看重欣赏美者"天机清妙"的特有素质。因此,我们以为,这种呼唤,是美的呼唤,是美对具有审美天性者的呼唤。

王维呼唤裴迪来欣赏山野的拙美,也呼唤裴迪来欣赏他辋川别业的秀美,并与裴迪共同创作完成了《辋川集》,没有看到王维有呼唤其他人的记载，这说明王维太看重审美者的个体素质了，即审美心性在审美中的决定性意义。英国唯心主义美学家休谟说过："美不是事物本身里的一种性质。它只存在于观赏者的心里，每一个人心见出一种不同的美，这个人觉得丑，另一个人可能觉得美。"① 王维的观点，与休谟同，都是从唯心主义美学的角度强调审美的主观性和复杂性，同时也不否定美的对象的客观性。作为唐代重要山水诗人的柳宗元也这么认为："美不自美，因人而彰。兰亭也，不遭右军，则清湍修竹，芜没于空山矣。"（《邕州柳中丞作马退山茅亭记》）这也强调审美主体在感物中的决定性作用，没有右军的审美发现，兰亭处纵有"清湍修竹"，而只能"芜没于空山矣"。也就是说，即使是同样的山水，因为审美者的不同，也必然会产生不同的美感。自然山水美即便纯是物的属性，它也必须要以美感作前提。美，是一种被体验到的存在，是被感受了的事实。费尔巴哈就非常重视美感和审美能力，他说得好极了："如果我的灵魂在审美方面低劣不堪，那我怎么能够欣赏一张绝美的绘画呢？"② 王维邀裴迪来欣赏的美，不是一般的审美者都能够感受得到的美。也就是说，没有审美者感知美的心理中介，此美便不可能成为美的客观现实。

王维诗中曰："空虚花聚散，烦恼树稀稠。灭想成无记，生心成有求。"（《与胡居士皆病寄此诗兼视学人二首》其二）花的聚散，树的稀稠，皆由心也，此禅诗强调空虚无念，灭想生心，

---

① 北京大学哲学系美学教研室编：《西方美学家论美和美感》，商务印书馆1980年版，第108页。
② 〔德〕费尔巴哈著，荣震华等译：《费尔巴哈哲学著作选集》下卷，北京三联书店1962年版，第54页。

不生心,不起念,自性清净,了无牵挂,就没有了烦恼,也消灭了苦难。佛说:"心有多静,福有多深。"人生在世如身在荆棘,心动则身动,身动则皮肉筋骨受害痛苦。这是谈禅的诗,以诗说禅,其实也可移来谈诗,诗与禅,在生命体验上是一致的,也就是说,审美由心。禅宗的自见本性、直指本心的超验意识,形成了诗人超知性的"直觉之智",禅的经验也赋予他更多的诗性睿思。王维以佛禅为心,虚静澄怀,形成了神超理得的心理感应,故而当其遭遇山水外物时,天真自在,心中一片化机,打破过去、现在和未来的绝对时空,消解我物之界限而交融了天人,以性空之真与万物生灭变幻之真相契合,道法自然而与万物归一,于自己灵魂里看到宇宙自然的无限和大美。

王维性气美学观的意义在于,突出审美主体的心性意气,突出审美体验的具体性与超越性,也就是说,审美主体不仅自身需要具有清妙的天机,而且需要在具体的审美实践中虚己应物,澄怀味道。美学老人黑格尔说过:"艺术作品中形成内容核心的毕竟不是这些题材本身,而是艺术家主体方面的构思和创作加工所灌注的生气和灵魂,是反映在作品里的艺术家的心灵,这个心灵所提供的不仅是外在事物的复写,而是它自己和它的内心生活。"[①] 这是从创作论的角度来说的,亦暗合性气说,亦是强调审美主体"生气和灵魂"在审美创作中的意义,认为作品其实就是艺术家的心灵"它自己和它的内心生活"。王维的性气美学观,使他的直觉把握能力非常发达,处于类似入禅的心冥空无的状态,一无挂碍,入定发慧,感官非常敏感,六根互通,外物湛然空明,

---

[①] 朱光潜:《朱光潜全集》第十五卷,安徽教育出版社1997年版,第216页。

从而体悟到自己内心中澄明敞亮。因此，在遇合日常物事、闲花幽草时，便可超然顿悟，实现解脱与超越，万象冥会，动触天真，天人交融而物我无际，仿佛整个生命都从狭窄的自我中涌出，与宇宙生命合为一体，自然也一派天道自然的灵气和静意，相由心生，境随心转，诗亦由性气生也。

第三节　象外美学观

中国古代的哲学思维追求"象外"，而"求理于象外"。《周易·系辞上》曰："圣人立象以尽意。"这种"象外"思想，源自"言意之辩"，儒释道三教皆以为"言不尽意"，也都有"得意忘言"之说，因为言不尽意，故而需要"取象比类"而立象尽言。特别是禅宗的"言语道断"的思想以及"不立文字，教外别传"的体道方式，对王维的象外美学观的形成影响非常深刻。

王维在《谒璇上人并序》的序中说："上人外人内天，不定不乱。舍法而渊泊，无心而云动。色空无碍，不物物也；默语无际，不言言也。"此论以庄说禅，庄禅并说。"外人内天"乃庄子的核心思想。《庄子·秋水》曰："天在内，人在外，至德合于自然。"自然蕴含于内里，人为显露于外在，至高之德合于自然。所谓的"外人内天"，即轻人事而重自然，人事乃外在之物，自然禀赋则为内在之天。前四句是说自然合德，心念不动，而恬淡沉静，如云起散。后四句则是对禅宗精髓的精辟概括。色即是空，空即是色，无须物也。默即是语，语即是默，不必言也。王维兼借佛禅的"说法手段"与"叙事技巧"，巧用色空相即之法，以色写空，以色悟空，以无物之心观色空之相，色即是空而非空有，明写色而暗喻空，道契缘起性空之玄微，甚合"言筌不及，意路不到"的佛学思想内涵，特别追求"不言言也"的立象与造境的艺术化境。中国古代文化，体道本来就重直观感受与象征暗示。"象外"观在南朝画论中已经出现。而作为美学范畴在诗学里真正出现，似乎要到中唐之后了。譬如皎然说"采奇于象外"（《评论》）；刘禹锡说"境生于象外"（《董氏武陵集纪》）；司空图说"超以象外，得其环中"（《二十四诗品》）以及"象外之象，景外之景"（司空图《与极浦谈诗书》）等。也可以这么说，诗学中的"象外"说，导源于老庄和魏晋玄学，还有就是禅宗。王维似无"象外"说，然而，王维诗则是典型的"象外"范本，具有丰富而充分的象外、言外、意外、韵外、旨外的意蕴，我们甚至可以说，皎然、司空图等人的"象外"说，正是以庄禅精义对王维以及王维一派创作经验的总结。

王维在《为画人谢赐表》里提出了"传神写照"与"审象求形"的理念，这是他对艺术中"象"的要求，讲的是"象"与神的关系，也就是文学理论中形意形神的核心问题。庄禅赋予王维的主要是内省功夫，其深受庄禅演绎经义形式的影响，诗中多仰仗"象"来运思与呈示，将美的理念体现在具体的、感性的事物里面，而有"妙在笔墨之外"的情韵意旨。诗与庄禅的最重要的相似点，即都是生命的体验，是个体性的亲在体验。特别是，诗与禅在直观顿悟的这种瞬间体验的性质上，以及其心理表现形式上都是一致的，禅助诗人形成了对自然外物的直觉把握的审美机制和审美效应。王维的诗中诸多清空虚莹之境，正是诗人把自然山水作为一种佛理来观照与呈现的结果，暗合了"凡所有相，皆是虚空"(《金刚般若波罗蜜经》)的禅旨,诗禅浑然,了无界限,无所谓诗也无所谓禅,佛学禅亦蜕变为美学禅。王士禛在讨论诗歌理想时指出,王维的诗歌"取由我衷","只取兴会神到",超越了摹写的界限,也超越了纯粹个人的情感,最终超越了语言的本身。受禅宗理念的启发,王维的山水诗尤其重视"原初直观"的原样再现,契合禅宗传教不言言也、不言而喻的参悟原则。对王维来说,自然万物均为"法身"变现,心弦之动,完全与天籁合调,自然色相俱泯。其实,老庄道学在借形悟道的思维上与禅学也很是一致,庄子认为,人的感觉器官和心的逻辑思维的思考只能把握有限的事物,而凭空虚之心境去直观外物,才能把握无限的道。王维汲取和融会了庄禅理谛,而在遭遇山水外物时,形成了既不是见形不见意而又不是见意不见形的思维模式,远离了诗歌对实物的写生性模仿,在构境上取象不杂,简省而纯粹,而将意象提炼到具有最高概括力的程度,物象与心灵契应神交,创造出恍惚缥缈或清空简远的意境。这种"传神写照"的立象取境的诗歌创作,给人于"审象求形"中以积极而多向度的暗示,生成一种寻绎不尽的禅悦,从而感受"象外"的自然天道中生生不息的运动节律。

王维的"传神写照"与"审象求形"的思维,强化了他的"象"意识,也成全了他的"境"思维。而他在诗中立象的自觉,形成了他"通过意象表现一切"的创作自觉。其"不言言也",并不是不说话,或者什么话也没有,而是不直接了当地说话,通过"象"来"言",把语言置换成"意象",使诗歌"意象化""意境化"。所谓诗学的"象外"说,亦即实现了意象诗的象征、隐喻与暗示的艺术功能。没有谁比王维更爱在诗中写景,言之所不能达，而立象以尽言，这是诗所以为诗的形象思维。王维诗所以具有十分丰赡、异常饱满的"象外"美感而让人咀嚼不尽，即在于他"清远为尚"的取象原则，在于他"不着一字尽得风流"的立象表现。顾随先生比较研究说：李杜诗重"发表"，王维的诗重"含蓄"，"李、杜则发泄过甚"。①王维的含蓄，即其不肯直接言说，也不屑直言，立象以尽意而"神超象外"。用钱锺书先生的话说，这是一种"怀了孕的静默"，其"说出来的话比不上不说出来的话，只影射着说不出来的话"。②诗中没说出的话远多于说出来的话，最好的办法就是"立象"。因为立象达以传意，"妙在含蓄无垠，思致微渺，其寄托在可言不可言之间，其指归在可解不可解之会，言在此而意在彼，泯端倪而离形象，绝议论而穷思维，引人于冥漠恍惚之境"（叶燮《原诗·内篇》）。因此，我们对于王维诗的参悟，也如对于禅的体验一样，也是要超越语言解说的。因此，翁方纲说右丞诗"神超象外，不必言矣"（《石洲诗话》卷一）。而我们则通过王维诗中的意象和意境，体悟宇宙的无限生机，走进了一个万物含生、流衍互润的大千世界。

王维将意象提炼到最具概括力的程度，意象相洽，意象浑融，使其诗形成了富有韵外之致、象外之趣的清空简远的意境，形成了空灵清新、含蓄隽永的风格，让读者通过其所立之"象"来抵达其诗之"意"。诗人不屑于赋比兴的一般摹写，更不屑巨细不拘的取景录像，而专注于象与境的经营，以象言说，以境

---

① 顾随著，叶嘉莹笔记，顾之京整理：《顾随诗词讲记》，中国人民大学出版社2010年版，第247页。
② 钱锺书：《谈中国诗》，《写在人生边上 写在人生边上的边上 石语》，三联书店2002年版，第163页。

呈示，以不全求全，物态天趣而兴象玲珑，镜花水月而神韵缥缈。因此当欧美人刚开始接触王维等盛唐人的诗时，便感到了惊奇，也生发了好感，说"中国诗人从不直接谈出他的看法，而是通过意象表现一切"（埃兹拉·庞德语）。西方人比较倾心于"概念诗"，意象对西方诗歌创作形成了巨大的冲击。西方人甚至把"意象诗"称为"事物诗"，即景物诗，以为没有什么深意，没有什么概念。兰色姆说："在我们诗歌的发展史中，意象派诗人是举足轻重的人物。他们既是理论家，又是创造者。他们的意图是使'事物性'中的'事物'呈现出来。由于公众对事物性的意识已经丧失殆尽，因此诗人更动一下方向是颇为有益的。公众希望在诗歌中找到的是概念，不论是大的概念还是小的概念，崇高的概念还是卑微的概念，反正是一些为之而生为之而死的概念；但是意象派诗人却认为构成诗歌的材料的只是一些事物。"① 西方诗人与诗论家已经发现中国意象诗的无穷魅力。黑格尔有句名言："美是理念在感性事物里面的体现。"这说的似乎是"意象"。我们从宇文所安的《盛唐诗》里得知，他对王维诗很有好感，对王维的这种"象外"观与作法尤其服膺。他说："真理的隐藏深深扎根于哲学传统；与西方不同，在中国传统上真理通常不是隐含于深奥复杂的面具之后，而是隐含于明白朴素的面具之后。袭用这一传统将彻底改变诗歌的阅读方式：所说出来的不一定是所要表达的，表面的情致可能并不是真正的情致。特别是在《辋川集》中，诗歌的形象十分完整，但意思却很不完全，从而引逗读

―――――――

① 〔美〕约翰·克娄·兰色姆著，蒋一平译：《诗歌：本体论札记》，赵毅衡编选《"新批评"文集》，中国社会科学出版社1988年版，第48页。

者去寻绎某种隐藏的真意。"他举《栾家濑》为例评论说:"甚至在较不迷幻的绝句中,也经常可以从王维那平直陈述的完整意思中感觉到一种奇特的不确定性。"宇文很欣赏王维的"象外"艺术,又举例王维《临高台送黎拾遗》诗:"相送临高台,川原杳何极。日暮飞鸟还,行人去不息。"他说:"读者知道人和鸟的移动构成了比较的基础,但行人到底是和鸟一样,出发到他们所属之处去,还是与归鸟不同,不断奔走于人生的持久劳役之中,诗中并没有任何暗示。作诗之时,场合的景况可能提供了这一暗示,但这首诗在后世的流行表明,那种不确定的联系更引人注目。诗中向读者示意了'比拟',随后又隔断了读者对比拟的理解。"① 王维的诗,常常"引逗读者去寻绎某种隐藏的真意",让人于象外求之。譬如他的边塞诗《使至塞上》写战争与战场,不直言不实录,而取象大漠特色的物象,作意象与意境的经营,诗中征蓬、归雁、大漠、孤烟、长河、落日,每个物象都有深意,都融入了特定情韵,即意象化了。诗人妙在不经意间取象,而别有深意,落日浑圆,而非暗无天日;孤烟直立,而非狼烟四起。而我们则于"象外"寻绎到某种隐藏其中的"真意"——大唐边疆战事平息之后的宁靖,唐军所向披靡的强大,大唐版图的辽阔,生于太平盛世的豪迈等等。因此,读王维真要有"象"意识与"境"思维,注意力不能只集中于某一两句上,可谓"篇不可句摘,句不可字求"(胡应麟《诗薮》内篇卷二)也。

王维的诗,立象尽言,而不肯直言,言此而意彼,言此而及

---

① 〔美〕宇文所安著,贾晋华译:《盛唐诗》,三联出版社2004年版,第46—47页。

彼，基于他的象外美学诗观。王维的创作自觉恪守象外美学观，把本质上消极的佛禅思想转化成诗歌灵感，把抽象玄虚的佛旨理性转化成艺术审美。我们通过王维摄取的这些"象"，以及"象"与"象"间所建构起来的"境"而走向了王维，也走向王维的象外美学。他的这种立象尽言的"不言言之""不物物也"的作法，但见山水花鸟，但见情性，以景象（包括典故）构成了隐喻与暗示的诗性效能，生成了以少总多、意在言外而虚实相生的艺术效果，极大地强化了中国诗歌以"虚"为美的传统。以王维为代表的"不落言筌""象外之象"的美学思想与审美实践，在特定场合里获得的虚幻"情境"的暗示，通过对物象的精心取舍和组织，把色相提炼成最精简的意象，进而创设出神妙的意境，形成了王维的诗"象外之象"的最佳范本。

第四节　情境美学观

王维的《裴右丞写真赞》里，提出了"凝情取象"说，这与"穷情写物"（钟嵘《诗品序》）的意思相近，但是，"取象"侧重于"直观性"，"写物"侧重于"直录性"。所谓的"直观性"，一触即觉，强调妙悟妙觉，不是靠抽象的逻辑推理，而是在直接观照中去领悟去获得。凝情不是感物，而是取象，重直观性、综合性与完整性的审美情境。

王维的"凝情取象"说，也就是王夫之所说的"即景会心"，就是在直观景物的一瞬间，景生情，情寓景，实现了形态与意味、形与神、感性与理性的完整的同时的统一。王夫之举《使至塞上》中的"长河落日圆"和《终南山》中的"隔水问樵夫"两句为例,以说明"即景会心"不是长时间的"揣摩拟议",而是在"初无定景""初非想得"的情况下对当下的直接把握,认为此"则禅家所谓'现量'也"。[①]其实,这就是艺术直觉的心理过程,是对钟嵘"直寻"说的继承与发挥。王夫之《唐诗评选》在品评《观猎》时说:"工部之工,在即物深致,无细不章。右丞之妙,在广摄四旁,圜中自显。"他又评曰:"右丞妙手,能使在远者近,抟虚作实,则心自旁灵,形自当位。"品评王维诗,而让杜甫来作比,说杜甫善于取景,"在即物深致";王维善于取象,"在广摄四旁"。王夫之以《终南山》《观猎》为例来阐解王维诗"广摄四旁,圜中自显"之妙。"圜中"为虚、为体,"四旁"为实、为用,王维诗抟虚作实,以用显体,因此浑然天成,不露痕迹。他很欣赏王维的空间知觉,也就是以虚静澄怀而统摄包容广阔时空,又超越绝对时空的拘束,于自然的静默与刹那间以感知并营造出一种情境。王维擅长对自然山水作类似庄禅的"悟解",凝神专注而以平和悠闲的状态把握当下,不为物拘,不为时限,委顺自然而随缘物化,以情观物,缘情造物,既看重山水本身所具有的客观的本体美质,对外物有着亲切的依赖性,更是非常重视"机缘"的触发,而以内在生命与水流花落高度默契,来呈现浑沌宇宙的大化流行,生成"情中景,景中情"的艺术情境。王维《送梓州李使君》诗曰:

<blockquote>万壑树参天,千山响杜鹃。山中一半雨,树杪百重泉。</blockquote>

[①] 〔清〕王夫之:《姜斋诗话》,丁福保辑《清诗话》,上海古籍出版社1978年版,第9页。

汉女输橦布，巴人讼芋田。文翁翻教授，敢不倚先贤？

王夫之《唐诗评选》卷三品评此诗曰：

> 明明两截，幸其不作折合，五六一似景语故也。意至则事自恰合，与求事切题者雅俗冰炭，右丞工于用事，尤工于达意。景亦意，事亦意，前无古人，后无嗣者。文外独绝，不许有两。①

王夫之极力主张写景言情应以"即景会心"为据依，亦即《姜斋诗话》里所说的"现量"原则，他认为："情、景名为二，而实不可离。神于诗者。妙合无垠。"然"关情者景，自与情相为珀芥也。情景虽有在心在物之分，而景生情，情生景，哀乐之触，荣悴之迎，互藏其宅"。②不是情由缘境发，而是因情造境，确立了情感中心的地位，强化了情感在审美创造中的功能，亦即用景写意，景显意微，景皆含情，景皆生情。沈德潜于《说诗晬语》卷上评曰：

> 右丞"万壑树参天，千山响杜鹃。山中一夜雨，树杪百重泉。"分顶上二语而一气赴之，尤为龙跳虎卧之笔。此皆天然入妙，未易追摩。③

---

① 〔清〕王夫之：《唐诗评选》，上海古籍出版社2011年版，第111页。
② 〔清〕王夫之：《姜斋诗话》，丁福保辑《清诗话》，上海古籍出版社1978年版，第11、6页。
③ 〔清〕沈德潜：《说诗晬语》，丁福保辑《清诗话》，上海古籍出版社1978年版，第540页。

沈德潜认为，此诗龙虎气象，美无伦比，"未易追摩"也。这也是看重王维的情境构设的艺术。王维乃超一流的山水诗人，极擅取景构境，形成了特殊情境。王维诗"凝情取象"，因情构图，为送别而造境，让人走进了一个幽深奇幻的境地，层层叠叠的山，郁郁葱葱的树，山泉飞瀑与杜鹃之类的林鸟混成的音响，诗中有画，诗中有乐，诗中有情。前几句写景，"意"含其中，等到最后二句出现，"意"才豁露。"文翁翻教授"用典，恰到好处，意味深长。典见《汉书·循吏传》，"文翁"乃汉景帝时蜀郡太守，其于蜀地大兴教化，移风易俗，大变蛮夷风气。所谓"翻教授"，意谓改变教化方法。末二句"文翁翻教授，敢不倚先贤"的意思是：使君此行守蜀，工作上一定会大有起色。有此二句出现，诗意顿出，诗旨豁朗，真可谓情殷而意切。诗到此处，恍然大悟，悟到王维情境创设的深意与妙处。如果没有最后那二句，整个诗的写景就没有实处可落，情意也出不来，而感觉不到这是一首送别诗。因为此二句，不仅让我们感受到送别的场景，体察到送别者与被送者之间的情谊，而且深切感受到诗人为民请命而施惠百姓的善良心愿。

王维的情境美学观，借自然景色来现山水旨趣，专注于情境的创设，以自然美学观获取山水旨趣，既擅境的再现，又重情的体验。在这些诗歌里，王维简化淡化也疏化了对自然景物的形貌描摹，寓虚于实，重在表现诗人与自然和社会的审美关系，将所感之情寄于所见之景中，而融入其人生态度与美学理想，形成一种感人的情境，展示境界的形上超越，超越具体物象的有限形质而进入无限的时空，从而具现出关于人生、自然的哲理大意境，也形成了一种既不舍弃感性客体又能超越自然万象的情境美学。

第七章　王维的美学观念

情境美学观，重体验性，重景生情的"现量"，重人与境的关系，重入境而人境浑全的"情境"创设。司空图认为"长于思与境偕，乃诗家之所尚者"①。熔铸庄禅说体道，庄禅体道都讲进入，禅学空寂定慧，道家虚静坐忘，获得精神上的"绝对自由"，而"与物俱化"，而"万物与我为一"。即审美主体在对自然山水审美和创造时，排除了理性干扰而保持了直觉活动所具有的感性顿悟性质，不拘形似，但求从兴象意趣中获取美感，通过自然景物在某一特定情况下所呈现出的种种变换不定的色相显现，以一种整体性观照，以不破坏山水的自然属性为前提，表现纯属天然的生态系统，而真正达到了"思与境偕"。王维的名诗《鸟鸣涧》曰：

人闲桂花落，夜静春山空。月出惊山鸟，时鸣春涧中。

徐增《而庵说唐诗》卷七认为"人闲桂花落"句极妙，说是"吾读此五字，觉此身不在堪忍世界中也"，如入"大雄氏入涅槃之时"，"大雄氏成佛之境"，又说"有此五个字，可不必读十二部经矣"。②诗写的是一种境，一种情境，一种情境的体验。而让我们所体验的那"境"，不仅是万籁俱寂，而且是万念俱息，由闲而静，由静而空，静到听得见桂花飘落坠地的声音，静到月移可以惊起已栖息之山鸟。诗人即便是在"万籁"声中，也听得见自己的心跳，听得到自己灵魂的呼吸，听得到春天的呼吸，听得

---

① 〔唐〕司空图著，祖保泉、陶礼天笺校：《司空表圣诗文集笺校》，安徽大学出版社2002年版，第190页。
② 〔清〕徐增：《而庵说唐诗》，陈伯海主编《唐诗汇评》（上），浙江教育出版社1995年版，第343页。

到自己所需要的声音，听得到别人听不到的声音。诗人在这种审美体验中，对于自然美有着超常敏锐的感受力，同样，他也常常利用这些艺术才能着力表现自然景物的声色光态，在反映和表现物我关系上体现了整体性、辩证性与和谐性，深契"天人合一"的静默精神与和谐意蕴。

概言之，以往的气韵说、言意说、形意说、秀隐说、滋味说等，均对王维诗美学观的形成有所影响；而后来的神韵说、兴象说、空灵说、意象说、意境说等，皆对其创作风格、诗歌特点有发掘与总结的意味。王维的美学思想，在其诗里有着丰富而精深的蕴涵，他的诗是他美学思想的一座富矿，遗憾的是我们拙于开采。这一章里我们归纳了"四观"，也许并不能全面概括，但是，应该说是涵盖了王维美学观的主要方面。做了二十多年的王维研究，从没有这么归纳过，也没有看到别人作这样的归纳，然而，王维的美学思想却是一个真实的、鲜明的、丰富的存在。王维虽然没有现成的美学观的表述，但是，我们绝对不能说王维没有美学观，更不等于说他的美学思想是不自觉的，不能说其美学观念的呈现是朦胧的。王维的诗美观，开启了唐诗的唯美主义一派，或为印象派一类，形成了为美而诗、为诗而诗的美学思想。

第八章　王维的诗体特征

王维的诗体特征非常鲜明，具有特别鲜明的个人印记。

所谓诗体特征，即是其诗的整体风貌，或者就是所谓的"王右丞体"。尽管早在唐代人们就已经开始研究王维诗的风格特征，对"王右丞体"内涵的集中探寻却是在明清时期，而明代王世贞率先指出："凡为摩诘体者，必以意兴发端，神情傅合，浑融疏秀，不见穿凿之迹，顿挫抑扬，自出宫商之表。"① 而明清诗话多在其风格、意境的特征上言说，如"天然入妙，不可凑泊""发秀自天，感言成韵""兴象超远""不落声色""浑厚无迹"，等等。

王维是个诗的全才，什么样式、什么题材都有卓绝的表现，都有顶级的作品。从体式上说，王维又最擅五言，而有"五言宗匠"之誉，所谓"欲觅王右丞，还向五言求"（苏轼《次韵鲁直书伯时画摩诘》）。而其五言诗中又以五绝为最，独步古今，现代诗人朱湘在《中书集·王维的诗》里说："唯有王维的那种既有情又有景，外面干枯，而内部丰腴的五言绝句是别国的文学中再

---

① 〔明〕王世贞《艺苑卮言》卷四，丁福保辑《历代诗话续编》，中华书局1983年版，第1009页。

也找不出来再也作不出来的诗。"①

王维还是盛唐最有名的歌诗作家。歌诗专家吴相洲认为，"王维在近体诗的发展史上有着很高的地位"②，这与其歌诗创作密切相关。

而从题材看，王维诗涉及唐诗所能够涉及的几乎所有方面，而以山水田园诗为主。王维把山水诗做到了极致，笔者曾将王维与谢灵运、陶潜、孟浩然、李白、杜甫、柳宗元乃至苏轼陆游等，一个个地比较，发表了八九篇论文③，意在突出王维山水诗的特异存在，表现王维山水诗美不胜美而行高于众的艺术品格。龚鹏程《中国文学史》指出，"历来我们对王维及其诗之认识是偏颇的"，人们往往"大谈王维的冲淡恬静而忽略其豪健风格；大谈王维之山水田园诗，而漠视其边塞题材"，"其实王维作品里，山水田园仅占四分之一，其述豪侠、咏边塞、陈闺怨者，无论质与量，均不逊于山水田园"。④ 王维的边塞诗也是盛唐诗之重镇，20世纪90年代初期，笔者就提出王维乃盛唐边塞诗第一人的观

---

① 朱湘著，方铭主编：《朱湘全集·散文卷》，安徽文艺出版社2017年版，第112页。

② 吴相洲：《唐诗创作与歌诗传唱关系研究》，北京大学出版社2004年版，第212—213页。

③ 王志清：《山水诗中物的心态化试论——王维杜甫山水诗比较论》，《人文杂志》1993年第1期；《心物冥一中的庄禅精神——陶潜王维比较论》，《东北师范大学学报（哲学社会科学版）》1995年第6期；《同是逸气横清秋——从陆游的山水诗看王维的影响》，《中州学刊》1995年第4期；《歧异两极的心象构造——王维李白山水诗比较》，《东北师范大学学报（哲学社会科学版）》1998年第2期；《芙蓉论诗与谢、王山水》，《东北师范大学学报（哲学社会科学版）》2000年第4期等。

④ 龚鹏程：《中国文学史》，东方出版社2015年版，第386—387页。

点①。应该说，王维还是送别诗与应制诗的圣手。

王维的诗美形态，我们主要又以山水诗为考察中心，概括出这样"四点"来，未必全面，尚可商榷，但应该是其诗的主要特征。

第一节 诗中唯其有画

王维诗最重要的特征，就是"诗中有画"。他的诗，给人最突出的印象就是画感极强。所谓"诗中有画"，即以象传言，以境显意。应该说，"诗中有画"是王维诗创作的睿智，也是其诗体的突出特征。

关于"诗中有画"这桩公案，古来争讼不断，据蒋寅先生"不完全统计"，"自八十年代以来，以'诗中有画'或绘画性为核心来讨论王维诗艺术特征的论文已多达60余篇（这是古典文学研究中课题重复和陈陈相因的又一典型例证），而结合'诗中有画'来分析作品的鉴赏文章更不胜倍蓰。"他认为："'诗中有画'作为王维诗的主要特征，已是中外学者的共识。"②蒋先生还说："苏东坡观王维画，固然可以付之'诗中有画'的感叹，但后人一味以'诗中有画'来做文章，是不是从起点上就陷入一种艺术论的迷途呢？"③

苏轼的千古名评曰："味摩诘之诗，诗中有画；观摩诘之画，

---

① 王志清：《王维的金戈铁马审美模式研究——兼与盛唐边塞诗人比较论》，《广西民族学院学报（哲学社会科学版）》1993年第3期；《王维边塞诗：雄悍逸放的人格塑型——兼论所受鲍照诗的影响》，《晋阳学刊》1994年第2期。

② 蒋寅：《古典诗学的现代诠释》（增订本），中华书局2009年版，第195—196页。

③ 同上书，第208页。

画中有诗。"(《东坡题跋》卷五《书摩诘〈蓝田烟雨图〉》)这是苏轼提出的一个极其重要的艺术见解。诗中有画,方为好诗;画中有诗,方为好画。苏轼是诗书画兼擅的大师,观王维画,而联系到自己的创作,感悟出这样的艺术观念来,也是他对诗、画艺术的至高要求。我们以为,此论似是一种有针对性的有感而发。苏轼说王维"诗中有画",是就王维《山中》诗而言的。《山中》诗曰:"蓝溪白石出,玉川红叶稀①。山路元无雨,空翠湿人衣。"诗写初冬山行之景,色泽鲜明,情采斑斓。诗人不仅调动了视觉感官,写白石青溪红叶以及无边的山岚翠色,妙在还写其"湿衣"的感觉,写其似幻似真的诗意感受。人行空翠之中,而有细雨湿衣的凉意,整个身心都受到浸染与滋润。这是诗,这也是画,画境亦诗境,不是泛言物色,且情味弥漫,纯然一种纯粹"寄畅山水"的心态与幽趣。为什么苏轼格外赞赏此诗呢?自然与他的诗观有关,与其美学取向有关。王维诗已超越了"象喻"与"兴寄"的层面,意境空灵虚清而让人超然象外。苏轼对这个前辈诗人与他的诗,是极其推崇的,其诗曰:"摩诘本诗老,佩芷袭芳荪。"尊称王维为"诗老",说读其诗而如佩兰芷。这诗句出自苏轼的杂言体古风《王维吴道子画》,看题目就知道是将王维与吴道子比较写的。苏轼去观画展,其中只有王维与吴道子的画入其法眼。他写道:"道子实雄放,浩如海波翻。当其下手风雨快,笔所未到气已吞。"吴道子乃唐代"画圣",自然以画著称。王维是"诗圣",其诗名太盛,掩盖了他的画名,也就是说,王维的画名不如吴道子。但是,于苏轼看来,吴道子的画不如王维

---

① 按:赵殿成本和陈铁民本都作"天寒红叶稀"。

的画，他认为王维的画"亦若其诗清且敦"，王维的画像他的诗一样清逸而不失厚朴。经过比较，苏轼的结论是："吴生虽绝妙，犹以画工论。摩诘得之于象外，有如仙翮谢笼樊。吾观二子皆神俊，又于维也敛衽无间言。"[1]为什么王维的画超过了吴道子的画，苏轼要说出道理来的。因为吴画虽绝妙，画格富丽华贵，不失规范，然其还只是"画工"技艺而未超出"形似"。苏轼对王维倍加推崇，以至于"敛衽无间言"，意思是王维的画让我说不出一句异议的话来。王维画"得之于象外，有如仙翮谢笼樊"，意谓维画已得象内精神而有象外之旨，如同仙鸟飞离樊笼而超脱于形迹以外。苏轼也曾经说过："诗画本一律，天工与清新。"（《书鄢陵王主簿所画折枝二首》其一）"古来画师非俗士，妙想实与诗同出。"（《次韵吴传正枯木歌》）王维的诗好，是因为他的诗中有画；王维的画好，是因为他画中有诗。所谓"诗中有画"，即诗要形象思维，重自然感性，重立象取境，具有"着壁成绘"的诗美效应，凸显出苏轼自己的诗学理想。虽然苏诗大不同于唐诗，也不同于王维诗，他处于唐诗难以为继、宋诗彷徨而寻找突破的时期，但还是表现出对盛唐诗和王维诗的私心倾慕，依然认为诗中应该有画，依然以"诗中有画"为理想，实际上反映了他对宋诗多"人文意象"的不满。所谓"画中有诗"，亦是苏轼的画观，是指画不能是"画工"摹绘的匠作，而要有"得之于象外"的形上意境。贺贻孙在其《诗筏》里指出："诗中有画，不独摩诘也。浩然情景悠然，尤能写生，其便娟之姿，逸宕之气，

---

[1] 张志烈等主编：《苏轼全集校注·诗集》，河北人民出版社2010年版，第317页。

似欲超王而上,然终不能出王范围内者,王厚于孟故也。"①贺贻孙提出了一个很是发人深思的问题,唐代诗人哪一个诗中没有画,而以"尤能写生"的孟浩然比,其在画面的营造上似不在王维之下,何以不能享有"诗中有画"之评呢?因为"王厚"也。厚者,即"以自然合道为宗,声色不动为美"(陆时雍《唐诗镜》),亦即情境、内涵、音韵、深度超出了一般也。

　　王维以诗为画的意识性特强,什么诗里都写景,都有画的形象性,也形成了王维诗歌创作的重要特色。王维原本就是个画家,超一流的画家。唐代被认定为中国绘画分野的历史阶段,以李思训、王维为始祖,分立了金碧山水和水墨山水两个特色迥异的门户。唐五代荆浩《笔法记》对唐及五代画家作了评价和排位,认为王维已超越李思训,且将"画圣"吴道子甩在身后:"王右丞笔墨宛丽,气韵高清,巧象写成,亦动真思。"②苏轼也就是这个看法。董其昌说王维是开文人画的南宗之祖。钱锺书称王维为"盛唐画坛第一把交椅"。王维自我评价说:"宿世谬词客,前生应画师。"他对自己的诗画天赋还是很自信的。王维作诗,具有高度的绘画的自觉,几乎无诗不入画。他的山水诗、田园诗,自不必论了,也举不胜举。其辋川诸诗一首一咏,即地命题,即景赋诗,二十个风景点形成一个景观群落,这种构思,就是诗画一体的思维,就是以诗代画的作法。纪昀说:"五绝分章,模山范水,如画家有尺幅小景,其格倡自辋川。"(《纪昀批苏诗》)王

---

　　① 〔清〕贺贻孙:《诗筏》,郭绍虞编选《清诗话续编》,上海古籍出版社1983年版,第131页。
　　② 〔五代〕荆浩:《笔法记》,叶朗主编《中国历代美学文库·隋唐五代卷下》,高等教育出版社2003年版,第553页。

维的送别诗如《送梓州李使君》《送邢桂州》《送张五諲归宣城》《送贺遂员外外甥》《送张判官赴河西》《送沈子福归江东》；其边塞诗如《使至塞上》《出塞作》《从军行》《观猎》《送韦评事》《送平淡然判官》等等，皆随手拈来，这些诗多《送梓州李使君》的写法，以景为主，专注于画面画意。其应制诗亦如此，我们就举《奉和圣制从蓬莱向兴庆阁道中留春雨中春望之作应制》而稍加详析，其诗七律八句曰：

渭水自萦秦塞曲，黄山旧绕汉宫斜。銮舆迥出仙门柳，阁道回看上苑花。云里帝城双凤阙，雨中春树万人家。为乘阳气行时令，不是宸游重物华。

应制诗极其难写，尤其是极难写好，沈德潜说，"应制诗应以此篇为第一"，而"阁道"句"诗中有画"[1]。王维此应制诗，跳出了一般歌功颂德的"应制奉和"的套路，充分发挥了他善于取景布局的特长，亦即"诗中有画"也。全诗八句，前六句皆写景，紧扣题目中的"望"字写，写"雨中春望"，只是在结句时，归顺"应制体之式"，亦即"破题"。《昭昧詹言》曰："起二句，先以山川将长安宫阙大势定其方位，此亦擒题之命脉法也。譬如画大轴画，先界轮廓，又如弈棋，先布势子，以后乃好依其间架而次第为之。"[2]诗的中间四句，更是画感十足，兴象高华而气象万千。特别是颈联"云里帝城双凤阙，雨中春树万人家"二句，

---

[1] 〔清〕沈德潜:《唐诗别裁》，上海古籍出版社1979年版，第435—436页。
[2] 〔清〕方东树著，汪绍楹校点:《昭昧詹言》，人民文学出版社1961年版，第387—388页。

浓纤得中,天然秀发:帝城之内高高翘起的凤阙,仿佛在云遮雾绕里凌空盘旋;攒聚之万家与茂密之春树,都在茫茫的春雨中淋漓滋润。诗人用细雨迷蒙而轻雾缭绕的实景,突出氤氲祥瑞的效果,一切都在春雨中,一切也妙在春雨中,雨帘雾障,给所有的景象罩上了盎然之春意和氤氲之瑞气。帝城宏伟,街市繁盛,风调雨顺,百姓安居,百业昌盛。诗人以壮观明丽的构图,展示出盛世帝都长安的神采,表现出典型的八世纪中期的大唐气象。赵殿成按曰:"结句言天子之出,本为阳气畅达,顺天道而巡游,以行时令,非为赏玩物华,因事进规,深得诗人温厚之旨,可为应制体之式。"[1]赵臣瑗亦曰:"一结得赞颂体,得规讽体,将通篇粉墨俱化作万顷烟波,此所谓'画中有诗'者非耶?"(《山满楼笺注唐诗七言律》)此收结,是王维应制诗的高明处,这是一种所谓寓规于颂的做法,把皇帝的春游,上升到具有政治意义的活动。王维现存"应制"类的诗约20余首,其诗画一体的思想,强烈的以画入诗的自觉,"诗中有画"的画感效应,使极易无趣的"应制"类诗充满了自然生趣,情调活泼,意蕴生动,从容于规矩,化古板为灵动,把本来不易写好的应制诗写得意趣淋漓,精炼工整而不失其端丽飞扬。

  南宗画派认为诗在发想上与画具有同一性,王维以诗画家的眼光观照山水,凭清妙之天机,澄怀观道,在诗中娴熟运用画理,大量融入画的技法,别具匠心地剪取自然界中那些最有特征的水色山光来入诗,形成其诗以画制胜的优势特点。闻一多先生

---

[1] 〔唐〕王维撰,〔清〕赵殿成笺注:《王右丞集笺注》,上海古籍出版社1984年版,第174页。

说:"王维独特的风格是《辋川集》,最富于个性,不是心境极静是写不出来的,后人所谓诗中有画的作品,当指这一类。这类诗境界到了极静无思的程度,与别家的多牢骚语不同,在静中,诗人便觉得一切东西都有了生命,这类作品多半是晚年写的。"①闻先生最后还强调了一下,"这类作品多半是晚年写的"。其实,不管是哪个时期,其诗皆多"诗中有画",这类诗举不胜举,《终南山》就很有代表性。《终南山》曰:

太乙近天都,连山到海隅。白云回望合,青霭入看无。分野中峰变,阴晴众壑殊。欲投人处宿,隔水问樵夫。

王夫之对《终南山》叫好不绝,他赞曰:"工苦安排备尽矣,人力参天,与天为一矣。"所谓"人力参天",是说其功力非凡,艺术超人;而所谓"与天为一",是说其鬼斧神工,绝无雕凿痕迹。王夫之复赞曰:"勿但作诗中画观,此正是'画中有诗'。"(《唐诗评选》)意思是说,此诗美到极致,妙就妙在诗中有画矣。《终南山》采用了"移步换形"的写法,最能够体现王维以画入诗的写法,也最能够体现"诗中有画"的艺术魅力。北宋画家郭熙在《林泉高致·山水训》中提出"山有三远"观,即"自山下而仰山颠,谓之高远;自山前而窥山后,谓之深远;自近山而望远山,谓之平远。"②此"三远"论乃画论中关于意境问题的文艺心理观点。《终南山》采用中国山水画常见的散点透视法,以

---

① 闻一多:《唐诗杂论》,中华书局2009年版,第281页。
② 〔宋〕郭思编,杨伯编著:《林泉高致》,中华书局2010年版,第69页。

"三远"观照与构图,这与叶维廉博士所评价的"全面视境"属于同一意思,远眺、俯瞰、近观,几乎包括了全部视角。李肇《唐国史补》中说:"王维画品绝妙,于山水平远尤工。"王维以画法作诗,这种观照与构图,使整个诗动感极强,由远及近,由山外到山中,由山下到山顶,由山峦到云气,由山水到樵夫,在运动中写山,写山的运动,在变化中写山,写山的变化,呈现出"与天为一"的审美体验。

王维的诗,其中之写景,已非为写景而写景,超越了谢灵运模山范水的层次,也不是那种从取景到感悟的山水行旅展开式。"咏物诗,齐、梁始多有之。其标格高下,犹画之有匠作,有士气。征故实,写色泽,广比譬,虽极镂绘之工,皆匠气也。又其卑者,饾凑成篇,谜也,非诗也。"[①]而王维诗中有之画,形神俱佳、气韵生动,而于山水田园景里寓以无穷的意味,生成了第二自然的"意境"效应,就是在物理世界之外,建构一个情景"妙合无垠"的艺术世界。这个"诗中有画",即"意境"之谓也。王维突破了六朝山水诗"工于形似之言"的作法,遗貌而取神,而在山光水色、松风月影中融入其个人仰观宇宙、俯察人生、领悟生命所得的感悟,我们还是以《终南山》为例。诗四联四十字,字字皆显参天之人力,句句皆写终南山之博大,也写出了终南山的无比博大。贺贻孙说:"王右丞诗境虽极幽静,而气象每自雄伟。"[②]《终南山》是很典型的代表作,以"幽静"之境而出以

---

① 〔清〕王夫之:《姜斋诗话》,丁福保辑《清诗话》,上海古籍出版社1978年版,第22页。

② 〔清〕贺贻孙:《诗筏》,郭绍虞编选《清诗话续编》,上海古籍出版社1983年版,第172页。

"雄传"之象,是王维诗中之画的特征。"日落江湖白,潮来天地青""江流天地外,山色有无中""云里帝城双凤阙,雨中春树万人家"等等,兴象淡远,神出象外,形成"王右丞体"镜花水月般的幽远诗画之境。其中幽静清远之美趣让人涵咏不尽,似有某种象征的意义,但已超越了"象喻"与"兴寄"的层面,而从用笔看,诗人简化也淡化了自然景物的形貌描摹,充分利用空间关系的照应和云气变化的微妙,营造空幻虚渺的情境,远近高下,阴阳虚实,闪灭离合,貌实而虚,形显而幻,由清晰而朦胧,由朦胧而隐没,静止的瞬间,又是运动的刹那,生动表现出介乎"色空有无之际"的独特景象,让人置身于感察无穷、动荡不定的妙幻之中。诗中的"合"与"无"之幻,配以"青""白"之色,而将瞬息性的艺术感觉以永恒性呈示,而光、影、云、气这些非长住之物象,在空间上表现为空,在时间上表现为寂,人消融于时间和外物的深度里,没有生灭,无意于时间的存在,甚至也无意于美的存在,然其诗"墨气所射,四表无穷,无字处皆意也"。诗人重"象",而有"抽象"之妙,虚实相生,离形得似,实现了"超以象外,得其环中"的意境玄美,而让古人直呼"神境"(黄培芳《唐贤三昧集笺注》卷上)也。

蒋寅先生认为:"王维诗当然有鲜明的绘画性也就是描述性,但占主导地位或者说更代表王维诗歌特色的恰恰是诗不可画,更准确地说是对诗歌表达历时性经验之特征的最大发挥和对绘画的瞬间呈示性特征的抵抗。"[①]这种"诗不可画"说,强调了"难以画传"的抽象性,就是认为王维诗中之画,不是形模性质的"描

---

① 蒋寅:《古典诗学的现代诠释》(增订本),中华书局2009年版,第202—203页。

述性"写生,更不能是呈示性质的"机械性"摄影。以画而言,王维画也许就属于印象派。华人学者、法兰西学院院士程抱一先生就直接将王维说成是印象主义画派的创始人,他认为"这种风格的绘画首先力图捕捉山水无限微妙的色调变化,摄获浸润在不可见的'气'中的物体的隐秘的震颤,这种气激荡着宇宙……这条道路由同时是画家和诗人,尤其是禅宗的一个伟大信奉者王维(701—761)首创,也就不足为怪了"①。王维的诗与画相互影响,互为作用,诗中有画与画中有诗而诗画不分也。王维诗摄入画意,淡化了山水的象形感,而注重同化于自然的感觉性动态,特别善于发现和捕捉大自然中极细微的声响和动态,特别注重捕捉和摄入山水自然中瞬间闪灭而动态不息的光与影,尤擅表现这些光影的玄幻迷离美,生动表现自然界的变化和内在的律动,进入常人不能到达的一种特殊的审美境界,而将事物的情态状貌表现无遗,诗中氤氲着一种超越视觉的特别的画意感。

"诗中有画"是王维对于诗歌反映客观自然和社会生活本质的诗歌创作认识,是其诗歌创作所奉行的美学原则。王维诗"诗中有画",其诗中山水,是性灵山水,是音画山水。叶燮《赤霞楼诗集序》里就说:"摩诘之诗即画,摩诘之画即诗,又何必论其中之有无哉。故画者,天地无声之诗;诗者,天地无色之画。"②此中"又何必论其中之有无哉"之言,差矣!诗中有画还是无画而诗之境界高下大甚矣!王维首创破墨山水画,诗风亦以清淡

---

① 沈语冰:《人们为何喜爱印象派绘画》,《光明日报》2021年8月5日,第13版。
② 〔清〕叶燮:《赤霞楼诗集序》,北京大学哲学系美学教研室编《中国美学史资料选编》(下),中华书局1981年版,第80页。

为主，而对墨色、虚空有其特别的理解，特别追求诗的平淡画境，善于抓住景象特征，巧妙植入中国画的构图取象以及"计白当黑"等艺术手法，在写景的同时传达出微妙的心理感受，表现出景象与主观情感相契合的画意，给人以"诗中有画"的极其强烈的视觉冲击力，且获得象外之象、味外之旨、韵外之致的审美快感。

第二节　诗中因为有禅

王维诗的最突出的特点，除了"诗中有画"，还有就是"诗中有禅"。

王维的诗，中国的形上批评家多以禅义来解，像西方的象征主义、现代主义诗学，因为王维诗歌的表现与西方象征主义、现代主义颇为相似，都极重直观性与暗示性，在客观上形成了非常强烈的含蓄与朦胧的神秘性。《王右丞集笺注》的作者赵殿成之胞兄赵殿最说："唐之诗家称正宗者，必推王右丞……唯右丞通于禅理，故语无背触，甜彻中边，空外之者也，水中之影也，香之于沉实也，果之于木瓜也，酒之于建康也。使人索之于离即之间，骤欲去之而不可得。盖空诸所有，而独契其宗。"① 这是对王维诗之文本特征的生动比喻和具体揭示，是对王维诗审美境界及其成因的准确把握和精辟论述，似也属于"以禅论诗"，突出了禅对王维诗渗透的意义。这段话说得很玄，也很具有神秘性，他是比较孟、韦、柳而言的，认为王维诗所以充满神秘感乃因为

---

① 〔唐〕王维撰，〔清〕赵殿成笺注：《王右丞集笺注·序》附录五，上海古籍出版社1984年版，第565页。

有禅助。禅林术语所谓"语无背触","触"表示肯定,"背"表示否定,不论是"触"还是"背"都属于一端之"边见",只有"背触俱非"方为不执两端的"中道",而表达上"语无背触",亦即非有非无,不着有无,因此在诗境上不粘不滞,如羚羊挂角,无迹可求。

王维对大自然的深层审美体验近乎禅宗的体验,应该说他诗歌创作的审美体验得益于禅宗和道学的经验,"庄子以虚静为体的人性的自觉,实际将天地万物蕴涵于自己生命之内,以与天地万物直接照面,这是超共感的共感,共感到已化为物的物化;是超想象的想象,想象到'物物者与物无际'的无所用其想象的想象"[①]。现代心理学研究表明,当人进入虚静状态时,正是其潜意识最为活跃之时,也正是蕴含于心灵深处的生命感动最容易被激发之时,正是超意识思维最为灵敏之时,也是最易产生神秘直觉之时。王维的这种达到了宗教体验或哲学体验层次的审美体验,使其诗也成了审美体验与宗教体验互通共融的美学文本,形成了极为优美深邃的山水意境,从哲学和审美的角度,都达到了一个极其灿烂澄明的层次。诗人虚己静我,异常真诚地注视自然,认真倾听大自然的话语,用心灵与大自然对话,顺物应物而体验到主体内在生命与自然生命的静寂一律,往往从内心的感情和理念的表现需要出发来寻找自然对象,进入超时空而物我无碍的生命状态,而以当下通向了无限。于是,自然山水成为王维崇拜的宗教,他在山水里注入了超验性世界才有的神圣性,而又以一种既不舍弃感性客体又能超越精神主体的审美态度,借自然景色来

[①] 徐复观:《中国艺术精神》,春风文艺出版社1987年版,第83页。

展示境界的形上超越,超越具体物象的有限形质而进入无限的时空,从而具现出关于人生、自然哲理的大意境,诗人则在对自然万象的超越中表现出新的存在,而再现回复本真本根的宁静。因此,对于王维来说,人生和审美不分,人生即审美,审美亦人生。诗人以虚静之心体应万物,既顺其自然,又保持人原有的自然本性,其审美态度是其人生态度的自然转换,超意识的直观状态是对于其虚静人生境界的皈依,处于"离形去智"的坐忘中,变视觉形象为澄怀味道、神超理得的心理感应,物无不是我,我无不是物,于是意象纷涌,万象丛生。

  禅宗极重"取境"的认知和思维,给王维以"取象""成境"的重要启示,生成了他借形悟道的思维方式,也使他非常轻易地接收到山水外物给予他人生真谛的暗示,给了他无限心灵触发的机缘和借托,笔随意运,任意所至,抑扬得所,趣舍无违,惠识性灵包藏于无意识之山水深处,而其诗中呈现出来的意象多具隐喻性,譬如《木兰柴》《华子冈》里秋山斜阳,归鸟夕岚,以其明灭飘渺的状态隐喻着人生无常、人世多变;《竹里馆》《鹿柴》里返影入林,悬月幽篁,其斑斓陆离的形象隐喻人生美丽自在,却也幽暗虚空;《栾家濑》《辛夷坞》里绿波白鹭,辛夷开落,隐喻自然界自生自灭,无有常住;《孟城坳》则从新居门前的古柳感悟到兴衰变化的命运,表现出不必执着、苦空无常的理谛。王维的这些诗,入乎禅又出乎禅,不着一字而尽得风流,一片神行,如清风出袖,若明月入怀。读王维的这些诗,给我们的是一种总体感受,他哪里是想要把自己生命放进诗里去呢,他是想连他自己生命都要超出这世间。因为一无挂牵、一无待累,人与物同,物各自然,一切万物均在晶洁辉光的虚空中自由往来,历历朗现而生生不息，山水在使心灵宇宙化的同时，也使宇宙心灵化与意境化了，故而诗中充满了禅趣深意，生成了灵动飘逸的神秘感。王维的这些小品山水诗，充满了庄禅思想的暗示，诗的主体与表现形式也是直觉胜于逻辑，意旨多向而朦胧，甚至深奥晦涩。海外华人学者说，细读王维诗，"其中便显露出极难索解的哲学架构，而此一思想结构乃深植于佛教的形上学，甚至设法解决这些概念问题。并将之与诗作联系起来，自有其困难之处，因此也就令许多批评家望而却步"[①]。王维诗难解的神秘性，连古代文学研究者都怕涉入，更不要说是一般读者了。

方立天在《佛教哲学》结语中说："神秘直觉是佛教哲学的认识论基础。"王维诗之神秘性，与其诗入禅有很大的关系。这自然不包括那些为说理而说理的禅诗，用禅语讲道理，整篇诗如同偈语，这类王维诗集中也就是十余首，应该就是那种被人批评为"卑者似僧"的诗，这些诗完全可以不读，或者说读不懂也无所谓，这是学禅者之间的交流，局限于少数学禅的人。而那些"高者似禅"的诗。无禅语而满是禅意。这些诗以"默语无际，不言言也"的"参证"方式，譬如其诗中多"飞鸟"的意象呈现。"飞鸟"是许多佛经中常见的一个譬喻，其出典如僧祐《出三藏记集》卷四著录有《飞鸟喻经》一卷，《增一阿含经》卷十五《高幢品》"或结跏趺坐，满虚空中，如鸟飞空，无有挂碍"，《涅槃经》"如鸟飞空，迹不可寻"，《华严经》"了知诸法性寂灭，如鸟飞空无有迹"等。王维的《六祖能禅师碑铭》之"犹怀渴鹿之想，

[①] 余宝琳:《王维的诗：新译与评论》，王万象《北美华裔学者中国古典诗研究》，台湾里仁书局2009年版，第499页。

尚求飞鸟之迹"语,即出于《楞伽经》。王维《华子冈》诗云:

飞鸟去不穷,连山复秋色。上下华子冈,惆怅情何极。

这是王维对自然现象刹那感受的妙思精撰,因为他精通佛法,"飞鸟"于佛典则信手拈来。单从字面上来读,是一幅"诗中有画"的小品诗:傍晚时分,秋光正好,无数飞鸟向天边尽头飞去,转眼间就消逝得无影无踪,秋空下只留下一片绵延起伏而默默伫立的群山。鸟飞空中,无有挂碍,世事人生,幻灭无常。诗中的飞鸟,非泛泛的述景辞语,深邃佛理含藏于感性形象里面。诗中的"飞鸟",进入诗人的感性直观,成为了纯粹的视觉现象,而将难以形求的佛学义理象征性地显现出来,这个很寻常的景致中也就包含了禅理的意蕴。"飞鸟去不穷",似乎是一种失落自我而没有归属的迷茫意象,淡淡地蕴有一种怅惘感,一种落寞与失空感。王维诗中的飞鸟意象以及频繁出现的飞鸟情境,则非单纯"归"的状态,而侧重于去而不返、刹那变迁的"空无"。王维的《木兰柴》,也是寥寥二十字,也是对"色空"佛理的演示,通过夕照中的飞鸟、山岚和彩翠明灭闪烁等奇妙景色的描写,表现事物刹那生灭、无常无我、虚幻不实的深深禅意,其诗曰:

秋山敛余照,飞鸟逐前侣。彩翠时分明,夕岚无处所。

这是一幅秋山暮归图,纯然呈现自然物象之声光色态,遗貌取神而创构出空灵清妙的意境,表现出楚楚动人的物象神理。傍晚时分,"余照"因为山之"敛",而发生了逐渐缩小且减弱的变化;鸟"逐",又是因为"余照"渐"敛"而发生的,从而表现出亲和同归的情态。三、四句则是对景物的光与色的捕捉与表现,诗人对光与色异常敏感,突出山色在暮色天光中的变幻,以及烟云山岚的飘忽。那种景色与景色的变幻,那种清晰可辨却又朦胧飘忽的景色的丰富性,又是依赖于一定的因缘或条件而发生的,三、四句与前二句形成因果互动。王维对物象的攫取与表现,意图是很明显的,其表现的重心也有鲜明的倾向性,都是写刹那间的运动,都突出了缘起与因果,都重在表现转瞬即逝的变幻,也都暗示了这种变化发展的必然性。辋川诸诗,妙绝天成,不涉色相。麋鹿在佛家是"真性"的象征,其"鹿苑"为佛始说法度五比丘之处,或做仙人住处。以佛家之鹿场来比喻回光返照下的空山鹿柴。古之论者皆谓《鹿柴》诗深得般若三昧,当体即空。然这些诗,如不经意出之,诗人将佛教典故几臻天衣无缝地融入诗中,创造出诗的形象与意境。诗与禅之间最重要的相似处,在于非逻辑非理性的思维方式。因为禅宗理念的深刻影响,这种非理性的思维让王维在创作上获得了自由创造的随意性,突破了时空的囿限,四时无碍,千里无隔,因此也就出现了类似"雪中芭蕉"的妙境。王士祯盛赞王维诗中的这种时空错位的奇趣,他说:"世谓王右丞画雪中芭蕉,其诗亦然。如'九江枫树几回青,一片扬州五湖白',下连用兰陵镇、富春郭、石头城诸地名,皆寥远不相属。大抵古人诗画,只取兴会神到,若刻舟缘木求之,失其指矣。"[①] 王维的诗也像他的画,突破了自然时空限

---

① 〔清〕王士祯:《带经堂诗话》卷三,人民文学出版社1982年版,第68页。

制,而追求心理时空,突出了艺术意象逻辑,因此,他往往无视常识、常规和常理而想落天外,然而却反常合道,奇趣横生。王维画花往往桃、杏、芙蓉同置一图的习惯,沈括明确指责其"不问四时"[①]。什么意思?王维的诗中之画已非"征故实,写色泽,广比譬"的镂绘之工,虽不能用毕加索来比喻,但是,却让我们想到了毕加索。王维《袁安卧雪图》将芭蕉画在雪中,使时序颠倒的画法体现了佛教的美学趣味。诗中将两个典故合而为一,以雪中芭蕉的形象与卧雪之人形成某种内在的联系。王维对雪景及处于雪中之人有其偏爱,诗中的雪与雪山意象,与佛入雪山修行的典故有着因果关系,或者成为佛禅的背景,具有佛禅精义的内涵。虽然不妨把它与佛入雪山的典故作联想,但它仍然是直观的,读者未必能感受到其中所渲染的佛教精神,甚至感受不到禅的氛围。

王维的诗,诗中有禅,主要是因为庄禅玄理的介入,以及他呈现这种思想的思维与形式,这类诗,让诗论家以般若空观、色空相寂的佛家观来评论。王士禛说王维"辋川绝句,字字入禅",堪谓"妙谛微言,与世尊拈花,迦叶微笑,等无差别"(《带经堂诗话》卷三)。他以佛学中最著名的表述悟性悟境的故事作比拟,以为"诗禅一致等无差别",因为诗如禅一样重隐喻与暗示,诗也生成了多义性和不确定性,主要依赖于研究者的细读体味,甚至体验、直觉和感悟。因此,如果没有禅道修养,或者没有一点点禅学常识,你去读王维的诗,可能会觉得他的诗没有什么意

---

① 〔宋〕沈括:《梦溪笔谈·书画》,叶朗主编《中国历代美学文库·宋辽金卷上》,高等教育出版社2003年版,第268页。

味,甚至平淡无奇。因此,读王维诗也需要像悟禅一样地参悟。李泽厚也认为,王维的这些"具有禅味的诗实际上比许多禅诗更真正接近于禅"。一旦妙悟而神秘性全无,让人瞬间发现自己人生与命运意义的经验。

第三节 镜花水月的虚幻

最先用镜中之花、水中之月来形容诗中意象、意境美妙的是南宋的严羽。他在《沧浪诗话》里说:"盛唐诸人惟在兴趣,羚羊挂角,无迹可求。故其妙处透彻玲珑,不可凑泊,如空中之音,相中之色,水中之月,镜中之象,言有尽而意无穷。"[①]严羽以禅说诗,这段关于唐诗的界定,完全可以说是对王维诗的理论总结,或者就是王维诗风的高度概括。因为未必所有的盛唐诗都有这种镜花水月美。因此,郭绍虞先生指出:"名为学盛唐,准李杜,实则偏嗜王孟冲淡空灵一派,故论诗唯在兴趣。"[②]严羽竭力推崇盛唐诗,其实就是推崇王维的诗风,推崇"镜花水月"的审美旨趣,推崇诗需参悟的解读方式。

所谓的"镜花水月",历来的解释都突出其"不可解"的非言传性,都强调"不必解"的难以捉摸感与非确定性。镜花水月,不仅是诗的一种风格,也成为诗的一种雾里看花的艺术,要求作诗重在兴象风神的超逸,要求解诗重在体味其中的韵味意致。王维在《荐福寺光师房花药诗序》里说:"心舍于有无,眼

---

① 〔宋〕严羽撰,郭绍虞校释:《沧浪诗话校释》,人民文学出版社1983年版,第26页。

② 同上书,第42页。

界于色空,皆幻也。离亦幻也。至人者不舍幻,而过于色空有无之际。"王维融道、禅直觉体验的神秘主义认识论之长,形成了他超人的意会妙悟的灵性。从哲学认识论上看,其认知方法具有神秘直观的性质,十分强调主体对特定外物的深观远照,以"不舍幻而过于色空有无之际"的态度观照和消解自然山水,其所见之物皆呈镜花水月之幻。诗人不是对外物作忠实逼真的摹写,其"山水"显现出超越客体属性的有无不定的空幻灵动,其意旨便也具有了不可言传的不确定性。王维诗也成为一片迷幻的风景,成为中国古代8世纪时空一道最优雅的风景,成为中国文化所特有一种兴象风神。

庄禅的悟解方式和习惯,往往不直接揭示出结论,而给人一个蕴涵无限的似是而非或扑朔迷离的景象。王维于庄禅的最重要获益,在于审美观照与创造上的取象特技,诗人完成了参透本体的感性超越,生成物我两忘、物我冥一的感性显现,而形成了禅诗玄妙空灵的美学形态。他的诗中最多见的是他着力写无心、写偶然、写无思无虑的直觉印象,表现刹那永恒的超逸意境。他尤其喜欢虚写,也极擅虚写,极擅表现介乎"色空有无之际"的独特景象,对瞬间闪灭的光的动态变化特别敏感,捕捉和摄入这种动态的光的能力尤其高强,他又特别喜欢和擅长在诗中表现光的玄幻迷离,形成了"镜花水月"美。其诗如:

彩翠时分明,夕岚无处所。(《木兰柴》)
返景入深林,复照青苔上。(《鹿柴》)
逶迤南川水,明灭青林端。(《北垞》)
江流天地外,山色有无中。(《汉江临泛》)

> 白云回望合,青霭入看无。(《终南山》)
> 草色摇霞上,松声泛月边。(《游悟真寺》)
> 细枝风响乱,疏影月光寒。(《沈十四拾遗新竹生读经处同诸公作》)
> 瀑布杉松常带雨,夕阳彩翠忽成岚。(《送方尊师归嵩山》)

王维诗中这种虚幻的形态,微妙超悟的精彩幻象,是通过构图布局的远近疏密、动静虚实、阴阳向背以及色彩的深浅明暗、色调的冷暖变化来实现的。这些诗最突出的魅力即在于它的亦真亦幻的艺术奇趣,神行无迹,恍惚有象,诗人营造的朦胧玄妙的幻觉效果让人如同沐浴在形而上的宇宙灵光里,进而生成缥缈而不确定的美感。诗人简化了对自然景物的形貌描摹,如烟如岚,自然灵气恍惚而来去,多空中见色,而又色中见空,非色非空,非有非无,虚实共存,形影相生,"其寄托在可言不可言之间,其指归在可解不可解之会,言在此而意在彼,泯端倪而离形象,绝议论而穷思维,引人于冥漠恍惚之境"(叶燮《原诗·内篇下》)。王维正是以具朦幻深永而倾倒千古的独特魅力之诗作,充分利用空间关系的照应和变化的微妙,以营造空幻虚渺的情境,为我们提供了认识客观唯心主义美学形态的典范。

因为王维物在灵府,不在耳目,其"不以目视"的观照,使他看到了一般人看不到的东西,或是一般人不易看到或看到了也轻易放过去的东西。王维在对山水观照时,通过禅定,使心澄静,使心处于寂灭(无生无灭)的虚空状态,努力消解纯逻辑的概念活动,绝去圣智,无念为宗,以达到物我冥合的"无我"之境,而施以简笔淡墨,可谓"于空寂处见流行,于流行处见空寂"也。这正是他所极擅表现的介乎"色空有无之际"的独特景象,其中幽静清远之美趣让人涵咏不尽。王维《书事》写宴坐式的体验,其诗曰:

轻阴阁小雨,深院昼慵开。坐看苍苔色,欲上人衣来。

"山水即天理",王维将宗教体验转化为审美情怀,而处于"万物归怀"与"虚我待物"的审美状态,闭关凝定,逼生出一种幻境,苍苔绿如灵性生物活泼上身。一旦进入与物冥一的高峰体验时刻,不辨何为现实之真何为想象之幻,真作幻,幻也作真。此中让人分不清明是审美体验还是宗教体验,是艺术境界还是哲学境界。王维对于山水自然美的体验,已进入到禅的空寂悠远的层次,形成了深邃玄冥的境界。"读王维的诗,特别强烈的感受就是,其诗中所有的一切都是变动不居的,都是空幻不实的,都是美不胜收的。诗人凝神于景,心入于境,心似乎消失了,只有大自然的缤纷绚烂。诗中的那些时明时灭的彩翠,合而复开的绿萍,转瞬即逝的夕阳,若隐若现的烟岚,都在契合刹那永恒这一本真之美,而让人于其中领悟到的不仅是大自然的物态天趣,而且是一种宇宙、人生、生命的哲理,是一种哲理化的禅悦的诗性情感。"[①] 这种超悟对象的智慧之光,暗合庄禅理谛,而成为这种勃勃生机之中含蕴了天地不言的大美,真正体现了中国诗中含蓄蕴藉的意义和力量,也培养了中国读者特殊的读诗方式

---

① 王志清:《王维诗选·前言》,商务印书馆 2015 年版。

与习惯。

王维的诗越写越短,越到晚年诗越短,短到极致就是五言四句二十字,而其人隐于山水物象之后也越深,给人的暗示也越玄,兴象玲珑,难以句诠。许思园先生认为:"中国第一流诗最重含蓄,十分婉约,暗示力强,从容不迫,有余不尽,感觉深微,能得空外之音、象外之色,此即所谓蕴藉。"[①] 王维深得庄禅之助,处心湛然,深入观照,直觉把握,感类联翩,兴发无穷,超神得逸,生成兴会神到的创作机缘,深契自然山水所包含的哲意禅理,在物我为一的和谐之境里,超越了摹写的层面,超越了纯粹个人的情感,生成瞬间永恒而以瞬间具象永恒的意境,而将深奥晦涩的禅意佛理巧妙地、不着痕迹地糅合在山水诗中,禅境与诗境在他的笔下达到了美学层次上的统一。因此,他不屑于摹写,不拘泥实景,以象言说,以境呈示,物态天趣而兴象玲珑,极具"镜花水月"的缥缈虚幻的形态,而懒于深参妙悟的欣赏者是不能真正品尝到其艺术三昧的。

第四节　倚风自笑之平和

古人以"秋水芙蓉"比喻王维的诗,说其"倚风自笑"。魏庆之《诗人玉屑》曰:"王右丞如秋水芙蕖,倚风自笑。"胡应麟《诗薮》曰:"王右丞如秋水芙蓉,倚风自笑。"赵殿成《王右丞集笺注·序》亦曰:"古今来推许其诗者,或称趣味澄敻,若清流贯达;或称如秋水芙蕖,倚风自笑。"以"倚风自笑"评价王维其人

[①] 许思远:《中西文化回眸》,华东师范大学出版社1997年版,第87页。

其诗,非常贴切,非常形象。秋水荷花,清丽绝俗,且迎风自笑,风姿神韵,陶乐天籁而一派天然。读王维的诗,就像跟一个渊深而亲和的智慧长者闲聊,如沐和风,如浴清辉。王维写人用"美秀备于仪形,风流发于言笑"(《魏郡太守河北采访处置使上党苗公德政碑》),既是他写人的风采仪貌,其实亦可用来比喻他的诗。

我们以为,这种"倚风自笑"的说法,是对王维诗和美特点的形象比喻。胡应麟《诗薮》里说王维诗"和平而不累气,深厚而不伤格,浓丽而不乏情,几于色相俱空,风雅备极"。①他的诗不管是清庙之作,还是山林之作,均具有渊雅冲淡的雍容气息和从容高洁的幽雅气度。王维把别人的苟且,活成自己的潇洒,即便是他写作于唐王朝急剧下滑时期的作品,也没有一丝尘世纷争的险恶和龌龊,而同样是天籁美质,神清而韵远,同样充满了"桃花源"式的友爱和睦的情氛。其诗最重要的特点就是和谐美,人与自然的和谐,人与社会的和谐,人与人的和谐,人的自身和谐。

王维在处理人与自然的交融、表现物我的关系时,往往出以极度休闲的姿态,平和而洒落,其生命精神浑化于外在对象,融入了刹那亘古、与物同春的境界里,在人与自然、人与社会、人与人的高度和谐状态中获得了高度自由,生动反映出人与自然高度和谐的生存方式、生命状态和生态智慧,也表现出王维所特有的生命精神和高人风采。陆时雍《诗镜总论》说:"摩诘写色清微",其诗"离象得神,披情著性,后之作者谁能之?"他认为:"世之言诗者,好大好高,好奇好异,此世俗之魔见,非诗道

---

① 〔明〕胡应麟:《诗薮》,上海古籍出版社1979年版,第83页。

之正传也。体物著情,寄怀感兴,诗之为用,如此已矣。"①徐增《而庵诗话》也说:"作诗如抚琴,必须心和气平,指柔音澹,有雅人深致为上乘。若纯尚气魄,金戈铁马,乘斯下矣。"②这种温柔敦厚的诗教观,皆首推"平和"者为"上"也。王维诗"离象得神,披情著性",以寻常语而含蓄韵致,语近情遥,言浅指远,看似平易而高妙婉曲,寄至味于淡泊,寓激情于婉约之中,追求"言有尽而意无穷"的境界,不像杜甫喜作险语,也不像李白擅求奇崛。梅尧臣曰:"诗本道性情,不须大厥声。方闻理平淡,昏晓在渊明。"(卷二四《答中道小疾见寄》)梅尧臣以为,处顺时能够"平淡",处穷时未必能够"平淡";王孟能够"平淡",李杜不能"平淡"。其实,李杜在气顺的时候,也是能够"平淡"的。气不顺时能够淡,那就很不容易了。诗分气顺与气闷。诗亦分"和谐美"与"不和谐美"。王维诗平和是一种美,李杜诗多气也是一种美。王维淡泊随缘,具有"万物皆备"的满足感,他走向自然,是"倚风自笑"式的,没有任何的不快,或者说消解了诸多的不快,与陶谢不同,与李杜更不同。李泽厚在《华夏美学》里说:"在'道不行'、'邦无道'或家国衰亡、故土沦丧之际,常常使许多士大夫知识分子追随漆园高风,在庄、老道家中取得安身,在山水花鸟的大自然中获得抚慰,高举远慕,去实现那种所谓'与道冥同'的'天地境界'。"③而王维走向自然,似

---

① 〔明〕陆时雍:《诗镜总论》,丁福保辑《历代诗话续编》,中华书局1983年版,第1412页。
② 〔清〕徐增:《而庵诗话》,丁福保辑《清诗话》,上海古籍出版社1978年版,第429页。
③ 李泽厚:《美学三书》,安徽文艺出版社1999年版,第302页。

乎与这种被迫的走向具有本质上的差别，因此，他在自然中的表现，在自然中的感受，以及表现自然的方式与情韵，也就与那些被迫走向自然的诗人大相径庭了。王维《辋川别业》曰：

> 不到东山向一年，归来才及种春田。雨中草色绿堪染，水上桃花红欲燃。优娄比丘经论学，伛偻丈人乡里贤。披衣倒屣且相见，相欢语笑衡门前。

暂时离去，又匆匆归来，隐居之地于王维来说已难割舍，实在是因为这里的自然环境与人文环境皆极佳，每天忙于与乡民谈经论道，快乐无比，一切都是超目的也超意识的，而一切又都是目的，是终极的目的，真可谓"近事浅语，发于天真"也。其《归辋川作》曰：

> 谷口疏钟动，渔樵稍欲稀。悠然远山暮，独向白云归。菱蔓弱难定，杨花轻易飞。东皋春草色，惆怅掩柴扉。

归隐辋川，"闲"得无所事事，而纯任天然的闲适，悠悠万物，尽惹春色，物各自然而又因缘和合，呈现出虚静之后表里澄澈的诗意境界，因此，其莫名所生的"惆怅"，不知道做什么才好的惆怅，是诗人在内心深处寻找到平衡和归于宁静的一种自足。

王维《新晴野望》曰：

> 新晴原野旷，极目无氛垢。郭门临渡头，村树连溪口。

白水明田外，碧峰出山后。农月无闲人，倾家事南亩。

新晴野望，极目所见，一无"氛垢"，雨后新晴的原野，格外开阔空旷，远近动静，山水田园，人事物我，进入其眼帘的皆闲适温馨，生意无限，物各自然的兴作呈现。《辋川闲居》也是写农村，也是写"极目"，也是写休闲。诗人闲来无事，安逸怡然，"时倚檐前树，远看原上村"。进入诗人"看"之观照中的所有物象，皆被其享受当下的闲适心灵之光所烛亮，物皆着"和"色，皆作"闲"态，那掩映在清冽水中的青翠菱白，那翻飞于苍茫山间的展翅白鸟，是诗人在自己的灵魂里所看到的平和，诗人也享受"平和"所赋予的闲适福祉而洒脱超逸。《渭川田家》则以夕阳斜照下的村落为背景，通过一幅恬然和乐的田家晚归图，表现人畜皆及时归的惬意与安乐，表现的是耕者皆有其田、居者皆有其屋、百姓安居乐业的盛世社会面影，人与人之间亲密无间，老有所养，幼有所爱的天下升平和谐。陶乐天籁，慵懒幽游，一切行止皆"适意会心"般闲适。

王维的山水田园诗，温厚平和，生动反映了盛唐的社会和谐本质，这种"中和"美的诗歌主旨与形态，正切合了人们对和谐社会的渴求，也最为盛世接受，给人一种心平气和的生存惬意与精神消遣的快感。诗人以"平和"之心态去观察自然与社会，而经过其虚静天性与心态的过滤，其诗中的自然物象和社会事象俱化为一种无为状态，具象出与水流花开高度默契的"倚风自笑"的适意与胜意。其诗中所有的外物如夕阳、山月、长河、春涧、渔樵、村落、飞鸟、烟岚、青松、幽篁……皆处于因缘和合之中，洋溢着"平和"的辉光，这是一种万物归宗的平和宁静。

诗之取象造境,"极声色之宗,而不落人间声色"(方东树《昭昧詹言》),形成"温柔敦厚"所特有的典雅,读之身世两忘,万念皆寂,其实也就是达到使人"平和"的效果,让人获得了一种惬意与安闲的精神陶冶,达到修身养性的效果,不是教人奔竞追逐,争强斗狠,而让人息心静虑,心气平和。顾随先生说:"诗教温柔敦厚,便是叫人平和。"① 好诗可以是心平气和的也可以是剑拔弩张的,可以是让人哀怨凄楚的也可以是怡心悦兴的,可以是有我境界的也可以是无我境界的。但是,要能够"叫人平和"的诗,应该还是以"温柔敦厚"为好。朱光潜先生在《文艺心理学》中谈读王维诗的感受说:"'万物静观皆自得,四时佳兴与人同。'你只要有闲功夫,竹韵、松涛、虫声、鸟语、无垠的沙漠、飘忽的雷电风雨,甚至于断垣破屋,本来呆板的静物,都能变成赏心悦目的对象……你陪着王维领略'兴阑啼鸟散,坐久落花多'的滋味。"② 林庚先生则认为王维诗"穆如清风","那就仿佛是清新的空气,在无声地流动着,无时不有,无处不在。这正是因为与时代的气氛息息相通。因此,王维的诗歌也总是那么富于新鲜感"③。

王维诗里充满了静气、和气与灵气,诗中山水花鸟,超悟对象而无不与诗人的情性息息相通,呈现出一个万物含生、流衍互润的大生机世界,反映了诗人对于纯美与和谐的特殊追求。赵殿

---

① 顾随著,叶嘉莹笔记,顾之京整理:《顾随诗词讲记》,中国人民大学出版社2009年版,第92页。

② 朱光潜:《朱光潜全集》第一卷,安徽教育出版社1987年版,第205—206页。

③ 林庚:《唐诗综论》,商务印书馆2017年版,第125页。

论王维

成说王维诗:"真趣洋溢,脱弃凡近,丽而不失之浮,乐而不流于荡。即有送人远适之篇,怀古悲歌之作,亦复浑厚大雅,怨尤不露,苟非实有得于古者诗教之旨,焉能至是乎!"[①]也就是说,即便是古来皆"悲歌"的送别之作,王维也写得"怨尤不露",更不要说是山水田园诗了,那更是一团和气,平和悠远,空淡澄澈,渊雅冲淡而从容高洁。王维以山水美的享受为人生之最高享受,"只有到自然,才是幸福的源泉"(费尔巴哈语)。王维的山水田园诗里,看不到一点个人的激动,看不到一点不和谐的喧嚣,诗人似乎什么时候皆倚风自笑,皆是"谈笑无还期"的闲适与偶然。

王维越到晚年,越是热衷于山水田园诗创作,特别喜欢表现静谧恬淡的境界,表现闲居生活中闲逸萧散的情趣。由于其作风偏于静穆蕴藉,而又"温柔敦厚"地表达,有意无意滤尽自我,诗境偏于幽寂冷清,甚至气象萧索,给人的错觉是对现实漠不关心,认为这是禅学寂灭的思想情绪,或以为是缺少"血气"。殊不知,王维诗最杰出的贡献就是,写其独善其身的静态,写其在静到极致时通过对自然万象的超越获得回复本真的宁静和福慧。事实上,王维不是没有思想,而是将思想隐于诗中,表现很委婉,与李白杜甫大不相同。"王维诗典丽靓深,学者不察,失于容冶。"(范德机《木天禁语》)所谓"容冶",就是容貌美艳。意思是,如不能察,不能深察,就读不懂它,就只能看到它的表层,看到它外在之美,看不到其内蕴,而不能理解其深意。尤其

---

① 〔唐〕王维撰,〔清〕赵殿成笺注:《王右丞集笺注》,上海古籍出版社1984年版,第1页。

是习惯了快餐性审美，人的内心感受日趋迟钝，主体审美视域平面化，美学趣尚低下化，势必会遮蔽王维诗的丰富性，也就很难对其思想的深邃性与艺术的超诣性有比较到位的感知。

王维的诗体特征非常鲜明，具有特别鲜明的个体印记。对王维诗的风格特征研究早在唐代就已开始，而在宋代则提出了所谓的"王右丞体"，然而，王维诗体特征之内涵与外在表现，却无比较具体而权威性的界定与阐发。我们从"诗中有画""诗中有禅""镜花水月""倚风自笑"四个方面试以概括，亦不免有"摸象"之嫌。王维诗亦如光风霁月，美得动魄惊心，宛如空谷传音，天籁自鸣。进入王维的诗里，进入花开草长、鸢飞鱼跃的大千世界，万象冥会，动触天真，天人交融而物我无际，氤氲起一派天道自然的静意与灵气。王维是个艺术全才，是个诗歌超人，且又深于佛理，表现上极重直观、暗示与隐喻，诗之仪态万千，姚鼐谓王摩诘有三十二相（《今体诗钞》），王维诗恰如此"三十二相"之比，因此，其诗美形态也特别不容易概括。知其不可为而为之，情知这样的概括不免皮相，抑或顾此失彼，也还是这样做了，笔者概括了"四点"，用王维最擅的艺术手法来形容就是"以不全求全"矣。我们所概括的这几个审美特征之间，也是相互交融的，就像他儒释道三教思想兼容互用一样，辨不清你中有我而我中有你。因此，我们只能非常抱歉地告诉读者，王维诗是走不近的，也是极难抵达其深度的，因为"王摩诘有三十二相"矣。

第九章　王维的诗学贡献

王维在诗学上的贡献，似很少有人进行过很明确的概括，笔者原先的文字，也没有作专门性论述。

王维在诗学上最重要的贡献，就是把意境做到了极致。意境的诞生，是中国诗学批评史上一件划时代的大事。虽不能说意境是王维创造的，但他在意境上的实践与创获，却是难有人可以比拟的。他对意象与意境的经营，将意境做到了极致，使唐诗进入到艺术哲学的层面，对中国诗学与中国美学产生了深入骨髓的影响。

王维将山水诗推上了巅峰，是王维在唐诗上最突出的成就，也是他对中国古典诗歌的重要贡献。虽说是谢灵运确立了山水诗题材的独立地位，但将中国山水诗推上巅峰的则是王维。王维走出了六朝山水诗"工于形似"的初级阶段，开山水诗不少法门，在艺术上取得了前所未有的高度成就，在盛唐掀起了山水诗的创作高潮，形成了以他为中心的盛唐山水诗派。

王维当时就有"诗圣"之名，咸苑赞他"当代诗匠"，夸其"为文已变当时体"。宋人严沧浪说他独创"王右丞体"。王维直接汲取汉魏六朝诗营养，在沈宋宫体诗的基础上，创新审美风尚与表现手法，以五言律诗为主，多幽静隐秀的景象描写，语言象喻化，思维意象化，整体意境化，用最浅俗的语言，表达最丰腴的内涵，表现最耐人寻味的意蕴，而使盛唐诗发生了前无古人而后人难以攀追的质的变化。

尤其是王维引禅入诗，则更是在唐诗的发展过程中具有颠覆性意义。虽然南北朝时已有引禅入诗的尝试，但是，变宗教的禅而为审美的禅，则是从王维开始的。王维引禅入诗就像他运画理于诗、运乐理于诗而不是为了使诗变成画和乐一样，玲珑淡泊，无迹可寻，强化了诗的感悟体验的力度，强化了中国诗歌的形上性，也使中国诗学开始以意境为上，以逸为高，实现了中国诗歌由质实到空灵的美丽转身，也改变了诗的审美本质与阅读思维。

王维的诗歌贡献，即他在诗学思想与诗歌体式上的开拓与创新，极大地推动了唐诗的发展，也规范了美学价值取向，强化了民族审美习惯，闻一多先生就说："王维替中国诗定下了地道的中国诗的传统。"[①]

第一节　意境做到极致

唐代文化的物质遗产里，最具代表性的是唐诗。唐诗中最有代表性的，是盛唐诗。盛唐诗与其它时代或时期的诗歌相比，最突出的特点是意境高华。而王维诗则将意境做到极致，成为盛唐诗的美学风标，影响了中国诗歌，也影响了整个中国美学，这也是王维对中国诗学的最大贡献。著名文论家罗宗强先生就说过，

[①] 郑临川：《闻一多先生说唐诗（下）——纪念一多师诞生八十周年》，《社会科学辑刊》1979年第5期。

意境创造是盛唐诗人的共同成就，"不过王维达到极致，足可为典型罢了"，他认为，"王维山水田园诗在艺术上也达到了这一类诗前所未有的高度成就。他把抒情与写景融为一体，创造出玲珑淡泊、无迹可寻的意境来。他创造的意境，在情思和景物上，弥漫着一重浓烈的氛围，一切都在这氛围里融和"。①

意境，是中国诗学中最为重要的美学范畴之一，最能体现中国美学文论的特色与贡献，在西方文论里恐怕还找不到一个与它相当的概念和术语。陈良运先生指出，意境"是中国诗学批评史上一件划时代的大事，它标志着中国古典诗歌艺术走向成熟"。他多次强调说，"这是古典诗歌艺术走向高峰时获得的另一重要成果"，"这是唐代诗人和诗论家对中国诗学也是对世界诗学的一大贡献"。②汉末六朝时，意境理论已自觉不自觉地、零散地出现于各类理论著作中，《文心雕龙》里还没有明确提出意境的概念，而自王昌龄以降，至皎然、刘禹锡、司空图，诗的意境理论得以系统总结而基本确立；此后，严羽、王夫之、王渔洋而到王国维，一直把意境作为诗歌的重要美学命题而进行着建设性意义的理论阐释。意境也一直作为中国诗歌的一种艺术形态，作为中国诗歌传统的优劣评判的一条重要标准，而且渗透到几乎所有的艺术门类。

虽然不能说意境是王维的独创，也不能说只有王维的诗歌里才有意境，但是，王维的诗歌中最先大量出现意与境浑融的佳构，或者说其营造意境的艺术最为高超，说王维以其创作实践而

---

① 罗宗强：《唐诗小史》，百花文艺出版社2008年版，第51页。
② 陈良运：《中国诗学批评史》，江西人民出版社2007年版，第217、234页。

将意境做到极致,这是不会有人提出质疑的。陈良运说:"唐代诗人和诗论家,远绍道家的'见无外之境'说,近承佛家'境'由心造之论,创立了独特的诗境理论。"①"境"原为佛教用语,是佛学概念,指事物映于人心中之"相",是指佛教徒入定后所产生的一种超离现实的虚幻状态或心灵空间。当禅宗渐次趋于文人化,也渐次趋于人文化,禅的经验也就被赋予更多的诗的性质。中国文人在禅宗色空观的熏染下,将诗歌意境化,使"意"成为空灵的"意",而不同于中国传统的"言意之辨"的"意"。王维深受禅宗的影响,最让他受益的是禅宗极重"取境"的认识思维和反映方式。王维诗极重取象造境,诗中山水每一具体形象,皆是生活原型的艺术幻象,他巧妙地将自然境界转化为意境,艺术地解决了人与自然的关系,解决了诗歌中各要素关系如何浑成圆融的难题。王维写辋川别业的诗作,历来被视为意境创造的绝唱,诗人在对于外在景象以神遇直观的同时,完成了对于内在生命的自我观照,完成了"思与境偕"的本体精神和山水旨趣的高度契合,从而进入到艺术的哲学层面。

王夫之有几段著名论说,能够帮助我们认识意境以及王维诗中的意境艺术。王维诗曰:

风劲角弓鸣,将军猎渭城。草枯鹰眼疾,雪尽马蹄轻。忽过新丰市,还归细柳营。回看射雕处,千里暮云平。

郭茂倩《乐府诗集·近代曲辞》与洪迈的《万首唐人绝句》,

---

① 陈良运:《中国诗学批评史》,江西人民出版社 2007 年版,第 217 页。

均将《观猎》诗截句成五绝,另取题为《戎浑》,令人匪夷所思。宋人没有读懂王维,没有"境"意识,而有削足适履之迂。殊不知,《观猎》妙即妙在后四句上,前四句写出猎,虽然突兀而起,气概壮激,先声夺人,却属于正面直写,是乃常笔。后四句写猎归,先用"忽过""还归"一转而拓宕开去,而用"回看射雕处"一合,巧妙地带出了北齐名将斛律光的典故,与狩猎之人事情景相关联上,收揽回来,是为奇笔。后四句于章法上异军突起,柳暗花明,旁逸斜出,以侧取正,正侧互补,使全篇而有"咫尺有万里之势",亦"墨气所射,四表无穷"。王夫之《唐诗评选》在品评《观猎》时喜不自禁地说:"后四语奇笔写生,毫端有风雨声"。他认为:"右丞之妙,在广摄四旁,圜中自显。"按照常理,题为《观猎》,诗的前四句写"观猎",后四句写"猎归",即属跑题。然而,《观猎》之奇,正在后四句,有了这后四句,则生气远出而超逸象外;若无后四句,则浅平摹写而黯然失色。王夫之激动不已,说这种"广摄四旁,圜中自显"而"使在远者近,抟虚成实"的作法,正可谓意境创设的奥秘,既能够统摄包容广阔时空,又能够超越绝对时空的拘束,移远以近,变虚为实,即实即虚,于空寂处见流行,于流行处见空寂,超入玄境,造成超逸缥缈而生气远出的意境。宗白华先生十分推崇王夫之的这段论说,他也认为:"这正是大画家大诗人王维创造意境的手法,代表着中国人于空虚中创现生命的流行,绚缊的气韵。"[①]

王夫之对《使至塞上》也极有好感。他认为,此诗之最妙处亦即造境。其《使至塞上》评曰:"右丞每于后四句入妙,前以平

---

① 宗白华:《美学散步》,上海人民出版社1981年版,第71页。

语养之,遂成完作。一结平好蕴藉,遂已迥异。盖用景写意,景显意微,作者之极致也。"(《唐诗评选》卷三)《使至塞上》是一首奉命赴边慰问将士的纪行诗,八句句句写行,由交代急起而破题,身负朝廷使命日夜兼程,以追踪都护去燕然而收束。王夫之认为,"右丞每于后四句入妙,前以平语养之,遂成完作",也就是说,王维的诗皆如此,都有整体性考虑,都是渐入佳境,此诗就是典范之作了。"单车欲问边"二句,概述性的交代;"征蓬出汉塞"二句,写行程已越过国之边界线而进入胡之领地,然一路行来,但见塞外飞蓬,胡天归雁,沙漠浩瀚,荒凉至极,单调无趣。在前四句铺垫之后,而后四句即入妙境。先是一炷烽烟,于雄浑无垠的大漠之上,挺拔而直上青天;浑圆落日,横亘于流向远方的长河之上。诗取象孤烟,别有深意。大漠秋季处于高气压中心,晴朗无风,狼烟升腾如缕,挺拔直上。孤烟无战事,而非狼烟四起,盖唐代边关以孤烟报平安。诗人妙在不经意间取象,而非简单比兴,取象孤烟落日,融入特定的情韵,自然形成了一种静穆而沉凝的情境,形成了浑厚恢弘的盛大之气。因此,"大漠"句奇峰突起,意旨突出。"都护在燕然",亦即高潮在燕然。萧关已到,燕然不远,从骑士口中得知都护仍然身在前线燕然,回应首联出使问边之意,妙在呼应"衔命",形成关合,是为再度点题,强化"衔命"出塞的使命感。胡震亨《唐音癸签》说:"'前逢锦车使,都护在楼兰',虞世南用为起句,殊未安。不若王摩诘'萧关逢候吏,都护在燕然',改作结句较妥也。"古人认为王维改得好,这是从谋篇布局的构思上来解的,以意境胜也。从《使至塞上》的整体构思看,以身负使命而出使开篇,以完成使命追踪都护去燕然而收束,形成了一个完整的构思,突出了赴边劳军的"在场"状态。这种造境之整体构思，自然入妙，引人入境，我们则于其言外、象外、境外获得了丰富的信息：如盛唐疆域版图辽阔无垠，如唐军所向披靡，如都护开边奇功，如盛世太平宁靖，也读出了强烈的民族自豪感，读出了胜利的喜悦与骄傲的豪情。

宗白华接受了王夫之意境学说之精髓，他认为中国艺术之精粹在于"因心造境"，他在《中国艺术的写实精神》里说："一切的艺术的境界，可以说不外是写实，传神，造境；从自然的抚摹，生命的传达，到意境的创造。"宗先生认为："从直观感相的模写，活跃生命的传达，到最高灵境的启示，可以有三个层次。"[①] 而此三个层次则是诗人"生气远出"的生命风采和人格精神的外溢。以禅观，心为法本，从意生形。"一切万法，皆从心生，心无处生，法无处住。""心生种种法生，心灭种种法灭，故一切诸法皆由心造。"庄禅的唯心功夫成全了王维，而其运庄禅于诗则使诗意象化也意境化。他的诗中山水林泉，物各自然，而又和合因果，形成了意与境谐的意象关系，也构成了虚实相生的艺术形态，此乃境生因缘也。李从军先生极其欣赏地赞道："在诗国清澹世界里，王维是个集大成者，在王维的诗歌中，存在着双重意境，画面的和谐与美感构成了他诗歌的'第一意境'；而在'第一意境'后面，是更为高级的、充满空灵和神韵的'第二意境'。"[②] 国外虽无"意境"一说，也似无一个与意境相对等的美学文论术语，但是，他们也非常欣赏这种艺术绝境，庞德也有"建

---

① 宗白华：《美学散步》，上海人民出版社1981年版，第63—64页。
② 李从军：《唐代文学演变史》，人民文学出版社2006年版，第165页。

立了一个比喻的第二世界"①的赞语。

王维诗将意境做到极致，成为盛唐诗的美学风标。王维的诗所以高出古今，主要是他在"意境"方面的绝佳经营。而意境乃盛唐诗歌之本，是盛唐诗所以为盛唐诗而在艺术上卓绝高标的最基本特性，也是王维山水诗所以具有神韵化境的最重要的内因。诗歌发展到唐代，其高度成熟的最突出标志就是意境的生成。中国美学也把"意境"的诞生作为中国艺术的一大盛事，作为一种艺术高标。王维诗的意境经营，使中国古代诗歌进入到艺术哲学的层面，对中国诗学也对世界诗学作出了重大贡献。

第二节 山水诗臻于极顶

如果说谢灵运的意义是在于中国历史上首次大量写作山水诗，从而确立了山水诗题材的独立地位，而王维的意义则是在山水诗创作实践中，走出了六朝山水诗"工于形似"的初级阶段，"在艺术上也达到了这一类诗前所未有的高度成就"，将中国山水诗推上了顶峰。

晋宋之交，陶、谢的创作形成合力，推动着田园山水诗创作进入成熟阶段，给王维等人的诗歌创作带来深远影响。而以"二谢"为代表的六朝山水诗，以"媚道"为旨归，以形写形，以色写色，玄对山水，但没有解决好形意问题，这也为王维提供了可资借鉴的经验教训。初唐近百年间的山水诗，王绩、沈佺期、宋

---

① 〔美〕伊兹拉·庞德著，黄运特译：《庞德诗选——比萨诗章》，漓江出版社1998年版，第248页。

之问、杜审言、张旭以及"四杰",包括稍后点的张说、张九龄、孟浩然等,皆山水诗之先行者,也为王维攀顶山水诗做好了铺垫工作。王维全面地传承山水田园诗创作的优良传统,汲取了陶、谢诸前辈诗人的山水田园诗的精髓,从而把山水田园诗的创作推向高潮。应该说,王维得陶、谢诗之真传,而成为山水田园诗的集大成者,成为中国古典诗歌发展史上的一块丰碑。

唐诗前期的山水诗,仍"继承""二谢"的写实倾向,"二谢"的面目。王维的山水诗,源自"二谢",韩国唐诗专家柳晟俊比较研究,证明王维对"二谢"诗的接受与化用。柳先生指出:"观王维山水诗,自谢灵运开创山水诗以来,为最善于变化者也。大谢之山水诗,多以客观处之,描写自然景物,取其清奇。然王维之山水诗,则以直观之情感反映于景物中,是以情入景,为主观之诗人。"[①]早期王维的山水诗,《早入荥阳界》《渡河到清河作》《晓行巴峡》《汉江临眺》等,深得小谢"以山水作都邑诗"之壶奥,而《自大散以往深林密竹磴道盘曲四五十里至黄牛岭见黄花川》《清溪》等,则是大谢的游历叙写的格局,心随物动,顺山万转,逐水百里,诗人彻底自放于自然之中。大谢山水对王维山水的影响,在声光色态的画趣表现上颇为明显,而在"对句"上乃至叙写上,亦可见其胎脱的痕迹。谢灵运《石壁精舍还湖中作》诗曰:

> 昏旦变气候,山水含清晖。清晖能娱人,游子憺忘归。出谷日尚早,入舟阳已微。林壑敛暝色,云霞收夕霏。芰荷

---

① 柳晟俊:《唐诗论考》,中国文学出版社1994年版,第40页。

迭映蔚，蒲稗相因依。披拂趋南径，愉悦偃东扉。虑澹物自轻，意惬理无违。寄言摄生客，试用此道推。

王维《蓝田山石门精舍》其诗曰：

落日山水好，漾舟信归风。玩奇不觉远，因以缘源穷。遥爱云木秀，初疑路不同。安知清流转，偶与前山通。舍舟理轻策，果然惬所适。老僧四五人，逍遥荫松柏。朝梵林未曙，夜禅山更寂。道心及牧童，世事问樵客。瞑宿长林下，焚香卧瑶席。涧芳袭人衣，山月映石壁。再寻畏迷误，明发更登历。笑谢桃源人，花红复来觌。

王维似是故意仿写谢灵运的，二诗结构上极其相似，都是泛舟游历而被湖光山色所感染，都有入微而独到的观察，都是表现超然物外而怡然自得的心情，就刻画而言，王不如谢精工；就意境而言，谢不如王浑成。尤其是王维，景情浑然，人在景里，景在情中，情景不分，且精于构思设置，虽然也是"纪实"，然巧妙剪裁，略去白天游览的经过而直接切入，开篇就写"落日"，就写"归风"，然后心随境转，人随"清流转"，因为贪玩而迷途，因为迷途而渐入佳境，"舍舟理轻策"，而入得石门精舍，夜宿于清净之境。末四句道别，翻用桃花源记的典事，趣味横生矣。王维此诗从题目看，乃游佛寺之记，然诗中却无佛寺描写，也不写实地，但取幽境。葛晓音解曰："谢灵运有一首《石壁精舍还湖中作》，也是描绘日暮泛舟归来的兴致，却先将一天从早到晚的气候变化和游览过程写足，然后才精细刻画湖上景物。与这种平铺直叙的结构方式相比，王维《蓝田山石门精舍》在艺术表现上的创新是显而易见的。"①葛先生在赏析王维的《终南山》时也说："王维的画因气韵生动、空灵清淡而被后世文人奉为南宗画祖……这首诗也典型地反映了盛唐人写景擅于概括提炼，并往往突破正常视野以表现阔大境界的特点。不拘实景刻画，使实写和虚写的结合达到无迹可求的程度，这正是盛唐山水诗的不可企及之处，而王维的山水诗则代表着这类诗的最高成就。"②王维继承前贤而又超越了古人，这是肯定的。

王维山水诗的呈现形态具有两种基本类型：一类是"经行"性的状写，是带有行旅色彩的模山范水，诗人也是置心僻远，趋静探幽，对自然山水表现出"兴来每独往"和"玩奇不觉远"的浓厚兴趣，专注于营造清空的意趣和境氛，追求一种天生丽质的原生态，此类作品多呈自然通脱而新奇清幽的美学气象。另一类则是"宴坐式"的山水小品诗，在体势上趋于静态的片段体验，而非动态的游历的叙写格局，非寓目即书的穷形极貌。王维不在乎细写什么景物，不多费辩词，更无须依赖隐喻或象征，而多简化虚化与净化的写意，往往只是突出对于山水的感悟，追求自然的刹那现量，诗人所要表现的仅仅是一种氛围，而山水则从万象的兴现中展现出天然深味，表现出无限自由的天地精神。王维所以不同于谢灵运处，在于不必"置心险远，探胜孤遐"，而注重于日常生活，这与他们所受的佛教影响有关。二人同受佛教影响，谢灵运是早期大乘净土观念，是佛国净土的思想背景，而由

---

① 葛晓音：《山水有清音：古代山水田园诗鉴要》，北京出版社2018年版，第113页。
② 同上书，第116页。

法身遍在观念体征的生命终极的真实，追求远离尘嚣的山水；王维则是行住坐卧的行禅观点，佛禅"我心即佛"的直观心境，刹那自证，舍却交代，省净叙述，将其禅观中的体验转化为感性直观的幽玄意趣。王运熙先生指出："王维的山水诗，一方面继承了大谢细致工丽的优点，一方面又扬弃他的雕琢晦涩的缺点，语言更加优美，声调更加和谐，使自然和工丽完美地统一起来，艺术表现进入一个新的境界，使山水诗的成就达到了高峰。"[①]王维在遇合日常物事、闲花幽草时超然顿悟，万象冥会，动触天真，很容易进入当下诗意的生存之中，天人交融而物我无际，仿佛整个生命都从狭窄的自我中涌出，而与宇宙生命合为一体，诗人则在自己的灵魂里看到宇宙的无限和大美，其诗中自然也是一派天道自然的灵气和静意。因此，王维的山水诗，从形态上看，少用古体，多用绝句和律体，一反大谢山水以排取胜的诗路，他只是用一种简远的笔墨造成一种整体上的浑成感，尤其是王维特别擅于节制，体式偏短，越写越短，简净到极致，而篇幅越短小，诗意越见隽永，变化越多段，正可谓象外之象而气象万千。"王维善于使五绝这种最短小的诗歌形式容纳最大的精神意蕴，使他所描写的每一处景物都能表现出最美的意境，引起穷幽入微的联想。"[②]

从手法上看，王维以虚写为主，虚实相间，特别擅于处理虚实关系，特别讲究"藏、简、疏、略"，也特别擅于剪裁切入，

[①] 王运熙：《王维和他的诗》，〔清〕赵殿成笺注《王右丞集笺注》代序，上海古籍出版社1984年版，第11页。

[②] 葛晓音：《山水有清音：古代山水田园诗鉴要》，北京出版社2018年版，第86页。

不言言也，特别是不作"说山水则苞名理"从而拖个玄言尾巴，而是多截取瞬间感觉，创制高度凝炼的意象，言简而意赅，其表现力大大超过大谢山水。王维组诗《辋川集》，五绝二十首，方东树说："辋川叙题细密不漏，又能设色取景，虚实布置，一一如画。"(《昭昧詹言》)譬如使色，王维有着极自觉而明确的"艺术意志"，就像他所开创的南宗画派以水墨为主一样，在水墨的浓淡明暗、轻重疏密的变化中，表现山水的物理和质感。他在诗中则偏好青白二色，设色青白，更增添了其诗的空灵虚静、缥缈有无的禅趣，表现出他对"色空有无之际"的禅美学追求，而在澄怀味道中渲染青白之主色调以深契禅理。譬如章法，王维的诗"澄澹精致，格在其中"（皎然《与李生论诗书》），其诗结构的起承转合，因果关联，微妙精致，尤其是其五律更是少有的错落有致，不为法缚的流动感，意趣所至，极为自然。真个如沈德潜所说，"右丞诗每从不着力处得之"（《唐诗别裁》）。

从取象上看，钟嵘说谢灵运"寓目辄书，内无乏思，外无遗物"（《诗品》）。白居易说谢灵运"大必笼天海，细不遗草树"（《读谢灵运诗》）。王维诗之取象，直觉神遇，兴会妙悟，统摄包容极为广阔的时空，而又超越了绝对时空之拘束，于自然静默的刹那间感知宇宙的永恒和博大，但求从兴象意趣中获取美感，不拘形似而缘物起兴，选取景象最鲜明的特征，如归鸟、独木、丛篁、片云、余晖。王维非常擅于摄取云气之类本身就虚幻的物象，也表现出捕捉幻觉而创设幻境的喜好和特长，让人置身于云蒸霞蔚的纷绕迷幻中，而在这些极易生成"多义"的暗示里，去体验精深玄妙的含蕴，去启动参与式的驰思骋怀的妙悟。艺术原本就不是事实的重述和复制，而是人情物理的个性化呈现，王维笔下的景象，不仅最能够传达其空灵静穆之感受，还与其因缘和合的禅悦最相契合。王维的观物取象，以心会境，不拘泥实境，也不屑模拟，甚至以有悖事理情景的刹那感知组织山水，呈现物象自身的律动和生机，以物观物而"万物归怀"。

从意境上看，王维诗中之境，已经超越了实写，多富有艺术性的构与造。王国维《人间词话》里"有写境，有造境"之分别。王维在"意境"创设上的独创，使中国古代诗歌在解决形意问题上找到了模范。王维以无为乃至无心无我而应合宇宙的无意识，以视境和听觉上的超常来展示灵魂的极度自由，体验到自我的无为与山水的无为的默契，而深得天籁静寂之神谛，无意无为而自生自化，诗中一派天道自然的灵气和静意。譬如《辛夷坞》《华子冈》等诗，净化了所有的交代，只是极其简淡地呈现花自开落、鸟自去来的刹那，纯自然的呈现，集中而突出地呈现刹那生灭，强调非人为的纯自然状态，不附加任何的"意义"，而让人感到意味无穷，而物无不是物，而物亦无不是我，没有物我的差异性，也没有物我的关系性，是一种物我融合、神遇物化而天衣无缝的意境。王维眼界无染，五色黼黻，以意为主，诗缘境发，呈现出人与自然界和谐相生的本质，也超越了色空世事人生幻灭无常的境界。王维的山水诗，是性灵的山水诗，空灵而清逸，超越了形似而神姿绰约，既含蕴丰硕又简约飘逸，既不拘滞于对"我"之主观意念的具体表现，也不拘滞于对"物"之客观形貌的逼真刻画，而是在对自然物象窥貌取神时，创造出空灵清妙的意境，诚如司空图"趣味澄夐，若清流之贯达"（《与王驾评诗书》）的评价。

王运熙先生在《王维和他的诗》中就这样指出："王维以他的写景诗在当时诗坛放射出闪耀的光芒，成为田园山水诗的领袖。这个流派中的其他优秀诗人孟浩然、储光羲等都有他们各自的独特成就,但总的成绩比不上王维。伟大的诗人李白、杜甫也创作了不少写景名篇,但在展示自然的丰富多彩和表现作家对自然的深入细致的感受上面,较王维也不免逊色。他不愧为诗国中首屈一指的风景画大师。盛唐诗坛的繁荣局面是由各种风格的作品组成的。……王维的许多写景诗对自然美作了精致动人的表现,也是重要的贡献。"① 王维对于山水诗的开拓,在自然山水的取向上,以不同的体验山水美的取象方式,呈现山水的造境,从而将山水诗推向了顶峰。王维模式的最重要的意义,就在于将诗歌导入一个崭新的领域,使中国古典诗歌更切合诗的本体特质,强化了民族艺术重"言外之旨""象外之象"的境界,培养了华夏民族在创作与欣赏上追求暗示和整体感应的审美自觉。

第三节　为文已变当时体

最早说王维诗在文体上贡献的,是王维的同僚苑咸。他在《酬王维并序》里,首次称王维为"当代诗匠",并且指出王维"为文已变当时体"。

苑咸以"为文已变当时体"评论王维的诗,已经敏锐地感到王维诗的变化,即已不同于当时普遍流行的"沈宋体"了。这就是说,王维已创新体诗,或者说,王维在诗体上有所开拓而独创新格。那么,这个"新体诗"是什么样的诗呢?苑咸所特指"变

---

① 〔唐〕王维撰,〔清〕赵殿成笺注:《王右丞集笺注》,上海古籍出版社1984年版,第10页。

体"是什么样呢？我们可以结合唐人的其他评价来综合考察。

与苑咸之评差不多同时，《河岳英灵集》出现了。殷璠的《河岳英灵集》，是唐人选唐诗最有价值的选本，其选录标准为："文质取半，风骚两挟。"即内容与形式并重，兴象与骨气同兼。殷璠特别推崇王维诗，以王维为当时诗坛的领衔人物。说是"维诗辞秀调雅，意新理惬，在泉为珠，着壁成绘，一字一句，皆出常境"。殷璠非常精确地把握住了王维诗的特点，说其"在泉为珠，着壁成绘"，非常形象地反映了王维诗"诗中有画""皆出常境"的特点，亦即盛赞王维突破了六朝重形似而以文胜的格局。差不多同时，杜甫以"最传秀句寰区满"（《解闷十二首》其八）评价王维诗，也是抓住了王维诗体最突出的特点，而且从杜甫诗中可见，王维的这种诗风极受当时好评，在当时大为流行。中唐的前半期，可谓"后王维时期"，高仲武在《中兴间气集》里提出了选诗标准是"体状风雅，理致清新"，对王维的评价用的是官方定评"天下文宗"。诗集所选作品也基本符合当时诗风的特征，中唐时期的五言诗延续了王维、孟浩然五言诗的诗风。中唐独孤及有一段话，则从诗的体式上来说王维诗的继承与超越。独孤及在《唐故左补阙安定皇甫公集序》云，五言诗"至沈詹事、宋考功，始裁成六律，彰施五色，使言之而中伦，歌之而成声，缘情绮靡之功，至是乃备……沈宋既殁，而崔司勋颢、王右丞维，复崛起于开元、天宝之间。得其门而入者，当代不过数人"。[①] 这说的也是王维在唐诗入律方面对于"沈宋体"的超越意义。

参照这些来考虑，我们对王维的"变体"诗或"新诗体"也

[①] 〔清〕董诰等编：《全唐文》，中华书局1983年版，第3940页。

可初步形成一个总体概念，同时，我们也可感受到，王维改变了当时的诗体，在盛唐诗坛的地位非常突出。《诗薮》曰："文质彬彬，周也；两汉以质胜，六朝以文胜。魏稍文，所以逊两汉也；唐稍质，所以过六朝也。"①从中国诗歌发展史看，由诗骚体到苏李体，再到曹刘体、陶谢体、徐庾体，直至唐初体的形成，诗体在不断地发生着变化。闻一多的说法是，唐诗的前期不如说是六朝的后期。初唐人倾向齐梁体，或倾向元嘉体，或倾向于建安体，然各有所好而不能兼容。王维"为文已变当时体"而有"王右丞体"，表现出盛唐诗的高度成熟，进入了中国诗歌发展的黄金时期。王维诗源自汉魏六朝诗，以建安体与元嘉体、齐梁体兼容，标举风骨而清远绮丽，体现出刚柔并蓄而以柔胜的风格。特别是，王维得陶谢诗之真传，成为山水田园诗的集大成者，其诗以传神写意的含蓄风格为主，真气贯注，诗体高华而清远，"言其风骨，固尽扫微波；采其流调，亦高跨来代"（徐献忠《唐诗品》）。对王维诗的不少评价，均着眼于他承前启后、继往开来的作用与地位。钱志熙先生亦认为，王维"与汉魏六朝诗渊源最深"，其"造诣最精者在于五言"，"他的五言诗，无论是律还是古，都可以说是登峰造极了"，"他诗中所具有的汉魏六朝诗的某些美感特征"，"他是将初唐以来精工流丽与自然浑转的作风高度发展的诗人"，"杜甫之前，以诗传神，婉转而似无所不入的诗人，大概应该推王维了"。②这些评价，皆将王维置于诗歌发展史上来论。闻一多《唐诗杂论·四杰》里说："五律无疑是唐诗最主

---

① 〔明〕胡应麟：《诗薮》，上海古籍出版社1979年版，第3页。
② 钱志熙：《唐诗近体源流》，北京大学出版社2015年版，第61—62页。

要的形式,在那时人心目中,五律才是正宗。"闻一多先生认为,"沈、宋被人推重,理由便在此",而"四杰"的排名先后,理由似也在此。①以五律看,王维便是正宗之正宗也。胡应麟《诗薮》说王维五律,或"绮丽精工,沈宋合调者也",或"幽闲古澹,储孟同声者也",认为王维五律中融合了沈、宋与储、孟的创作元素,转益多师也。沈德潜《唐诗别裁》则说右丞五言律,或"以清远胜",或"以雄浑胜",赞其风格多元,气象万千。王维自成一格的诗体,澄澹精致而风华秀发也。

宇文所安研究王维,对其诗体尤其关注,他认为,王维在诗体上的最大影响,最大创新性,就是在宫廷诗外创造了一种"京城诗"。他在导言中指出:"盛唐诗被一种我们称之为'京城诗'的现象所主宰。"而这些京城诗人中,"最著名、最引人注目、最有诗歌才能者",就是王维。王维是"京城诗"派的核心,核心人物,围绕着王维而形成了"京城诗"派。京城文化,亦即是陈寅恪先生所说的"奉长安文化为中心",而李白杜甫却在这个京城文化圈外。"京城诗"的提法,是宇文所安先生的"独创",虽然遭人质疑。宇文所安通过对盛唐诗之现状的认真考察,发现了这种"京城诗",其"审美标准与其价值观念一样发生了迅速的变化"而"价值观念的各种变化,各种新的诗歌手法,及新的审美感觉,这些标志着京城诗人与初唐诗法的分道扬镳","王维的个性声音产生自京城诗的共同风格,他的作品的吸引力极大,使得其他诗人很容易落入其个人风格的变奏",②即

---

① 闻一多:《唐诗杂论》,中华书局2009年版,第27—28页。
② 〔美〕宇文所安著,贾晋华译:《盛唐诗》,三联书店2004年版,第69、72页。

深受其影响，8世纪中后期，京城诗几乎无处不受王维的影响。我们认真揣摩觉得，宇文所说的这种"京城诗"，其实就是一种"变体"的诗风。王维是一个宫廷诗人，很多时候是在陪皇帝王公大臣玩诗。宫廷诗修饰过度，雕琢尤甚，语言也典雅极致，以牺牲诗人的个性来适应其规范化与保守性。王维的诗一改沈宋宫廷诗的雅致之风，一改宫廷诗修饰过度的规则，抛开对繁富稠密之美的描写，而"引入个人价值和隐逸主题，甚至在社交诗中也是如此"，诗风朴茂自然。就是说，王维在宫廷诗里加入了不少自己的东西，融会贯通而成为属于自己的东西。这不仅真正标志着初唐诗向盛唐诗的重要过渡，也显示了盛唐诗真正发生了质的变化。

王维诗已变当时诗体，在继承汉魏六朝的诗风，包括沈宋宫体诗的基础上，融合同时代优秀诗人诗风，形成了新的审美趣尚与新的表现手法，以五言律绝为主，多幽静隐秀的景象描写，语言象喻化，思维意象化，整体意境化，用最浅俗的语言，表达最丰腴的内涵，蕴涵着最耐人寻味的旨意哲理，形成了独创一格的"王右丞体"。自严羽在《沧浪诗话》里提出"王右丞体"后，"王右丞体"也成为人们关注的热点，明清时期还出现了大量的"效右丞体"之作。

第四节　引禅入诗的审美意义

朱光潜明白告诉读者："陶潜以后，中国诗人受佛教影响最深而成就最大的要数谢灵运，王维和苏轼三人。他们的诗专说佛理的极少,但处处都流露一种禅趣。"① 葛晓音在《山水田园诗派研究》中也认为:"将禅境化入多种风格的记游诗,以丰富山水诗的内容和表现艺术,正是王维对山水诗的重要贡献之一。"② 我们虽然不能说,是王维最先引禅入诗的,也不能说只有王维才引禅入诗的,但是,我们可以说,引禅入诗而在诗学上做得最好,且取得重要创获的是王维。谢思炜先生就认为:"禅宗是一种审美的宗教,它对自由论的偏重乃至这种偏重所局限的个体生命范围,使它始终倾向于寻找一种审美的表达,一种审美的转化形式。这种审美的转化从最早接触禅宗的王维的山水诗创作就已开始。"③ 这些观点,比较有代表性地说明了两个问题,一是禅宗对诗的优化意义,二是王维引禅入诗的重要贡献。

王维引禅入诗,有什么重要意义呢? 王维引禅入诗的观念与实践,强化了中国诗歌的形上性,也使中国诗学开始以意境为上,以逸为高,实现了中国诗歌由质实至空灵的美丽转身,也改变了诗的审美本质与阅读思维。锡兰文化学者 L. A. 贝克在《东方哲学简史》中由衷地赞叹说:"中国人认识到佛教的关于精神寄托的学说,就是艺术哲学的一切秘密的根源。……一切都是神,都拥有神性。艺术的最高使命就是使这种神性,这种美妙的心灵感应、生命的产物,都表现出来,使之成为可见之物。艺术永远不能仅停留在模仿上,它必须像宗教一样是人的所思所想,所行

---

① 朱光潜:《中西诗在情趣上的比较》,《朱光潜全集》第三卷,安徽教育出版社 1996 年版,第 84 页。
② 葛晓音:《山水田园诗派研究》,辽宁大学出版社 1993 年版,第 247 页。
③ 谢思炜:《禅宗的审美意义及其历史内涵》,《文艺研究》1997 年第 5 期,第 36—44 页。

所为，而在最深邃的意义上所想与所为是同一的。"①中国人禅诗互通的发现太重要了，其移禅入诗的运用也太关键了，太具有划时代的意义了。袁行霈在《诗与禅》文中则指出："诗和禅的沟通表面看来似乎是双向的，其实主要是禅对诗的单向渗透。"②禅对诗的单向渗透，颠覆了传统诗的审美与呈现，也颠覆了诗的传统阅读与欣赏。

王维引禅入诗，首先是颠覆了诗的审美观照方式。

从思维方式以及思维过程来看，禅与诗是非常相似的，均排斥知性和逻辑的认识，祛除二元论的思维规则，以远离功利的"静默观照""潜心冥想"的方式以及意识流直觉去把握自然物象。《楞严经》曰："当知虚空生汝心内，犹如片云点太清里，况诸世界在虚空耶。"王维的《六祖能禅师碑铭》亦曰："五蕴本空，六尘非有。"禅宗的核心思想是"空"。心空则万象纷涌，天眼无碍。《坛经》曰："心量广大，犹如虚空。"正因为如此，"虚空能含日月星辰，大地山河，一切草木"。而老庄的核心理念是虚静，虚静在处世上，是恬淡无为的超功利。庄禅互用，王维则极易进入修禅追求"禅定"，亦即从现世的一切烦恼中超升出来，通过主观意识的"妙悟"这样一种富于想象和幻想的心理活动而进入心中观想的一番天地。据说在"禅定"之后，人的五官感觉会"返祖"，原始思维发达，冲破语言这一心狱，打破一切阻碍感知和表达的语言维度与界限，主观与客观互为混淆，物理的与心理的、有生命的与无生命的、幻想的与现实，都有着一种实体

---

① 〔锡兰〕L. A. 贝克著，赵增越译：《东方哲学简史》，中国友谊出版公司2006年版，第280—281页。

② 袁行霈：《袁行霈学术文化随笔》，中国青年出版社1998年版，第162页。

意义上的神秘互渗关系，呈现超时空、通感和全息意指的混沌状态。入定发慧，虚我静己，澄怀味道，思与境偕，生成了类似庄禅悟道体道形式的审美观照和思辨方式，而成为一个真正的审美的人，形成了空明澄淡的审美心境，万古长空，一朝风月，瞬间永恒。王维的《泛前陂》诗写其山水体验曰：

秋空自明迥，况复远人间。畅以沙际鹤，兼之云外山。澄波澹将夕，清月皓方闲。此夜任孤棹，夷犹殊未还。

诗人潜身于月朗风清间，陶醉于刳湖荡舟中，不禁悠然入禅亦入境，以至于浑然忘我，夜深而未归。诗人在与山水外物的亲密接触中，人性本真澄明朗现，以心会境而多有超越感性的物我"神遇"。王维在其乐无比地走入自然后，迅速生成了虚静而澄怀的状态，彻底化入自然山水之中，而在审美上，则是物我不辨的超意识，其灵魂超越时空而突出，从蝇营狗苟的尘俗中超升上去，形成只取意会神到而不涉理路的运思特点。"搜求于象，心入于境，神合于物，因心而得"（《诗格》），以虚静澄怀而统摄包容广阔时空，而又超越了绝对时空的拘束，于自然的静默与刹那间感知宇宙的永恒博大。

王维得禅宗之助，强化了诗人的直觉关注与联感发动，他静穆观照与感受宇宙万物，以禅修体道方式作审美体验。他曾在《登辨觉寺》等诗里多次写他"软草承趺坐，长松响梵声"的禅修，而生命主体在禅修悟境中得以解脱与自在，这种体悟的经验与智慧亦转化为诗歌审美。《华严经》曰："一花一世界，一叶一菩提。"虽一花一叶，映照大千世界无量巨细，并且摄于周遍无碍的菩提智慧。亦即禅宗的悟后境界，道无所不在，无不体现道，无不可体道。宇宙乾坤，草木烟云，我即是物，物无不是我，用心灵去体验万物的生命精神。佛禅强调以心灵体验事物，而更强调心与物接时的心是虚空清净之心。王维很娴熟地运用了参禅悟道的观照方式和思辨认知，极大地扩展了诗思的空间，很好地处理了审美与禅玄的辩证关系，实现了对山水自然的深观远照，在具体的"参证"中，达到"去尘累""悟灵境""万象丛生"的类似于"禅定"的审美领悟，而生成一种虚实相生的独特的幻觉，从性空哲学本体上引发出来的以清虚空灵为美的美学观念，用平静空明的内心来返照万象，牢笼万物。心空则深得禅悦，深观远照；虚静则心境湛然，兴象深微。诗人进入了与自然本质对应的物我不分的诗禅共境，其观照中山水便被无限之光所烛亮，体悟自然界花开云起的自然律动，体验到自我无为与山水无为的默契，而深得天籁静寂之神谛，即便是在万籁声中，也万物湛然空明，也能在花开草长、鸢飞鱼跃的大千世界寻找到自己所需要的声音和自己的声音，"像闻到玫瑰化的香味一样的感知思想"（艾略特语）。一如皎然《诗式·取境》所云，"有时意静神王，佳句纵横，若不可遏，宛若神助"；亦如刘禹锡在拜访鸿举法师诗的小序中所云，"能离欲，则方寸地虚；虚而万象入"。诗心禅心一体化，诗境禅境类同化，其直观世界的结果，在禅家看来即达到了"梵我合一"，而在诗家则完成了"思与境偕"。

其次，引禅入诗，改变了诗的创作方法。

诗的美学呈现，在方法论上亦与禅同。胡应麟说："禅必深造而后能语。"（《诗薮》）禅修没有到一定程度还没有资格写诗，这也将禅在诗歌创作中的意义强调到极致了。王维精通禅学，禅学的无念为宗、虚空妙有的禅心禅趣,使其努力消解纯逻辑的概念活动,远离了审美的功利性,获得了超然物外的精神高蹈,而诗与禅在本体精神和深层旨趣上正相契合,也很好地解决了诗中的意与象的关系问题。

禅宗美学的核心问题就是境界,就是意境。所谓的境,佛教上指心灵的某种非理性的状态,是直观直觉,人心刹那的幻影。而意境,则使佛禅的追求变成了美学的追求,使宗教的境界变成了诗歌的境界。以佛家哲学为基础,至唐代才勃然兴起了意境美学。意境,也就为诗歌创作的最高审美范畴。司空图在《与王驾评诗书》里说王维一派诗"趣味澄夐,若清风之出岫",认为"长于思与境偕,乃诗家之所尚者"。这种"思与境谐"论,就是所谓的意境。这个"谐"很重要,就像"意"与"象"谐而成为了"意象"一样。李泽厚高见,他认为司空图《诗品》与严羽《沧浪诗话》,相对于刘勰《文心雕龙》与钟嵘《诗品》来说,是"更为纯粹更为标准的美学了"。[①]而司空图与严羽在诗学方面的重要贡献,主要也在诗的意境论上。司空图之前,还有个皎然,如果王昌龄的《诗格》乃宋人伪托的话,那么皎然的《诗式》可谓诗学意境说的诞生,应该说此著没有真伪争议。其间,刘禹锡在意境说上也具有传承作用,在其诗文中最先多次论"境"。刘禹锡早年随父寓居嘉兴,常去吴兴拜访江南著名诗僧皎然与灵澈,亲得二诗僧的精心调教,此后几十年的往来酬唱,更是深得灵澈诗法之精粹与精髓。刘禹锡的意境说,拓展了中国传统诗歌审美的广度与深度,诗学上灵澈讲意静,皎然讲取境,皎然诗里

---

① 李泽厚:《李泽厚十年集》第一卷,安徽文艺出版社1994年版,第153页。

也有"诗情缘境发"(《秋日遥和卢使君游何山寺》)的说法,刘禹锡也有"静得天和兴自浓,不缘宦达性灵慵"(《和仆射牛相公见示长句》)的感悟。刘禹锡的《董氏武陵集纪》是中唐乃至唐代文艺思想发展史上很重要的一篇诗学文献,他在其中提出了著名的"境生于象外"的诗学命题。文中有两段话很精彩:

> 片言可以明百意,坐驰可以役万景,工于诗者能之。风雅体变而兴同,古今调殊而理冥,达于诗者能之。
>
> 诗者,其文章之蕴邪!义得而言丧,故微而难能。境生于象外,故精而寡和。①

刘禹锡论诗取境、以有境为高的诗学思想,明显地深受皎然诗学思想的影响,是皎然诗学思想的延续。刘禹锡深得诗人、诗歌理论家皎然的真传,深刻顿悟到诗歌言与意、词与旨的关系,继承和发展了皎然的取境说。刘禹锡贬谪为朗州司马期间拜访鸿举法师后,写了一首题《秋日过鸿举法师便送归江陵并引》的诗,此五律诗没有什么影响,而诗前小序三百余言,其中有些观点则成为文论经典。

> 梵言沙门,犹华言去欲也。能离欲,则方寸地虚;虚而万景入,入必有所泄,乃形乎词;词妙而深者,必依于声律。故自近古而降,释子以诗闻于世者相踵焉。因定而得

---

① 〔唐〕刘禹锡撰,陶敏、陶红雨校注:《刘禹锡全集编年校注》,岳麓书社2003年版,第916、918页。

境，故翛然以清；由慧而遣辞，故粹然以丽。信禅林之花萼，而戒河之珠玑耳。初鸿举学诗于荆郢间，私试窃咏，发于余习。①

刘禹锡也是一生事禅耽佛，深通禅理，以禅说诗，极有见地，往往从意境的生成机制和契机上论。禅宗空观改变了中国传统诗歌的比兴方法，当空观与直观于刹那间融会共生的时候，虚心静我而思与境偕，就生成了意象，就产生了意境。

禅宗对中国美学影响的最高表现，就是使中国人的审美经验臻于境界化。而诗有了意境，诗也具有了某种非理性的状态，具有了需要直观直觉的象外之象与味外之旨。严羽开以禅论诗的风气，于他看来，好诗必须具备这种"言有尽而意无穷"的"境界"，或者说，有了这样镜花水月的"境界"的诗才是好诗。怎么才能具有这种"境界"呢？严羽认为"不可凑泊"。他借禅宗语喻诗，"凑泊"即聚积凑合的意思，也就是说诗中的各意象不能是各自为政的单个体，诗中的各要素之间也不应是生硬或机械的拼凑，诗应该有一个完整的审美境界，意象与意象之间浑融圆整，不可有任何缀合的痕迹，以禅宗的说法就是"羚羊挂角，无迹可求"。其实，"不可凑泊"就是"谐"，就是形与意谐、情与景谐、物与我谐等均皆相谐而生成的意境。我们虽不能说这就是王维诗歌的艺术总结，但是，我们说王维是这方面最合适的代表，王维诗歌是这种境界最优秀的范本，应该是没有问题的。

---

① 〔唐〕刘禹锡撰，陶敏、陶红雨校注：《刘禹锡全集编年校注》，岳麓书社2003年版，第144页。

王士禛在《带经堂诗话》等著述中认为，最好的诗歌"以清远为尚"，就是"色相俱空"的"逸品"，而他的所谓"神韵说"，即以王维诗为圭臬，以王维诗的空寂超逸、镜花水月、不着形迹的境界为诗的最高境界。以王维为代表的"不落言筌""象外之象"的美学思想与审美实践，通过对于物象的精心取舍和组织，把色相提炼到最精简的意象，进而发展到神妙的意境。而我们于王维的诗中可见，禅对诗的充分渗透，极大地开拓了诗境，平添了诗的内涵，强化了诗的象征性，使诗之文本更具有言外之意，更具有象喻与暗示。谢思炜先生认为："近人用所谓'空寂'义理、《大涅槃经》说来解释《鹿砦》、《鸟鸣涧》等诗，恰恰是犯了正位。有意识地以诗（包括自然山水诗）来解说禅理、禅义，尽管也是禅师们经常采用的手段，但只能说还处于一种'象喻'阶段。王维的山水诗已超越了这一阶段：这些诗所表现的是一种真正的无目的审美观照，而这种无目的的合目的性也就是禅宗所要求的自由经验。这些诗包含某种禅宗情绪是确切无疑的，作者也确实是在禅宗'无心'说的启示下写这些诗的，但作者也确实是在审美经验中才真正与禅宗精神接近，并完全通过审美形式来表达这种精神的。如王士禛所说，人们也确实可以借这些诗来参悟，来获得禅的体验，但这种参悟和真正的禅悟一样，也是排除任何义理的解释的，正如任何纯粹美的体验都是超越语言解说的一样。"① 这非常合适让我们拿来认知镜花水月的诗歌文本的特性。王维引禅入诗，体现了禅宗"无住"与"虚相"

---

① 谢思炜：《禅宗的审美意义及其历史内涵》，《文艺研究》1997年第5期，第37—44页。

的原则,充满了色空相即、因缘和合、不二法门等佛禅意趣,其突出成就与卓绝贡献就是,改变了诗的呈现方式,使中国传统诗歌形成了"象思维"与"境意识",形成了诗与艺术上高远清逸的形上超越。

再次,王维以引禅入诗的方式,也改变了阅读的方式。

王维的诗,诗中有禅,诗中禅意洋溢而禅趣盎然,其得益于禅而意象丰满也意境超逸,形成了"空中之音,相中之色,水中之月,镜中之像"的文本形态,表现出与传统诗截然不同的美学形质。古人评赏王维的诗,常用禅喻,如"字字入禅",读后使人"名言两忘,色相俱泯"(胡应麟语);"妙谛微言,与世尊拈花,迦叶微笑,等无差别"(王士禛语)。"妙悟说"从根本上规定了这种诗歌接受的直觉与非逻辑性,其阅读同样需要重体悟性。王维的诗,充满了佛禅感悟体验的精神,具有鲜明的内向性特点,表面上看似就是山水云树,恬淡静适、清空幽谧,却从胜义谛角度参证了"凡所有相,皆是虚妄"(《金刚般若波罗蜜经》)的禅宗要义;从哲学的层面上看,即向"空"而生,创造出一个哲学化的"空"观境界,契合也演绎了山水自然中所蕴含的禅机与哲理。阅读王维这种诗歌文本,读者就需要改变阅读方式了,甚至改变审美取向,改变"好大好高,好奇好异"的取向,改变那种轻易获得愉悦快感的念头。王维作风静穆,极擅虚写,特别追求"言有尽而意无穷"的境界,极擅表现介乎"色空有无之际"的独特景象,给人以积极而多向度的暗示,有时也太过内敛,太过含蓄,有的诗也太过模糊。因此,要感觉这种美,享受这种美,就成为我们阅读的一种挑战。所谓的"参悟",不是阅读的神秘化,也不是将王维的诗神秘化,更不是认为其迷幻而不可解，或以其诗来直接对应佛教的空幻寂灭。严羽说："大抵禅道惟在妙悟，诗道亦在妙悟。"①严羽认为读诗如悟禅，正是对那些镜花水月的诗而言，抑或就是针对王维的诗。著名的美学家李泽厚也认为，"禅正是诗的哲学或哲学的诗"。他在《华夏美学》的第五章"形上追求"里说："具有禅味的诗实际上比许多禅诗更真正接近于禅"。他认为王维的那些"充满禅意的作品"，"比起庄、屈来，便具有一种充满机巧的智慧美。它们以似乎顿时参悟某种奥秘，而启迪人心"。因为诗歌文本形态发生了质的变化，我们的阅读思维也需要改变，以一种"非理知思辨"的妙悟，而达到"悦神"的美感。李泽厚说，这种过程非常神秘，是感性的却超越了感性，"将来或者可以从心理学对它作出科学的分析说明；现在从哲学说，它便正是由于感性的超升和理性向感性的深沉积淀而造成的对人生哲理的直接感受"。②因此，读王维诗，不是靠科学的认知，靠科学认知的话我们就读不懂，读出来的意思就不是这回事了。王维善于从鸢飞鱼跃中静观天地的大化流行，体悟宇宙的无限生机，而暗合庄禅理谛，让人进入物我相生的艺术境界，获得超以象外、得其环中的审美享受。读王维要改变我们的阅读思维，要有"象思维"与"境意识"，而重会心妙悟，通过其所立之"象"与所设之"境"而抵达其诗旨，抵达其人心。

王维在诗歌上的创新与贡献是多方面的，也是不容低估的，

---

① 〔宋〕严羽著，郭绍虞校释：《沧浪诗话校释》，人民文学出版社1983年版，第12页。
② 李泽厚：《李泽厚十年集》第一卷，安徽文艺出版社1994年版，第364—371页。

然而，却是极难恒定的。胡适先生在论陶渊明时写道，"陶潜的诗在六朝文学史上可算得一大革命。他把建安以后一切辞赋化，骈偶化，古典化的恶习气都扫除的干干净净"，胡先生说陶潜一生只行得"自然"两个字，"他尽管做田家语，而处处有高远的意境；尽管做哲理诗，而不失为平民的诗人"。[①]王维将"意境"做到极致，将山水诗推向顶峰，引禅入诗而颠覆了诗的创作与阅读等，即使是算不得"大革命"，也是很具"革命"性的，其意义似乎也不在陶潜之下。闻一多说，王维是最后的贵族，杜甫是最早的平民，杜甫"以平民的作风写平民的题材"。王维的贵族气，主要不是表现在家世上而是表现在诗上。因此，"后世学盛唐，永远无效，诗与贵族烟消云散故也。杜可学，李有时可能，惟王不可能"[②]。闻一多先生强调盛唐诗不可学，王维诗不可学，因为时代变化了，永远没有盛唐了。然而，我们读王维，研究王维，并非做王维乃至超越王维。王维乃唐诗领域的一代天骄，其诗歌的文学品级、艺术精神与美学风神，给我们以极其宝贵而丰富的营养，更重要的是王维的诗满足了我们精神消费的神性与诗性的需要。林语堂先生说，诗歌使中国人在精神世界里过着一种高贵的生活。而当我们走进王维的诗里时，心定神逸而灵慧自现，使我们成为了一个有趣味的人，过上了一种有趣味的生活，甚至有一种精神净化与灵魂疗救的意义。

---

① 胡适：《白话文学史》，东方出版社1996年版，第93、94页。
② 闻一多：《四千年文学大势鸟瞰》，孙党伯等主编《闻一多全集》第十卷，湖北人民出版社1993年版，第30页。

结　语

行文至此，意犹未尽，而在画句号前，我总感到还有些归纳性的话要说，便有了这个"结语"。

一、做人如作诗而追求极致

王维肯定不是个"完人"，也不是"圣人"，但绝对是个"超人"与"高人"。而他最让人感动的，是他的"做人"。换言之，我最崇拜王维，还不只是他那卓绝千古的诗歌，还有他的灵气和悟性，他高超的生存智慧，他淡泊的生活态度，他清逸的人生境界，他从容的生命精神，他素洁的人格风采，他高度的心灵自由。而所有的这一切，都源自他的"做人"。

儒家以气质温文尔雅、行为举止端正为理想人格；道家要求任运自在、见素抱朴、少私寡欲与清静无为；佛家则讲破除执着、去除贪欲与随缘自适。儒释道思想有个共同点，就是不断地丰富中国文化中的理想人格与君子内涵，即都在教人如何做人。我们总感到，王维对其一生有个总体设计，即按照中国传统的道德设计自我，完善自我，也做好自我，一生都在如何"做人"上倾力修为，做人就是做德行，就是拼人品，他也靠人品德行而终生受益，一生富贵。王维涵蕴三教，极重养性养德养气，崇尚宽厚诚朴，常持敦柔润泽的中和之气，爱己爱人，遂己达人，文化关怀超过了生命关怀。他唯恐自己违犯了这些清规戒律中的任何一条而对不起祖宗，对不起世人，也更对不起自己。可以这么说，中华民族特有的精神气质与道德人伦，在王维身上体现得很充分也很典型。王维所践行的道德伦理，与我们提倡的核心价值观，也有着很多的共同点。

王维似乎与生俱来就有一种淡泊宁静的品质，奉行一种无可无不可的高超的人生智慧，而让他更重文化精神的传承，致力于理想人格的精神建构，从容练达，稳重节制，忠厚处事，顺天应命。这也形成了王维特有的精神境界与气质风度，什么事情都非常讲究中节，不温不火，不紧不慢，儒雅安详，温和平静，让人感到很是循规蹈矩，很是及格合律。王维出生贵族，而王维身上更多也更迷人的是一种贵族精神。王维的情感世界丰富细腻，心灵似乎也敏感脆弱，心灵里受到的创伤应该也可能比别人更大。然而，我们在他那里看不到什么牢骚，也看不到受挫折后所自然表现出来的消极，即便是在遭受到外界攻击，甚至被踩躏时，也只是"执戟疲于下位，老夫好隐兮墙东"（《登楼歌》）的避世远祸，采取逆来顺受的隐忍与回避，淡然沉静，将悲哀深深隐藏，谈不上有什么激烈的反抗。老子曰："天之道，利而不害；圣人之道，为而不争。"王维有王维的活法，王维有王维的原则，王维有王维的抗争方式。虽然我们不能强求他也拿起武器，也不能要求他像李白那样愤激发声，像杜甫那样哀怨讥刺，但是，王维的"隐忍"毕竟也反映了他的性格懦弱，至少可以说他不是个很有抗争性的人。他"陷贼不死"不应被诟病，即便是用最苛刻的传统道德评判，他也不算失节，但他太过隐忍，其血性被遮蔽，其人格尊严也受到侮辱，而只能在加倍深度的自我解剖中，在灵魂向善的道德修为中强化精神涵养。王维为了抚慰受伤心灵，而"向空门"以销"伤心事"，以双倍的力量眷恋着自然。虽然他的皈依佛教，他的隐逸山林，也是其天性使然，是其家庭影响与社会环境的外力使然，但也是王维化解苦难的智慧。走向自然，似乎没有了尘世纷扰，王维在与自然万物同春的享受中抚爱万物，沉浸于新雨后的空山里，沉浸于禅修中，沉浸于对文化艺术的探索里，而把诗、书、画、乐玩到极致，专注于自觉人性和心理本体的建设，这自然给人不问政治、不能热情关心民生疾苦的感觉。

总的说来，王维"他离政治远，而离人情近；离社会远，而离自然近；离群体远，而离内心近"①。王维是个历史人物，是个以传统伦理道德规范打造出来的符合"内圣外王"行为标准的盛唐士大夫，具有必然的历史局限性，更不可能成为21世纪当下的楷模。然而，王维确实是个被杜甫都呼为"高人"的道德君子，是个在古代著名诗人中做人做到极致的人。

二、作诗如做人而人诗合一

诗品源自人品，作诗如做人。人品即诗品，人品决定了诗品。薛雪《一瓢诗话》："品高虽被绿蓑青笠，如立万仞之峰，俯视一切；品低即拖绅搢笏，趋走红尘，适足以夸耀乡间而已。所

---

① 王志清:《宋本王摩诘文集·序》（影印版），国家图书馆出版社2017年版。

以品格之格与体格之格，不可同日而语。"① 赵殿成说王维"诗之温柔敦厚，独有得于诗人性情之美"。王维诗所以这么写，所以写成这么个模样，是其"性情之美"所决定的，与他做人绝对有关系。

　　王维温良恭俭让，恪守儒家伦理道德的行为规范，他诗与人相表里，人诗合一，其诗呈现出蕴藉含蓄、温润雍容的"文质彬彬"的美学特征，非常符合"温柔敦厚"的诗教，成为中国诗史上最适合以儒家诗教中和之理想标尺来衡量的范型。儒家"温柔敦厚"的诗学观，要求诗歌合节中度，合乎礼节雅志，情感上"乐而不淫，哀而不伤"，表现上则讲求兴象寄托，以言有尽而意无穷的浑厚含蓄为典型风格。王维的诗也崇尚温柔敦厚，具有锋芒内敛、隐而不露的含蓄美，顾随先生说"佛乃万殊归于一本，是'反约'，故易成为单纯"，王维的诗"偏于优美"而"故缺少壮美"，②甚至总让人感到没有血气，生命力不够强盛。桐城派著名文论家方东树就说他"不喜之"，"以其无血气无性情也"③。胡应麟则说"王维气极雍容而不弱"④，其诗乃"千古绝技"，表现出人与境谐、物与情融的温柔和谐，而"和平而不累气，深厚而不伤格，浓丽而不乏情，几于色相俱空，风雅备极"⑤。王维诗"温柔敦厚"的这种表现，不仅仅是一种技巧，是一种风格，也是一种深度和品格。

---

①　丁福保辑：《清诗话》，上海古籍出版社1978年修订本，第695页。
②　顾随著，叶嘉莹笔记，顾之京整理：《顾随诗词讲记》，中国人民大学出版社2009年版，第253页。
③　〔清〕方东树：《昭昧詹言》，人民文学出版社1961年版，第387页。
④　〔明〕胡应麟：《诗薮》，上海古籍出版社1979年版，第103页。
⑤　同上书，第83页。

徐增《而庵诗话》说："今之有才者辄宗太白，喜格律者辄师子美，至于摩诘而人鲜有窥其际者，以世无学道人故也。"① 如果没有一点禅道修养的人，是不会特别喜欢王维诗的，也读不懂王维的诗，更不可能师法效宗王维诗。王维是个唯美主义者，同时也是个自然主义者，他在诗上具有反表达的思想。而其唯美的表现，特别重视生命的体验，重视对自然生命的气韵节奏的把握与抓取，其诗以形写神，传神写照，超越行迹，不可言传，一片化机，也是一种神秘，而忽略了诗的形式与符号乃至语言的维度。新儒家代表许思园先生认为："淡与逸乃中国艺术性之最高境界，于此可见民族风格。中国艺术切忌为火气、俗气。"② 王维诗以淡逸取胜。比激情，比力度，比深度，比形式感，王维肯定不如李杜，但是，诗歌也不是只有一个标准，李杜也不是唯一的标准，拿李杜的标准衡量王维，王维自然不如李杜，然而，拿王维的标准来要求李杜，李杜也未必超过王维。他们的诗歌，都是他们生命体验的标本，都是他们各自人格气质的注释或写意，都能够在其中看到他们各自的那个人性。王维依仗诗歌与哲学的合力，在世俗生活中完成了超越生命意义的深刻体验，使人类的自由本性得到最为充分而艺术的张扬，其诗既没有李白的奔放贲张、超迈飙举，亦没有杜甫的哀怨悲愤、深讥激刺，而往往以含蓄蕴藉出之，神清韵远，虚灵幽玄，具有不可捉摸的镜花水月美。

王维是个内倾型性格的人，具有很重的孤独情结与悲悯情

---

① 〔清〕徐增:《而庵诗话》，丁福保辑《清诗话》，上海古籍出版社1978年版，第427页。
② 许思园:《中西文化回眸》，华东师大出版社1997年版，第87页。

怀，他也郁积了愁思、苦闷甚至恐惧，也使其诗更多地向内心深度开掘，而他却有话不直说而借助于"妙谛微言"，追求兴象深微、委婉曲达的表现性，创造出空灵清远的艺术意境。王维诗也成为他寂寞的生命独语，但却看不到痛苦与哀怨，也没有抗争与仇恨，更不可能有叫人血脉贲张的亢进与狂情。然而，这并不等于说他没有丝毫的内心斗争，也不是说没有思想上的矛盾，而是他在审美时，其潜在的虚静天性规范了他内在主体的审美运作，表现出万物归宗的淡泊，而其审美情感经过理性的过滤和转化，俱化为一种无为状态，与水流花开而高度默契，形成了潜气内转、含吐不露的表现形式。这种表现形式，往往滤尽一己喜怒，摈斥所有个我悲欢，听凭山水自由兴作的表现性，不赘言，不大言，不直言，不明言，不激不厉，不悱不发，即便是一腔愤懑之气，也温润柔和地化出。如果说李白杜甫的诗重在济时救世，王维的诗则侧重于济人救心。

王维的诗多写闲适，诗中多是靖和静穆的生态环境，多是平心静气的人际和谐，多是息心静虑的生命状态，而给人以高洁纯净、淡泊宁静、清通超逸、雅致消闲的感受。他的诗也多以含蓄笔法，不是反映社会的实录，或者对实物的写生性复制，而将意象提炼到具有最高概括力的程度，意象相洽，意象浑融，湛然空明，超神得逸，创造出恍惚缥缈或清空简远的意境，生成一种寻绎不尽的艺术玄妙，给人以积极而多向度的暗示。王维诗的作法，这种取材、立意与表现，与他的处境、心境及环境有关，也与他的人品与做人有关，表现出王维观察世界与人生的立场和态度。

三、我论王维的自省与自觉

文学是可共鸣的,人性是可相通的。我研究王维,应该也不是偶然的,一定有其内在的呼应,有其相适应的人性沟通。

年轻时我喜欢李白、杜甫、苏轼、陆游的诗,喜欢他们的深广悲怨与宏大激越。不惑之年后便走向了王维,应该说主要是王维"性情之美"对我的吸引。走近王维,我为其诗玩味不尽的近乎神秘的隽永所陶醉。而在走向有了一定深度后,我对王维更多的好感则是因为他的为人、他的做人、他的人生态度、人格魅力、性情品格以及价值观、美学观。

一路走来,三十年弹指一挥间,我成为了一个长跑者,也成为了一个虔诚而拘谨的同"插茱萸"者。然而,在我有了不少的研究文字后,我却反而多有了些懊恼,甚至有了些懊悔,我发现我真不应该选择王维。如果现在让我来重新选择唐代诗人作为研究对象的话,我哪怕选择李贺选择杜牧或者选择李商隐,我也肯定不会选择王维。这不是因为我不喜欢王维,而是因为我太喜欢王维,而觉得我无法诠释,无法抵达王维的人性深度。意大利美学家克罗齐有句名言:"要了解但丁,我们就必须把自己提升到但丁的水平。"想到此言,我不仅有汗颜之窘,更有突围之困。走向王维,我总有一种望山跑马的感觉,或者是一种滚石上山的感觉。然而也因为有此挑战,我的生活变得更充实,我的精神变得很绚丽,我的生命变得很有诗意,我的学术也很有活力与韧性。因此,我更多了些知其不可为而为之的勇气与努力,也时有一种莫名的审美焦躁感。

论王维,真是一种挑战。王维这个旷世奇才,盛唐诗歌的杰出代表，其艺术深刻到无所不在的影响，在世界范围内也是罕见的。古人说王维的诗，"穷幽极玄"（胡应麟《诗薮》），"意趣幽玄，妙在文字之外"（徐学夷《诗源辨体》）。王维在实现其艺术人生定位而充分享受人生艺术的同时，其自静自净的超然本性亦得到充分自现，获得了无限的思想空间和创造活力，天机深趣而唯心能动，无目的而合目的性，无规律而合规律性，诗人对大自然的审美体验已经到达哲学层次。法国雕塑大师罗丹说过：神秘好像空气一样，卓越的艺术品总沐浴在其中。读王维的山水诗，有一种强烈的"神秘"的感受。可以毫不夸张地说，王维山水诗最重要的特点和最经久耐味的美，也即在于其有一种"穷幽极玄"的"神秘"美。虽然以真实性作为艺术标准的文学观越来越受到艺术的质疑与反叛，而"现实主义语境"于当下依然强势，而"科学理性"也日渐成为诗歌研究的主场。特别重体性重感觉而有特强"非理性"精神的王维诗，则是当你越有感性，越是关注诗人的"私人经验"而做诗性解读，其文本所蕴涵的深微幽玄也就越能最充分地展出，越能赋予文本以审美价值与研究价值。

　　解读也是一种创造，是一种需要自由的创造，应该具有创造的自由。王维的诗是盛唐盛世的国家与民族的整体记忆，也很能反映一个时代的整体样貌和精神气象，"研究的目的就是研究的本身，我们在成为美的消费者的同时，也就成为了美的发扬者和创造者。审美读解，就是超越文本的诗意读解，其实也就是以创造的名义而为对象的重新命名。我们在遭遇王维时，深为他那历古弥新而生生不息的生命精神和神韵灵境所激动，因此，也在自我的人格里寻找到了生命的自由，在我们个体的灵魂里倒映出对象的美妙无比的幻象"①。王维研究,也真应该具有不为物累、不为俗缠的脱俗,具有使人的本性和潜能获得解放的本质,而让人在对美的自由消遣中获得情感满足的精神需求,而成为一个可以尚友王维、对话王维而消费诗美与性情之美的有趣的人。

---

① 王志清:《纵横论王维》(修订版),齐鲁书社2008年版,第424—425页。

后　　记

"偶然值林叟,谈笑无还期。"我宁可相信,邂逅王维,是一种宿缘,是一种命运安排。自从结缘王维,王维研究成了我生活的主要内容,甚至成为我生命的重要形式。我常常这样假设:此生如未与王维结缘,我将何以堪? 王维给了我太多的睿智,太多的机遇,太多的创作活力,太多的生活乐趣。

我能够这样坚忍不拔地走向王维,应该说还是有不少的外在动力的。最大的外在动力是读者。我已出书20余部,而有关王维研究的几部,销路最好,或修订再版,或多次印刷,或一次印刷两万册,或溢价"拍卖",或出现"山寨版"。国图咨询机构"开卷"曾发布一份滞销书统计信息,综合实体店、网店及零售三渠道数据,年销售量小于10本的图书,占全部图书品种的45.19%。在传统纸本阅读受到强大挑战与冲击的当下,拙著有这么多的读者,真比拿奖、拿课题还要让我兴奋。

网上偶然购得一写王维的书,作者在书的"阅读王维"(代后记)里说:

夏秋之交,读的是王志清选撰的《王维诗选》(商务印书馆2015年4月版。)……王志清这本书我是偶然见到的,翻了几页觉得好,通篇读下来真是好。他从技巧技术层面讲"天下文宗"王维,用佛法义理讲"诗佛"王维,以美的语言讲王维"诗的哲学",以诗中画画中诗说文人画祖,甚是浅易,甚是深处,我进一步走近了"诗家射雕手"王维。读了《王维诗选》,又找来他的《王维诗传》(河北人民出版社2016年12月版)……①

非常感谢这位读者,引我为知音;让我更为感动的是,这位怕看"歪嘴教授解诗"的读者没将我归入"歪嘴教授"之列。我遇到过不少这样的读我书而爱上王维的读者,还有什么外在推力比这还大呢?

近三十年里,我发表王维研究文章六十余篇,第一篇文章发表在《人文杂志》,旋为人大复印资料全文转载;不久,发表于《东北师大学报》的文章又被人大复印资料全文转载;拙作散见于《文学遗产》《中国比较文学》《江苏社会科学》《东岳论丛》《中州学刊》《深圳大学学报》及《光明日报》《解放日报》等报刊。发表才是硬道理,如果发表上受挫,我也早就没了走下去的信心。

近年来我应邀四处讲王维,所到之处,感动多多。譬如2017年在北京的三次讲座,在国家图书馆的讲座,文津馆听众座无虚席,连台阶上与地上都坐满了人,尤其令我感动的是,这些听众百分之八十都在记录;第二天,是在北京师范大学做讲座,第

---

① 胡松涛:《辋·王维》,太白文艺出版社2019年版,第334页。

三天，是在首都师范大学做讲座，真个是"刘姥姥三进大观园"也。无论是边远的丹东还是铜仁，无论是名牌大学的学子还是各色市民，无论是高校还是全国性书市或地方图书馆，所到之处，我为读王维的热情所深深感染。

而前辈学者的奖掖与同行先进的激励，也是我不倦于王维研究的重要推力。中国王维研究会创会会长陈允吉先生以骈文为拙著作序，同为王维研究会创会会长的陈铁民先生两次为拙著作序，著名学者董乃斌先生也为《唐诗十家精讲》作序，还为《王维诗传》与《盛世读王维》二著题写书名。特别要感恩的是，三位已成古人的著名学者，霍松林先生题署"王维纵横论"相赠，促我成书出版，且给予"探微抉奥，胜义纷呈，视角新颖，论析精密，新意迭出"而具有"拓土开疆的意义"的评价；傅璇琮先生是让我走得最近的学术泰斗，视我如"己出"，亦曾几次为拙著作序；吴相洲先生2003年就发表评论拙著的长文，他在2010年担任中国王维研究会会长后，对我更多关照，曾允我他日为《论王维》作序。三位高人先后辞世，让我痛失强大援手，也让我越发感到需要做出点成果来报答他们。

我于2000年10月调入高校，研究也由"业余"而转为"专业"，然研究还是老"套路"，拿不到课题，一度也动摇了我继续研究王维的信心。真感谢不少良师益友在我"迷途"或"懈怠"时给予的棒喝与奖掖。刘锬先生五十年代就在《人民文学》上发表散文，他常唤我去其府上喝茶聊天，参与聊天的还有其夫人李吉林老师。李先生是情境教育的开创者，著名教育家，也是散文作家。我们什么都谈，谈得最多的还是文学与教育，二位先生每每都热情鼓励我多在王维研究上投入。像这样真心希望我在王维研究路上走远的，还有不少师友，譬如姜光斗、秦兆基、陈才智、吴振华、李金坤、王美春与白彬彬等教授博士，在国家级报刊上发表评论拙著的文章，让我对自己有了比较准确的认识，而走向也更加的坚定与执著。

我被这些强大外力，推着前行，真可谓欲罢不能也。然内子却真心希望我不要再案牍劳形，经常变着法子让我远离文字。归田之人，我也深感有必要选择性地写作，似也正与文字渐行渐远。然而，一旦涉及王维选题，我便青春冲动，譬如此著的撰写，便是在"高考状态"中进行的。

"后记"的写法，有个不成文的潜规则，多用以言谢。我也不能免俗也。事实上，在撰写《论王维》的日子里，我便常常沉浸在回顾中，沉浸于感恩中，真情感谢读者，感谢编辑，感谢师友，感谢家人，感谢方方面面，方方面面的感谢。责编以极大的热情投入，苛检慎核，较真深究，一丝不苟，让拙著里的纰漏或笔误的差错率降到最低。得意门生刘全发，远在宁波工作，主动请缨校读全稿。全发动手能力强，且非常认真，办事让人放心。第七届王维国际研讨会在南通召开，会前的几乎所有会务，都是他在我指导下一人完成的，这让他在开幕式上获得了莅会者的热烈掌声。《论王维》原不想用序，一上来就直面读者。然书稿终校过后，"后记"也已写好，却感到似少了点什么。征得责编同意后，便急寻序者。蒋寅教授，中国古代文学研究的代表人物，古典诗学的领军者，慷慨侠义，有求即应，急我所急，而让我无缺序之遗憾，于此补笔而特致谢忱。泰戈尔《流萤集》曰："我最后的祝福是要给那些人——他们知道我不完美却还爱着我。"我想借此诗句来表白，而所要祝福的"那些人"——我的贵人，我的亲友,以及所有读者。

"白云回望合,青霭入看无。"我似乎到了一个另辟蹊径的路段了。原先研究多倾力于诗歌文本,多关注诗作的风骨情采,而《论王维》的定位,侧重论王维其人,或者说是人与诗同论,诗与人互证,突出王维的人性美、人格美与人情美。

邂逅王维之初,我年方不惑,不知觉间已然"苍茫对落晖"矣。三十年读王维,不可能没有感情,甚至不可能不预设立场,因此,即便再怎么客观理性,溢美之词乃至肤廓之论亦在所难免,唯望读者朋友不吝赐教矣。

拙诗叹曰:

　　　三十年间读一人,心无旁骛殚全神。
　　　熟参恨不见玄理,深味欲能穷百珍。
　　　四处讲经诠雅正,八方发表释天真。
　　　望中日夕崦嵫近,岂料入云才半身。

辛丑初夏于三养斋